SCOTTISH UNIVERSITIES ~~...~~ **E RESEARCH PROJECT**

Le français en faculté

COURS DE BASE

3rd edition

Prepared by: Robin Adamson, Marie-Thérèse Coutin, James A. Coleman, Geoffrey E. Hare, Margaret Lang, Anthony Lodge, Ian Mason, Samuel S. B. Taylor, Richard Wakely and Andrew L. Walker.

Revised by: Robin Adamson, James A. Coleman, Geoffrey E. Hare, Chrystel Hug, Margaret Lang, Anthony Lodge, Frédéric Royall and Richard Wakely.

Hodder & Stoughton

A MEMBER OF THE HODDER HEADLINE GROUP

Acknowledgements

The authors and publishers would like to thank the following for permission to reproduce material in this volume: pages 1–2: Jacqueline Nonon & Michel Clamen, *L'Europe au pluriel*, Dunod Editeur, 1993; pages 3–4: Fernard Braudel, *Identité de la France*, Flammarion, 1990; page 7 (cartoon): Punch publications; pages 21–22: Patrick Chammoiseau, *Chemin-d'Ecole*, © Editions Gallimard, 1994; page 27: V. S. Naipaul, *Miguel Street*, © Penguin, reproduced by kind permission of Penguin Books Ltd; pages 28–29: Charles Durand, Forum du *Monde Diplomatique*, 1997; page 41 (Exercice A): Camara Laye, *Dramouss*, Librairie Plon; pages 45–46: Rémis Mer, *Médias Pouvoirs*, n° 45; pages 50–51: "Le document entre cinématographie et télévision", *Positif* n° 445 & 446; pages 65–66: Clare Etcherelli, *Élise ou la vrai vie*, Editions Denoël; page 70: Marie-Noëlle Auberger Barré, *ALARME*, bulletin n° 5, novembre 1997; pages 82, 182, 190 (cartoons): Dargaud Editeur; pages 83–84: Henri Cartier-Bresson & François Nourissier, *Vive la France*, Editions Robert Laffont, 1970; pages 89–90: © Véronique Grousset/*Le Figaro Magazine*; pages 105–106: Paul Andreota, *Marie Claire*, novembre 1969; pages 111–112: Louis Aragon, *Les Cloches de Bâle*, Denoël, 1934; page 123 (cartoon): Intermonde Presse; pages 124–125: © 1995, Editions Milan, «La Publicité» de Jacques Séguéla, n° 15 collection les Essentiels; page 134 (right-hand column): *Paris Paname*; page 139: Publiprint; page 140: *Le Figaro Supplément Économie*, 5/1/98, © *Le Figaro* n° 9811021; pages 153–154 J. Marault, J. M. Jivat & C. Geronimi, *Littérature de notre temps*, Editions Casterman; page 169–170: Yvon le Vaillant, *Le Nouvel Observateur* 1966; pages 174–175: R. Frison-Roche, *Premier de cordée*, Librairie Arthaud, 1963; pages 186–187: Jacques Chirac, *Le Monde*; page 191–192: Les Verts, Sécrétariat national; pages 212–213: Christiane Rochefort, *Les petits enfants du siècle*, Editions Bernard Grasset, 1961; page 234: Institut français d'Écosse.

The authors and publishers are grateful to the following for permission to reproduce photographs in this volume: page 34: Corbis/Albrecht G. Schaefer; page 37: Corbis/Owen Franken; pages 55 & 157: Corbiş/Photo B.D.V.; pages 94 & 130: Geoff Hare; pages 97, 104 & 198: Robin Adamson; page 178: Corbis/John Noble; page 190: Camera Press/Cyril Delettre.

Every effort has been made to trace and acknowledge ownership of copyright. The publishers will be glad to make suitable arrangements with any copyright holders whom it has not been possible to contact.

Orders: please contact Bookpoint Ltd, 130 Milton Park, Abingdon, Oxon OX14 4SB.
Telephone: (44) 01235 827720, Fax: (44) 01235 400454. Lines are open from 9.00–6.00,
Monday to Saturday, with a 24 hour message answering service.
Email address: orders@bookpoint.co.uk

British Library Cataloguing in Publication Data
A catalogue record for this title is available from The British Library

ISBN 0 340 72118 9

First published 1980
This edition published 1999
Impression number   10 9 8 7 6 5 4 3
Year   2005 2004 2003 2002 2001

Copyright © 1980, 1986, 1999 S.U.F.L.R.P.

Typeset by Wearset, Boldon, Tyne and Wear
Printed in Great Britain for Hodder & Stoughton Educational, a division of Hodder Headline Plc, 338 Euston Road, London NW1 3BH by J. W. Arrowsmith Ltd., Bristol.

Contents

Preface to the Third Edition

We did not think, when we began work on the first edition of *Le français en faculté* in the 1970s, that we would be returning to it at this much later stage in our careers. The professional and personal bonds forged through working together to create the first edition have lasted for 25 years and have greatly enriched us all.

We had to have our arms twisted for this third edition, having all moved on to other interests and to more demanding roles in our departments and universities, but it has been a pleasure and a privilege to work together again. The team for the third edition comprises six of the original authors: Robin Adamson, Jim Coleman, Geoff Hare, Margaret Lang, Anthony Lodge and Richard Wakely. We have been delighted to welcome two new *collègues francophones*: Chrystel Hug and Frédéric Royall, both of whom had used earlier editions of *Le français en faculté* with English-speaking university students. The active support of the Services culturels de l'Ambassade de France (Institut français d'Écosse) has been very important in encouraging us to produce this third edition – and we'll all remember their generous hospitality Chez Odile.

In deciding what changes to make to *Le français en faculté*, we have been guided by the comments and suggestions of many colleagues. Indeed it was in response to pressure from our colleagues that we finally agreed to return to this well-tried book first produced so long ago. We acknowledge with gratitude and some humility the help of those who contacted us with ideas and comments and assured us that there would be a warm welcome for a new edition.

The basic structure of the book remains unchanged, each module consisting of two texts with supporting materials and a Grammar section. As before, *dossiers* are provided where appropriate and there is a Key to the Grammar section exercises, a Glossary of grammatical terms and a full index.

As is usual with such books, a certain number of texts and topics we used in the earlier editions needed to be replaced by newer ones. Thus we have, for example, given a more European slant to Module 1, introduced *La Francophonie* in Module 2 and dealt in Module 3 with the broader, but related topic of the media. We have also changed 14 of the texts in the second edition to provide a more up to date coverage of topics which have retained their interest.

It is a pleasure to be able to record that, as a result of more communicative teaching in schools, our students are now more capable and confident communicators in French. However, the two areas which are most important in enabling them to make further progress as language learners – accuracy and awareness of language structure – have received less emphasis. Thus the greatest and most revealing changes in this new edition are in the Grammar sections. Our professional language teaching colleagues in British universities are unanimous in finding that the level of grammatical awareness and competence of students entering first year is now considerably below what it was in the 1970s. Thus the very trend which the first edition set out to redress has become more marked with the move to the less traditional methodologies in schools.

We have therefore looked again at the Grammar sections with today's students in mind. We hope they will find them accessible and helpful. With our usual optimism, we also hope that they will enjoy their greater mastery of the structures of French, and be encouraged to continue to study and to use the language to which we have devoted our careers.

Robin Adamson
University of Dundee

Introduction

In preparing this book our aim has been to produce a bank of language-teaching materials suitable for advanced learners of French, that is for students in the first year of university with at least five or six years of French behind them. We have sought to combine an inductive, text-based approach with a deductive, grammar-based one. To this end, we selected twelve lexical or stylistic areas – either aspects of contemporary French life or particular varieties of the French language – and wedded them (we hope blissfully) to twelve areas of grammar where, from errors-surveys and from questionnaires to schools, we found first-year Scottish university students to be in need of guidance. The result is twelve units or 'modules', each containing two texts with accompanying exercises, and a grammar section offering a formal description of a problem area.

Since the book offers a bank of materials rather than a course with a strict linear progression, modules are deliberately not arranged in any particular order. Moreover, more material is offered here than can be used in a single academic year – this, at any rate, has been our experience after using it for one hour of seminar-time per week over two trial years. The user, therefore, is invited to exercise the maximum freedom of choice in the selection and ordering of the modules worked on. However, as will be explained, within each module the components are more tightly structured.

Texts

The selection of suitable texts for a work of this kind is of the first importance and yet it inevitably relies heavily on subjective preferences. The 21 we offer here have each had to satisfy a whole range of criteria: their intrinsic interest and accessibility to students at this level, their lexical and grammatical appropriateness for the module in question, and their stylistic variety in view of the need to offer as wide a range of written language styles as practicable. With the occasional exception the authors all belong to the latter half of the twentieth century.

Aims and lay-out of exercises

The fundamental aim of the exercises is to help the students to teach themselves French by imitation and adaptation of the French they read. They are therefore invited to make a close linguistic study of the vocabulary, grammar and overall meaning of the texts prior to actively re-using linguistic elements encountered there, in a controlled way in individual sentences and in a freer way in sustained passages of French. The apparatus accompanying each text consequently falls into three sections: preparation, reinforcement and exploitation. Let us look at each of these briefly in turn.

A   *Préparation du texte*

Everything contained in this section is designed to be done independently by the student before the unit is used as the basis for a language class. The student is taken through the steps necessary to understand what the text means and how various aspects of its language work.

Notes

Explanations are offered in French of social, cultural or literary allusions, proper names, etc., as well as of words and phrases whose meaning is not immediately accessible in dictionaries. Words or expressions contained in the *Notes* are indicated by an asterisk in the text.

Vocabulaire

In general the amount of help given in the form of explanations is small. It is felt that, laborious as the process may be, the students' own work with dictionaries will give them a fuller and more permanent perception of the value of words newly encountered. It is hoped that students will develop the habit of consulting French–French dictionaries.

The vocabulary exercises in this section are designed to draw attention not to all the difficult words and phrases in the text, but mainly to important words and phrases which students on their own might be inclined not to check in a dictionary.

Commentaire grammatical

Here notes are given in English on grammatical points encountered in the text. A first section deals with points coming under the heading of the grammar section of the module in question. These may be more detailed explanations than the grammar section can provide, or may deal with them in a different way.

A second section deals with other grammatical structures encountered in the text which may or may not be treated in the grammar sections of other modules but which are known to cause difficulty in students' own production of French.

Compréhension du texte

As the final section of Part A, comprehension questions are provided to help students test for themselves whether they have grasped the overall meaning of the text. They act both as a self-checking device and as a focus for discussion in class.

B Exercices de renforcement

The exercises contained in this section are designed to induce the student to re-use, at the level of individual sentences, words and structures encountered in the text. These exercises provide a basis for classwork (after preparation by the student) rather than for the major written language assignment of the week. The selection and *dosage* of these exercises are left entirely to the discretion of the user.

A l'oral

This section contains a group of questions designed to elicit simple responses directly re-using phrases from the text.

Exercices lexicaux

These are designed to reinforce words from the text which ought in our view to form part of the student's active vocabulary. They include: finding cognates of words, defining or explaining a word in French, showing the meaning of words by composing sentences which include them.

Exercices grammaticaux et structuraux

The exercises here give practice in using grammatical structures encountered in the text (and often dealt with in the *Commentaire grammatical*). They usually begin with an exercise related to the Grammar section of the module. They include: transformation or substitution exercises, completing a sentence from a given opening, constructing a complex sentence from given simple sentences, translating into French a sentence containing a given grammatical difficulty, etc. While the main grammatical points in these exercises are described somewhere in the book, subsidiary points occasionally arise for which reference needs to be made outside.

C Exploitation du texte

This third section is designed to stimulate freer re-use of linguistic material culled from the text in sustained production of French, oral and written.

A l'oral

Various types of oral exercises have been devised which are linked thematically and lexically with the French text. They include: *Saynète* – role-playing involving an improvised dialogue; *Exposé* – a short talk; *Récit oral* – retelling an incident from the text from a different point of view; *Sujet de discussion* – a controversial topic connected thematically with the text; *Débat* – a more formally organised discussion with prepared speeches.

A l'écrit

The exercises found here will be familiar to university students and teachers of French, but they all relate closely to a passage of French already studied by the student, and consequently reduce the random element present with traditional essays and proses.

Résumé: summary, when properly done, combines the skills of comprehension (of the original text) and of composition. A good *résumé* must contain the principal ideas of the original text, with as much of the supporting illustrative material as the set length will allow. However, this should never be reduced simply to the copying out and patching together of key sentences.

Rédaction: two types of *rédaction* are offered. The first (*rédaction dirigée*) includes a fairly detailed plan for students to follow. This enables them to concentrate more on the language than on the content of their essays. From the teacher's point of view, it makes an essay class easier to organise. The second (*rédaction*) comprises various types of exercise ranging from disguised *résumé* to traditional free composition. However, in most cases an attempt has been made to contextualise the piece of writing the student is asked to produce – it is generally seen as a piece written for a specific purpose in specific circumstances for a specified reader. It is not seen by and large as a verbal exercise in the void.

Version: the extracts chosen for translation are those which seem to us to best lend themselves to the exercise, but they can obviously be altered at the teacher's discretion.

Thème: the passages for prose translation are mainly confected ones designed to practise lexical and grammatical material from the text, particular emphasis being given to grammatical problems discussed in the grammar section of the module.

Grammar sections

It is clearly beyond the scope of the present volume to provide a reference grammar of French. We refer students particularly to Lang & Perez, *Modern French Grammar*, Routledge, 1996. Our aim has been to provide a brief *aperçu* of the main points which cause trouble for British learners at the level of first-year university. Our grammatical approach is not radically different from the traditional one most students are familiar with. However, our descriptions seek to be less English-based than the work of some grammars.

The grammar sections may be worked on with the teacher in class. Alternatively students can study them entirely on their own using the key to the exercises and glossary of grammatical terms at the end of the book.

Use of the material

Our book offers sufficient material to allow teachers to make the selection of exercises which seems to them the most profitable for 'official work', and still leaves ample material for students to work at on their own.

Given the concept of a materials' bank, and given the diversity of traditions and conditions existing in the different institutions, it would be inappropriate for us to lay down strict rules about how our material should be used. However, three points need to be made. Firstly, there is no constraint upon the user to work through every text or even, with each text studied, to tackle all the exercises in Sections B and C. Consequently teachers should carefully plan the programme of exercises which in their estimation is the most profitable and varied. Secondly, the exercises in Sections B and C lose much if not all of their value unless the student has first made a serious study of the French text and grammar section of the module in question. It is important that suitable ways be found for ensuring this. Thirdly, in our opinion the most suitable vehicle for instruction to students at this level is French, but we recognise that grammatical explanations are often best given in English. This practical expedient accounts for the perhaps disconcerting degree of language-switching in our book.

LA FRANCE

ÎLE-DE-FRANCE (inset): Hauts-de-Seine, Val-d'Oise, Yvelines, Seine-St-Denis, Paris, Val-de-Marne, Essonne, Seine-et-Marne

NORD-PAS-DE-CALAIS: Pas-de-Calais, Nord

HAUTE-NORMANDIE: Seine-Maritime, Eure

PICARDIE: Somme, Aisne, Oise

LORRAINE: Moselle, Meuse, Meurthe-et-Moselle, Vosges, Bas-Rhin

BASSE-NORMANDIE: Calvados, Orne, Manche

CHAMPAGNE-ARDENNE: Ardennes, Marne, Aube, Haute-Marne

BRETAGNE: Finistère, Côtes-d'Armor, Ille-et-Vilaine, Morbihan

ALSACE: Haut-Rhin

PAYS DE LA LOIRE: Mayenne, Sarthe, Maine-et-Loire, Loire-Atlantique, Vendée

CENTRE: Eure-et-Loir, Loir-et-Cher, Loiret, Indre-et-Loire, Cher, Indre

BOURGOGNE: Yonne, Côte-d'Or, Nièvre, Saône-et-Loire

FRANCHE-COMTÉ: Haute-Saône, Territoire de Belfort, Doubs, Jura

POITOU-CHARENTES: Deux-Sèvres, Vienne, Charente-Maritime, Charente

LIMOUSIN: Haute-Vienne, Creuse, Corrèze

AUVERGNE: Puy-de-Dôme, Cantal, Haute-Loire, Allier

RHÔNE-ALPES: Ain, Haute-Savoie, Rhône, Loire, Isère, Savoie, Drôme, Ardèche, Hautes-Alpes

AQUITAINE: Dordogne, Gironde, Lot-et-Garonne, Landes, Pyrénées-Atlantiques

MIDI-PYRENEES: Lot, Aveyron, Tarn-et-Garonne, Tarn, Gers, Haute-Garonne, Hautes-Pyrénées, Ariège

LANGUEDOC-ROUSSILLON: Lozère, Gard, Hérault, Aude, Pyrénées-Orientales

PROVENCE-ALPES-CÔTE D'AZUR: Vaucluse, Alpes-de-Haute-Provence, Bouches-du-Rhône, Var, Alpes-Maritimes

CORSE: Haute-Corse, Corse-du-Sud

150km

Portraits de pays

1

TEXTE UN

Cavalier seul . . .
Le Royaume-Uni

Il ne faut pas avoir peur des truismes : que d'eau, que d'eau autour du Royaume-Uni ! Et pourtant pas si uni que cela, le Royaume. Il regroupe, autour des Anglais, les Gallois et les Écossais, titillés par le démon de l'indépendance, sans parler des Irlandais du Nord,

4 douloureuse épine dans la Couronne. Quatre peuples. Quatre nations qui, avec la France, s'affrontent tous les ans sur les terrains de rugby. Quatre cultures. Des idiomes locaux peu accessibles aux voisins. Des systèmes éducatifs différents. Des organisations politiques originales*. Les uns ne comprennent pas les autres. Pas d'intérêt réciproque. . .

8 Tous sont quand même amarrés* au Royaume, à quelques encablures*, mais pourtant loin du continent. Pas un pouce de frontière* avec quiconque. Lorsque dans la Communauté, chacun voit midi à sa porte, outre-Manche, il n'est que *eleven o'clock**. L'isolationnisme est à la fois inné et acquis, et ce n'est pas le Tunnel qui l'extirpera. A tel point qu'une question

12 lancinante se pose aux partenaires des British : sont-ils vraiment avec nous ? Rêvent-ils encore du splendide isolement d'un empire à la Kipling *? . . .

Au singulier, le Royaume-Uni l'est plus que tout autre, il fait bande à part* à tout bout de champ. Pas question d'entamer son particularisme sans vergogne. Pour commencer, il n'a pas

16 de Constitution écrite. Ce sont les tribunaux qui précisent la loi, et la jurisprudence qui prévaut. Cela peut expliquer, en partie, la réticence britannique à s'engager dans des conventions. . . . Les Anglais sont des traditionalistes-nés. C'est leur moyen à eux de cimenter le Royaume, reflet de la grandeur passée. Toute la vie britannique est organisée par les Anglais

20 et, comme il se doit, autour de Londres.

Ce qu'ils rejettent, c'est la bureaucratie bruxelloise. . . . Pour l'avenir, le refus de toute dérive fédéraliste porte le gouvernement britannique à renforcer la coopération intergouvernementale. Il veut limiter les compétences et pouvoirs de la Commission et du

24 Parlement européen. . . .

Libéral avant tout, le Royaume-Uni est une nation de commerçants et de financiers. Il n'est pas surprenant que cette vocation ait désigné Londres comme siège de la Banque européenne pour la Reconstruction et le Développement. Concurrence et libéralisation des échanges sont les

28 maîtres mots de la politique économique. Les problèmes sont abordés de manière très

pragmatique, loin de l'approche conceptuelle chère aux Français. Pour les Britanniques, il y a des intérêts particuliers ; ils méritent d'être examinés. La solution à dégager doit en tenir compte et l'important est de répondre aux situations, au coup par coup. Pour cela, il faut se parler et l'on

32   organise des tables rondes qui favorisent la concertation. Les lobbyistes britanniques, dont la réputation d'efficacité n'est plus à faire*, connaissent ces règles de base et les pratiquent avec succès.

Et pourtant, rien ne leur est plus étranger que le compromis. Leur système parlementaire est la démocratie de confrontation. Deux ailes seulement aux Communes. On se situe dans la

36   majorité ou dans l'opposition, c'est tout. On vote pour ou on vote contre. On ne négocie pas. L'histoire des Britanniques ne les a pas éduqués à composer avec l'autre*. Jamais envahis, jamais vaincus, ils ne se sont jamais rien vu imposer par personne. A l'inverse, l'Empire a été une école de domination à sens unique*. La mondialisation de leur langue les a confortés dans

40   cette assurance : comment peut-on ne pas parler anglais ? Pas surprenant si à Bruxelles ils sont constamment à la recherche d'exceptions à la règle. . . .

Finalement, le mariage du Royaume-Uni avec l'Europe est un mariage de raison*. Rien d'étonnant à ce qu'il y ait des scènes de ménage. Elles font des vagues qui transportent la

44   zizanie* et rendent l'unité quasi irréalisable. Les autres se sentent incités à jouer le même jeu. Dans la recherche du consensus, attention à la contagion !

Jacqueline Nonon et Michel Clamen, *L'Europe au pluriel*, Dunod, 1993.

A   Préparation du texte

Notes

➤*originales* (7) : « unique », « idiosyncratic ». Cp. *originel*, « original », « first ».

➤*amarrés* (8) : *encablures* (*f*) (8) : « moored », « cable lengths ». Ces expressions nautiques renforcent l'idée de la Grande-Bretagne comme une île, séparée du « continent » par la mer (la Manche).

➤*Pas un pouce de frontière* (*f*) *avec quiconque* (8 – 9) : une répétition de l'idée de la séparation.

➤*Lorsque dans la Communauté chacun voit midi à sa porte, outre-Manche, il n'est que eleven o'clock* (9 – 10) : tandis que tous les autres pays européens ont leurs propres idées, en Grande-Bretagne (*outre-Manche*) les gens insistent sur leur indépendance.

➤*un empire à la Kipling* (13) : Référence à l'auteur anglais Rudyard Kipling (1865–1936), né en Inde, auteur de plusieurs ouvrages dans lesquels il glorifie l'empire britannique, premier auteur britannique à recevoir le Prix Nobel de la Littérature (1907).

➤*fait bande* (*f*) *à part* (14) : insiste sur son indépendance. Dans ce texte il y a plusieurs expressions qui traduisent cette idée, à commencer par le titre *Cavalier seul*.

➤*dont la réputation d'efficacité n'est plus à faire* (32 – 33) : qui ont déjà une formidable réputation.

➤*composer avec l'autre* (37) : essayer de s'entendre avec d'autres personnes ; vouloir négocier une solution aux problèmes.

➤*une école de domination* (*f*) *à sens unique* (39) : les habitants des colonies britanniques n'avaient pas le droit de protester contre la domination de la Grande-Bretagne.

➤*un mariage de raison* (42) : une union pour des raisons politiques plutôt que le résultat de l'amour.

➤*transportent la zizanie* (43 – 44) : font que les autres pays aussi réagissent en se disputant de la même façon. Voir aussi *la contagion* (45).

Vocabulaire

❶ Trouvez dans le texte cinq mots qui expriment le désir d'indépendance de la Grande-Bretagne.

❷ Traduisez en anglais les mots et expressions suivants. Tenez compte de leur contexte dans le texte : *douloureuse épine* (4) ; *pas un pouce de* (9) ; *entamer son particularisme sans vergogne* (15) ; *le refus de toute dérive fédéraliste* (21 – 22) ; *la mondialisation de leur langue* (39).

❸ Trouvez dans le texte quatre noms ou expressions nominales qui décrivent la Grande-Bretagne.

❹ Ce texte contient plusieurs références au pragmatisme britannique. Faites une liste de trois exemples de ce pragmatisme.

Commentaire grammatical

USE OF PERSONAL PRONOUNS

➤*On se situe dans la majorité ou dans l'opposition, c'est tout. On vote pour ou on vote contre. On ne négocie pas.* (35 – 36) : The personal pronoun *on* is used here to mean British Members of Parliament. *On* can also be used with other meanings, for example 'we'. It is also used to mean 'one' as in *comment peut-on ne pas parler anglais ?* (40). See **GS 1, §2.1**.

➤*une question lancinante se pose* (11 – 12) : 'a penetrating question is asked'. This is an example of a reflexive verb (the subject and the object pronoun *se* refer to the same thing) which expresses the same idea as the passive. See **GS 3, §4.3**. Other examples of reflexive verbs: *s'engager dans des conventions* (17 – 18) ; *il se doit* (20) ; *il faut se parler* (31) ; *ils ne se sont jamais rien vu imposer* (38) (see **GS 3, §4.3**); *les autres se sentent* (44), do not have this passive meaning.

➤*comme il se doit* (20) : 'as it should be'. Although *il* is technically referred to as a personal pronoun, here it is used in an impersonal construction and means 'it'. See **GS 1, §1**.

➤*avec nous* (12) ; *à eux* (18) : These are examples of the stressed form of personal pronouns which are the object of prepositions. See **GS 1, §3.4**.

➤*C'est leur moyen à eux* (18) : Here *à eux* is used to emphasise the possessive adjective *leur.* 'It's their very own method'. Cp. **GS 10, §3.1**.

➤*rien ne leur est plus étranger* (34) : 'nothing is more foreign **to them**.' Usually the indirect pronoun *leur* is the object of a verb, and goes before it as it does here. You will see that when *leur* is a possessive adjective, it always qualifies a noun: *leur moyen* (18) and takes an *-s* in the plural: *leurs moyens.*

➤*L'histoire des Britanniques ne les a pas éduqués* (37) ; *La mondialisation de leur langue les a confortés* (39) : Because the perfect is formed with *avoir*, in both these cases the past participles *éduqués* and *confortés* agree with the direct object (*les* = *les Britanniques* (*m pl*)) which precedes the verb.

➤*ils ne se sont jamais rien vu imposer* (38) : 'They have never had anything imposed **on** them'. See **GS 1**, §3.

➤*Le Royaume-Uni l'est plus que tout autre* (14) : 'The United Kingdom is unusual, more so than any other country'. The personal pronoun object *le* is used for emphasis. It refers to the whole of the preceding phrase *au singulier*. See **GS 1**, §4.1.

OTHER GRAMMAR POINTS

➤*sans parler* (3) : 'without mentioning'. The infinitive *parler* is used in French where in English the present participle 'mentioning' would be used. Cp. *sans se rendre compte* : 'without realising'; *sans y penser* : 'without thinking about it'; *sans avoir demandé* : 'without having asked'. See **GS 9**, §§2.1, 2.5.

Negatives

➤*Pas d'intérêt* (7) ; *pas un pouce de frontière* (9) ; *Pas question d'entamer* (15). This shortened form of the negative, without *ne* (*Ils n'ont pas d'intérêt* ; *il n'y a pas un pouce de frontière* ; *Il n'est pas question d'entamer*) is the result of a stylistic choice by the author to omit the verb and so make the text appear more like the spoken language.

➤*il n'est que* eleven o'clock (10) : 'it is only 11 o'clock'; *la réputation d'efficacité n'est plus à faire* (33) : 'their reputation for effectiveness no longer needs to be worked at'; *rien ne leur est plus étranger que...* (34) : 'nothing is more foreign to them than...'; *ils ne se sont jamais rien vu imposer par personne* (38) : 'nothing has ever been imposed on them by anyone'. These are all examples of

complex negatives: *ne + que/plus/rien/ personne*. Where the other part of the negative is the subject (*rien ne leur est plus étranger*) it comes before the *ne* and before the verb. See **GS 7**, §1.4.

➤*Comment peut-on ne pas parler anglais ?* (40) : 'How can people not speak English?' To make an infinitive negative, the *ne* and the *pas* both come before it. See **GS 7**, §2.4.

➤*il n'a pas de Constitution écrite* (15 – 16) : 'it has no written constitution'. When the partitive article (= 'some', 'any') is used after a negative, it becomes *de* rather than *du/de la/des*. See **GS 5**, §2.1.2.

➤*Jamais envahis, jamais vaincus* (37 – 38) : *ne* is omitted when past participles (as here) or adjectives are made negative.

The subjunctive

➤*Il n'est pas surprenant que cette vocation ait désigné Londres comme...* (25 – 26) : 'It is not surprising that this calling should have picked out London as...'. *Rien d'étonnant à ce qu'il y ait des scènes de ménage* (42 – 43) : 'Nothing surprising in the fact that there are domestic rows'. *Il est surprenant que* and *il est étonnant que* are both followed by the subjunctive. See **GS 4**, §3.1.

Compréhension du texte

1 Expliquez le sens de l'expression *Cavalier seul* (titre).

2 Selon l'auteur, est-ce que le tunnel sous la Manche (*le Tunnel*, (11) aidera à intégrer la Grande-Bretagne au continent ? Êtes-vous d'accord ?

❸ Quelle est la réponse donnée par l'auteur à la question: *sont-ils vraiment avec nous ?* (12). Expliquez comment l'auteur répond à la question.

❹ Quelles idées sur l'identité nationale britannique sont présentées dans le texte ? Pouvez-vous en ajouter d'autres ?

❺ Comment se fait-il que Londres ait été désigné comme siège de la Banque européenne (26) ?

❻ Quel a été le rôle de l'Empire britannique (13 , 19 , 38 – 39) ?

B   Exercices de renforcement

A l'oral

❶ Trouvez dans le texte des réponses aux questions suivantes :

(a) Qu'est-ce qui explique la réticence britannique à s'engager dans des conventions ? (17 – 18)

(b) Pourquoi le passé est-il si important pour les Britanniques ?

(c) Êtes-vous d'accord que toute la vie britannique est organisée par les Anglais et autour de Londres ? (19 – 20)

Exercices lexicaux

❷ (a) Quelle est la différence entre les mots dans chaque groupe ?

isolation	isolationnisme (10)	isolement (13)
particularité	particularisation	particularisme (15)
fédéral/e	fédéraliste (22)	

(b) Peut-on dire que les mots suivants sont des contraires ?

inné (11) – acquis (11)
pragmatique (29) – conceptuelle (29)
le compromis (34) – la confrontation (35)
la majorité (36) – l'opposition (36)

❸ Trouvez des synonymes pour les mots suivants dans leur contexte :

le Royaume (2)	l'idiome (m) (5)
la réticence (17)	cimenter (18)
la dérive (21)	composer (37)
la zizanie (44)	le consensus (45)

❹ Traduisez en français les phrases suivantes en utilisant des mots et expressions puisés dans le texte.

(a) The Scottish Nationalists are a real thorn in the flesh for the Labour Party. (4)

(b) There's no question of changing their attitude of superiority. (15)

(c) He's a born liar! (18)

(d) It is hardly surprising that no-one believes him. (25 – 26)

(e) What is important is to answer every question in detail. (31)

❺ Complétez la grille suivante :

pays	adjectif (*m/f*)	habitant/e	langue	verbe
l'Europe (*f*)			—	
la Grande-Bretagne			—	—
				franciser
			le portugais	—
		l'Italien/ne		
	anglais/e			

Exercices grammaticaux et structuraux

❻ Les pronoms personnels. Trouvez le nom ou l'expression que remplacent les pronoms suivants : *l'* (11) ; *il* (15) ; *Il* (23) ; *ils* (30) ; *les* (37) ; *les* (39) ; *Elles* (43).

❼ Pour établir la vérité, réécrivez le texte suivant, en mettant les verbes en italique au négatif :

La Grande-Bretagne *voulait* négocier son entrée au Marché Commun à Six. Elle *réussit* en 1967 car le Général de Gaulle *accepte* sa candidature. Le Président Pompidou *partage* les opinions de son prédécesseur, et les Britanniques font partie de l'Europe à Neuf à partir de 1972. Aujourd'hui il est clair que la Grande-Bretagne *voulait* se marginaliser et que ses liens avec les États-Unis

suffisaient à constituer un projet. Elle *a accepté* le rythme et les règles des autres pays membres et elle *s'est résolue* à *payer* cher et à *donner* son accord à un système fédéral.

❽ Faites l'accord des participes passés en italique dans le texte ci-dessous :

L'histoire des Britanniques ne les a pas *éduqué* à considérer le point de vue des autres. Personne ne les a *vaincu* ; personne ne les a *envahi*. Dans l'Empire britannique, ils ont *dominé* les peuples de leurs colonies qu'ils ont *gouverné* sans les consulter. A Bruxelles ils recherchent des exceptions aux règles qu'ils n'ont pas *accepté*. Toujours courtois, de brillants fonctionnaires, ils sont, cependant, parmi les premiers à appliquer et avec la plus grande rigueur, les décisions que l'Union a *pris* à Bruxelles.

C   Exploitation du texte

A l'oral

❶ Expliquez à votre partenaire (un/e Français/e) pourquoi les habitants de la Grande-Bretagne ont du mal à accepter qu'ils sont aussi des Européens.

❷ Si vous n'étiez pas né/e en Grande-Bretagne/Irlande/Australie/Nouvelle-Zélande etc., où auriez-vous aimé naître ? Expliquez pourquoi.

A l'écrit

❸ Choisissez trois des pays de l'Union Européenne et donnez une description stéréotypée de leurs habitants. (50–75 mots)

❹ Vous avez lu le chapitre *Cavalier seul...le Royaume Uni* dans le livre de Nonon et Clamen. Vous leur écrivez une lettre (200 mots) pour protester contre la description défavorable des Britanniques que présente le chapitre.

5 Vous êtes attaché/e de presse à l'ambassade de Grande-Bretagne à Paris. Le gouvernement vous a demandé de rédiger un communiqué de presse pour convaincre les Français que l'attitude de la Grande-Bretagne envers l'Europe a beaucoup changé depuis la publication du livre de Nonon et Clamen. Écrivez ce communiqué. (250 mots)

6 Traduisez en anglais le texte suivant :

Est-ce pour se distinguer ou pour tromper l'ennemi ? Au paradis du cricket, on désigne par le terme « public schools » les écoles privées les plus coûteuses et surtout les plus élitistes ! Toujours à *la rubrique des particularismes*, n'oubliez pas la passion des Anglais pour les animaux. Ils en sont dingues. ... La société royale pour la protection des oiseaux compte plus de 800 000 adhérents. Il n'en faut pas plus pour que, au Parlement européen, se développe une intense activité en faveur de la gent animale, du bébé phoque au lapin de laboratoire, en passant par les palombes et les taureaux. L'intergroupe qui se fait le porte-parole de cette cause généreuse fait un véritable tabac. Les Britanniques y mènent la danse et, en matière de *lobbying*, ils savent y faire.

Nonon et Clamen, *L'Europe au pluriel.*

Reproduit avec la permission de *Punch.*

Diversité et histoire

La diversité est donc fille première de la distance, de l'immensité qui a préservé tous nos particularismes, venus du fond des âges. Mais, à son tour, cette diversité de longue durée a été une force de l'histoire. Je crois, en effet, dur comme fer, que la division ancienne du pays, sa somme d'isolements, a avantagé toutes les tentatives de domination, aussi bien locales que générales. Si la superstructure dominante pousse, s'étend si vite, c'est qu'elle ne rencontre pas, à sa hauteur, d'obstacles décisifs, de résistances bien groupées. Quand la monarchie a réalisé ses annexions*, c'est au plus une province, ou même une partie de cette province qui s'est soulevée contre elle ; elle a mené ses combats un à un, sur tel ou tel point du territoire... De même, sous la Révolution, la révolte girondine* (1793) s'étale sur bon nombre de départements, mais en surface ; elle n'atteint pas les populations en profondeur ; le Nord et l'Est, où sont les armées, ne bougent pas. Plus que la perversité du multiple, c'est l'indifférence, l'inertie du multiple qui favorise les querelles politiques, sociales et religieuses de la France, où qu'elles s'enflamment.

Toute nation est divisée, vit de l'être. Mais la France illustre trop bien la règle : protestants contre catholiques, jansénistes contre jésuites*, bleus contre rouges*, républicains contre royalistes*, droite contre gauche, dreyfusards contre antidreyfusards*, collaborateurs contre résistants*... La division est dans la maison française, dont l'unité n'est qu'une enveloppe, une superstructure, un pari. Tant de diversités entraînent le manque de cohésion. Aujourd'hui encore, « la France n'est pas un pays synchronisé, écrivait récemment un essayiste ; elle ressemble à un cheval dont chacune des pattes se déplacerait à un rythme différent ». J'aime cette image excessive, ni tout à fait exacte, ni tout à fait fausse. Le malheur est que toutes les divisions, physiques, culturelles, religieuses, politiques, économiques, sociales, s'ajoutent les unes aux autres et créent l'incompréhension, l'hostilité, la mésentente, la suspicion, la querelle, la guerre civile qui, allumée, s'apaise un jour sous la cendre, mais reprend au moindre coup de vent*. Pour un historien, « la France... n'a pas tant le génie des armes que celui de la guerre civile. Sauf en 1914, elle n'a jamais connu l'expérience d'une longue et véritable guerre patriotique... Chacun des conflits livrés par la nation la plus fière de sa gloire militaire a été peu ou prou mâtiné de lutte civile *. Ce qui est clair pour 1939–1945 l'a été également pour la

Révolution et l'Empire*, ou l'époque de Jeanne d'Arc et des Bourguignons*, pour Henri IV*, la Ligue et le temps de Richelieu*. Même en 1870, il s'est trouvé un parti qui, secrètement ou ouvertement, désirait la défaite de ceux qui dirigeaient le pays ». Alors faut-il admettre ce jugement de Michelet*, poussé jusqu'aux profondeurs : « La matière de la [France physique], essentiellement divisible, aspire à la désunion et à la discorde ? » Ou cette réflexion terrible, si elle est juste, de Julien Benda*, à savoir que l'histoire de France aura été, à bien des égards, « une affaire Dreyfus en permanence » ?

Fernand Braudel, *Identité de la France: Espace et Histoire*, Flammarion, 1990.

A   Préparation du texte

Notes

▶*ses annexions* (7) : sous l'Ancien Régime plusieurs régions ou provinces ont été annexées ou incorporées (par exemple, la Flandre en 1668, la Franche-Comté en 1678, la Corse en 1768).

▶*la révolte girondine* (9) : Les Girondins viennent de la Gironde, la région autour de Bordeaux. A l'époque de la révolution française, certains d'entre eux s'étaient constitués en groupe politique. Ils se sont opposés à la prédominance politique de Paris. Leur révolte a été écrasée dans le sang.

▶*jansénistes contre jésuites* (15) : aux XVIIe et XVIIIe siècles les jansénistes étaient des religieux animés d'un antihumanisme absolu. Sous sa forme adjective, le mot souligne une sorte d'excès moral. La Compagnie de Jésus (les jésuites), est un ordre religieux qui s'opposait aux thèses des jansénistes. La Compagnie a été supprimée en 1764, ce qui a laissé la place libre aux jansénistes pour répandre leurs idées sur la grâce et la prédestination.

▶*bleus contre rouges* (15) : en politique, sous la Deuxième République (1848–1851), les bleus sont des républicains modérés par opposition aux rouges, des républicains socialistes.

▶*républicains contre royalistes* (15 – 16) : à la révolution française et tout au long du XIXe siècle, des Français se sont confrontés quant au type de système politique définitif à adopter. Certains préféraient l'instauration d'une république dont la souveraineté reposait chez le peuple ; d'autres préféraient la restauration ou le maintien de l'autorité royale.

▶*dreyfusards contre antidreyfusards* (16) : partisans et adversaires du capitaine Dreyfus. Dreyfus était un militaire français juif qui s'est trouvé injustement accusé de trahison en 1894. Il a été condamné aux travaux forcés à perpétuité par un tribunal militaire. Sa condamnation a suscité un vif émoi en France surtout lorsqu'il a été démontré que la condamnation reposait sur des documents falsifiés et que la hiérarchie militaire en était, en partie, responsable. En 1898, l'écrivain Émile Zola a rédigé son célèbre *J'Accuse* en défense du capitaine Dreyfus. Dreyfus a été innocenté, réhabilité, et réintégré dans l'armée en 1906. Les retombées de cette affaire Dreyfus ont contribué à enflammer les divisions idéologiques en France pendant une bonne partie du XXe siècle.

▶*collaborateurs contre résistants* (16 – 17) : opposition entre les agents des forces d'occupation allemande, partisans du régime d'extrême droite de Vichy (1940–1944), et les défenseurs de la France libre.

➤*s'apaise un jour... mais reprend au moindre coup de vent* (24 – 25) : les divisions historiques des Français sont tenaces donc difficiles à faire disparaître. Elles réapparaissent rapidement alors qu'on les croyait disparues.

➤*a été peu ou prou mâtiné de lutte civile* (27 – 28) : il y a toujours eu un certain nombre de Français qui désirait la défaite militaire de la France pour pouvoir remplacer ceux qui étaient au pouvoir. Des guerres civiles ont donc, de tout temps, précédé ou suivi les victoires militaires de la France sur ses ennemis externes.

➤*l'Empire* (29) : régime politique établi en France par Napoléon Bonaparte en 1804. Cet Empire a pris fin en 1814 lorsque l'Empereur a été obligé d'abdiquer.

➤*l'époque de Jeanne d'Arc et des Bourguignons* (29) : la période de guerres civiles et de discordes sanglantes entre les Armagnacs et les Bourguignons durant la guerre de cent ans aux XIVᵉ et XVᵉ siècles. L'héroïne Jeanne d'Arc (1412–1431) a réveillé le patriotisme français et a défait les envahisseurs anglais.

➤*Henri IV* (29) : Roi de France, Henri IV (1589–1610) a rétabli la paix religieuse, a développé la prospérité matérielle de la France et a restauré l'autorité royale.

➤*la Ligue et le temps de Richelieu* (30) : la Ligue est une confédération de catholiques fondée en 1576 pour défendre la religion catholique contre les Calvinistes. Le Cardinal Richelieu était un homme d'état français (1585–1642) qui a assuré la promotion de l'absolutisme royal. Il a ruiné le parti protestant et a réussi à briser les privilèges des provinces françaises en renforçant la centralisation administrative.

➤*Michelet* (32) : grand historien français (1798–1874), auteur d'*Histoire de France* et d'*Histoire de la Révolution Française*.

➤*Julien Benda* (34) : essayiste français (1867–1950) défenseur de la tradition intellectuelle contre les tendances de la littérature moderne.

Vocabulaire

❶ Traduisez en anglais les expressions suivantes dans leur contexte : *du fond des âges* (2), *dur comme fer* (3), *a réalisé ses annexions* (6 – 7), *bon nombre de* (9), *mâtiné de* (28), *à bien des égards* (34).

❷ Dressez une liste de tous les mots dans le texte qui ont trait à la notion de conflit ou d'hostilité : par exemple *division* (3).

Commentaire grammatical

USES OF PERSONAL PRONOUNS

(a) Subject pronouns

➤*Je crois* (3), *elle ne rencontre pas* (5), *elle a mené* (8), *elles s'enflamment* (13) : the personal subject pronoun *je* is used here in reference to the author (Braudel) ; *elle* (5 , 8) refers to the subjects, *la superstructure* (5), *la monarchie* (6) ; *elles* refers to the subject *les querelles* (12). See GS 1, §2.1.

➤*Il s'est trouvé* (30), *faut-il* (31) : these are cases of impersonal subject pronouns. The impersonal *il* is most commonly found in verbal expressions involving natural phenomena (*il pleut, il gèle, il neige*) and in common expressions (*il faut, il se trouve, il est important, il y a*). In the first example drawn from the text, *il s'est trouvé*, the use of *il* allows emphasis to be placed on *un parti qui désirait la défaite*. See **GS 1, §1; GS 10.**

(b) Stressed object pronouns

➤*contre elle* (8) : the stressed object pronoun *elle* is used here because the pronoun comes after a preposition. It refers to *la monarchie* (6). See **GS 1, §3.5.**

OTHER GRAMMAR POINTS

➤*protestants contre catholiques, jansénistes contre jésuites*, etc. (14 – 17) : this is an example of the omission of the article in a list of nouns (in this case all of which are in the plural). Compare with *l'incompréhension, l'hostilité, la mésentente, la suspicion, la querelle* (23). See **GS 5, §4.3.2.**

➤*faut-il* (31) : the inversion of the subject and verb is used when a question is being asked. This is less common in spoken French. See **GS 7, §1.2.**

➤*c'est qu'elle* (5), *c'est au plus* (7), *c'est l'indifférence* (11) : *c'est* is used in these cases because the 'it' (*ce*) refers to the preceding idea.

➤*ceux* (31) : the demonstrative pronoun *ceux* is used here in place of *les dirigeants*. The demonstrative pronoun agrees in gender and in number with *les dirigeants* and is placed before the relative pronoun *qui*.

➤*l'histoire de France aura été ... une affaire* (34 – 35) : this is an example of the future perfect tense. In certain adverbial clauses of time the future perfect is used in French to indicate a supposition, a probability. English prefers the perfect ('the history of France has been'). See **GS 8, §3.1.**

➤*la nation la plus fière de sa gloire* (27) : the superlative adjective is used here and is placed after the noun with the article repeated.

➤*où qu'elles s'enflamment* (12 – 13) : *s'enflamment* is used here in its present subjunctive form. This subjunctive has the same form as the present indicative of *s'enflammer*. The use of the conjunction *où que* signals the subjunctive form. See **GS 4, §3.2.**

Uses of the past participle

Here the past participle is used in three ways:

➤*venus* (2), *synchronisé* (19), *allumée* (24), *livrés* (27) : agreeing with a noun.

➤*soulevée* (8), *trouvé* (30) : in agreement with the subject with passives and other verbs conjugated with *être*.

➤*préservé* (1), *avantagé* (4), *réalisé* (6), *mené* (8) : used with the verb *avoir* in the perfect tense (without agreement if the direct object does not come before the verb).

Expressions of quantity

➤*Tant de diversités* (18) : the adverbial *tant de* used as an expression of quantity. When placed before a noun (in this case *diversités*), the adverb *tant* is followed by the preposition *de* with no article. See **GS 5, §4.1.1.**

Compréhension du texte

1 Comment, selon l'auteur, la diversité de la France a-t-elle encouragé les actions de domination (1 – 5) ?

2 Expliquez en quoi la *division est dans la maison française* (17).

❸ Pourquoi l'auteur souligne-t-il que les divisions *s'ajoutent les unes aux autres et créent l'incompréhension* (21 – 23) ?

❹ L'auteur met-il en question les propos de Julien Benda (33 – 35) ?

B   Exercices de renforcement

A l'oral

❶ Donnez des réponses orales aux questions ou phrases suivantes :

(a) Pourquoi l'auteur indique-t-il que la diversité est *fille première de la distance* (1) ?

(b) Énumérez tous les conflits dont parle l'auteur. Classez-les dans une ou plusieurs des catégories suivantes : politique/ religieuse/économique/sociale. Justifiez votre classification.

(c) Comparez les divisions de la maison française dont parle Fernand Braudel à celles de votre propre pays. Quelles sont les formes de divisions qui se ressemblent ? Quelles sont celles qui sont différentes ?

❷ Lisez à haute voix et en français les dates suivantes : 1793, 1870, 1974, de 1939 à 1945.

❸ Esquissez un portrait des Français d'après votre expérience personnelle.

Exercices lexicaux

❹ Construisez des phrases en vous servant des verbes suivants : *s'étendre* (5), *s'étaler* (9), *favoriser* (12), *entraîner* (18), *reprendre* (24).

❺ Expliquez en français la signification des noms suivants : *particularisme* (*m*) (2), *diversité* (*f*) (2), *inertie* (*f*) (12), *querelle* (*f*) (12), *discorde* (*f*) (33).

Exercices grammaticaux et structuraux

❻ Remplacez par des pronoms personnels les expressions imprimées en italique.
Exemple : Napoléon III a annexé *la Savoie.* ⇒ Napoléon III *l'a annexée.*

(a) J'ai prévu *une réunion* pour 10h30.

(b) Il enverra *les dossiers à sa sœur.*

(c) Dites *à vos amis* de venir quand ils veulent.

(d) Les disputes ne règlent jamais *les problèmes de fond.*

(e) Prenez ce que Pierre donnera *à Jeanne* et donnez *le reste aux voisins.*

❼ Réécrivez ce paragraphe en utilisant les pronoms qui conviennent.

Ma famille a une longue histoire de liens avec des étrangers. Mon père avait plusieurs amis en Italie. Je ne ___ (*1*) ai pas connus. Son grand ami s'appelait Pepito. Papa ___ (*2*) a rendu visite à Milan une fois. A 15 ans, ma sœur, Marie, avait un correspondant en Espagne. Elle ___ (*3*) a écrit régulièrement pendant deux ans mais il ne ___ (*4*) a guère répondu. Nous avions aussi des amis en Grèce, mais nous ne ___ (*5*) voyions pas souvent. Nous ___ (*6*) téléphonions tous les Noëls et ils ___ (*7*) envoyaient des cartes pour notre anniversaire. Maman avait une correspondante portugaise pendant quelque temps. Elle ___ (*8*) écrivait souvent mais maman trouvait difficile de ___ (*9*) lire. J'ai un correspondant irlandais en ce moment mais ___ (*10*) avons des problèmes. Quand je ___ (*11*) demande de ___ (*12*) écrire en anglais, il ___ (*13*) répond qu'il ne veut écrire qu'en français, ce qui ___ (14) énerve. Je suis allé ___ (15) voir l'année passée à Dublin. J'___ (16) suis allé en été pendant les grandes vacances. J'___ (17) suis resté trois semaines. J'___ (18) garde de bons souvenirs. Je compte peut-être inviter mon correspondant chez moi cette année si mes parents sont d'accord. Il faut que je ___ (19) ___ (20) demande bientôt. Il pourra ___ (21) rendre visite au mois de juin, s'il ___ (22) veut.

C Exploitation du texte

A l'oral

❶ **Saynète** A deux, imaginez la dispute qui peut avoir lieu entre royalistes et républicains, ou bleus et rouges, ou collaborateurs et résistants, etc. Présentez cette discussion sous forme d'une scène que vous pouvez jouer devant la classe.

❷ **Sujet de discussion** Julien Benda n'a pas entièrement raison. L'histoire de France n'est pas *une affaire Dreyfus en permanence* (35).

A l'écrit

❸ **Résumé** Résumez le texte en 150 mots en faisant ressortir les idées principales.

❹ **Rédaction** « La France se nomme diversité ». Discutez. (200 mots)

❺ **Version** Traduisez en anglais les lignes 14 – 20 .

❻ Traduisez en français le texte ci-dessous :

> The Jacobins were convinced that their opponents were insufficiently committed to the campaign against counter-revolution and half-hearted in their support for the execution of the king which took place on 21 January 1793 – if, indeed, they supported it at all. The Girondins on the other hand suspected the Jacobins of planning to use violent popular support in order to impose the dictatorship of Paris over the provinces. They were right in this, as subsequent events proved. As the military crisis deepened in the spring and summer of 1793 and exceptional measures to combat the internal enemies of the Republic came to seem ever more necessary, so competition for power within the government grew more intense. News of the treasonable contacts between General Dumouriez and the Austrians helped to establish parliamentary support for a campaign of terror directed at the nation's enemies. The more extreme Jacobins called on the 'people' to save the Revolution from the treason of the 'rich'.

Grammar section 1
Personal pronouns

§1 Introduction

The pronouns *je, me, moi; tu, te, toi,* etc. are called **personal pronouns** because they help indicate the 'person' of the subject of the verb. See the table in §2 below. In addition, *il,* as well as meaning 'he', is used in 'impersonal' verb constructions like *il y a, il pleut, il faut.* The personal pronouns have various forms. There are subject pronouns (§2), object pronouns (§3) and stressed forms (§§2.2, 3.5).

§2 Personal pronoun subjects

		Unstressed Pronouns	Stressed Pronouns
Singular	lst person	*je*	*moi*
	2nd person	*tu*	*toi*
	3rd person	*il*	*lui*
		elle	*elle*
		on	*soi*
Plural	lst person	*nous*	*nous*
	2nd person	*vous*	*vous*
	3rd person	*ils*	*eux*
		elles	*elles*

2.1 Subject pronouns (unstressed)

You are already familiar with these pronouns. Three points to note:

● They are always found with a verb and cannot be separated from it, except by *ne* and the unstressed object pronouns (see §3.2),
e.g. *Je ne le vois pas.*

● They can refer not only to humans but also to animals and non-living things,
e.g. *Elle (la porte) est fermée.*

● *On* is frequently used in French where English uses 'one', 'you' or 'we'. In informal French *on* is frequently used instead of *nous*. See Module 11.

2.2 Subject pronouns (stressed)

Two points to note:

● Unlike the unstressed pronouns, which can only occur next to a verb, the stressed pronouns may be separated from their verb.

● They normally refer only to human beings.

There are six situations in which the stressed form of the personal pronoun subject is used:

1 to emphasise an unstressed subject pronoun: *Toi, je veux que tu t'en ailles. J'y vais **moi-même**.* (cp. **GS 7** and **10**)
2 after *C'est/C'était*: *C'est **toi** qui as tort. Qui est là ? C'est **moi**.*
3 before the relative pronoun *qui*: ***Eux** qui viennent d'arriver, ils ne savent rien.*
4 where the verb is omitted: ***Moi**, intelligent ? Tu plaisantes !*
5 with *ni... ni...*: *Ni **lui** ni **moi** ne nous y attendions.*
6 where there is a multiple subject (of which any or all may be personal pronouns): *Mon frère et **moi** viendrons ce soir.*

EXERCICE A Complete the following sentences with a personal pronoun subject in the stressed form:

(a) Et ___ ? Qu'est-ce qu'il pourrait faire ?
(b) Elles ne sont certes pas contentes, ni ___ ni sa sœur.
(c) Je lui ai dit : « C'est ___ qui devrais faire le discours ».
(d) ___ qui venez d'arriver, qu'est-ce que cela peut vous faire ?
(e) « Ma sœur est très élégante, tu sais. » « ___ , élégante ! Quelle idée ! »
(f) Nous sommes allés au cinéma, mon père et ___ .

2.3 *C'est/Il est*

You will have to distinguish between *c'est* and *il est*, meaning 'it is', in the following three contexts.

2.3.1 In sentences where 'it is' is followed by an adjective or adverbial phrase:

● *il est* (or *elle est*, as the gender demands) is used if 'it' stands for a specific noun,
  (Son projet)   *Il est impossible.*
  (Mon chien)   *Il est méchant.*
  (La ville)   *Elle est en Auvergne.*

● *c'est* is used if 'it' is indefinite, i.e. does not stand for a specific noun but sums up a previous idea under the general heading 'this thing',
e.g. *(Ce qu'il veut faire)*   *C'est impossible.*
  (Il viendra)   *C'est probable.*

2.3.2 In sentences where 'it is' is followed by an adjective plus an infinitive or clause,

● *c'est* is used to refer **back** to an idea already expressed or to something you have already been talking about,
e.g. *(Trouver un bon prof...)*   *C'est difficile à faire.*
  (Leur maison...)   *C'est impossible à trouver.*

● *il est* is used to refer **forward** to an idea expressed later in the sentence,
e.g. *Il est difficile de **faire la cuisine**.*
  *Il est impossible de **rester**.*
  *Il est probable **qu'il viendra**.*

Notice how the change from *c'est* to *il est* may alter the preposition from *à* to *de*.

This table gives you a guide to how *c'est/il est* is used in careful French:

(a) mentioned previously in the conversation	
La cuisine. . .	*C'est difficile à faire.*
	(It's difficult to do.)
Il viendra.	*C'est probable.*
	(It's likely.)
(b) mentioned later in the sentence	
Il est difficile de	*faire la cuisine.*
(It's difficult	to do the cooking.)
Il est probable qu'	*il viendra.*
(It's likely that	he'll come.)

In informal French *c'est* tends increasingly to be used in both these situations :

> *C'est difficile de préparer les cuisses de grenouille.*
> *C'est probable que je l'épouserai.*

N.B. with verbs other than *être*, an indefinite 'it' is expressed not by *ce* but by *cela*, in both formal and informal French,

e.g. *Cela me gêne de la voir pleurer.*

2.3.3 In sentences where 'he's', 'she's' or 'it's' is followed by a noun, often indicating a profession or job:

● *il/elle est*, without a following article, is used if the noun denotes the profession in general and is **not** accompanied by an adjective (see **GS 5, §3.2**),
e.g. *Il est professeur.*
     Elle est médecin.

● *c'est* is used if the noun denotes a specific person or group of people, and is qualified by an adjective or other word,
e.g. *C'est un bon professeur.*
     C'est notre médecin.

In these cases, if the noun is plural, careful French makes an agreement and uses *ce sont* rather than *c'est*,
e.g. *Ce sont nos enfants.*

Note that you will frequently meet the structure *c'est* followed by *que. . .* This is used to highlight or emphasise an idea (see **GS 10, §4.1**).

EXERCISE B This exercise gives practice in choosing between *c'est* and *il est*. As you do it, explain to yourself why you are making the choice and refer back to the examples.

Complete the following sentences with *c'est/ce sont* or *il est/ils sont*:

(a) ___ mon père.

(b) ___ agriculteur. Ne lui dis surtout pas qu'___ fermier !

(c) ___ l'étudiant le plus bête de la classe.

(d) Mon fiancé ? ___ aux États-Unis.

(e) J'ai défendu à ma fille d'aller au cinéma. ___ bête ! Elle y va quand même.

(f) ___ incroyable ! Les Écossais ont gagné au Stade de France !

(g) ___ impossible d'apprendre à parler anglais en Écosse.

(h) – Nous pourrons bientôt faire des voyages touristiques autour de la lune.

– ___ possible, mais ___ impossible d'en être certain.

§3 Personal pronoun objects

Make sure that you are able to distinguish direct from indirect objects, both in English and in French. Check that you can make the distinction in the following exercise.

EXERCISE C   For each of the words in italics in the following sentences say whether it is (in English):

(i) the direct object of a verb;

(ii) the object of the proposition 'to' (indirect object – note that 'to' is often not expressed);

(iii) the object of another proposition.

(a) Why did she give *him* the prize? He doesn't deserve *it*.

(b) Where did you get *it*? She gave *it* to *me*.

(c) If you look at *it* carefully you'll understand *it* better.

(d) They wouldn't show *us* the house but they showed *it* to Tom.

(e) We have been looking for *them*. Tell *them* that.

Now translate the sentences into French. Which of the objects belong to a different group in French from the group in which you put them in English?

3.1 Position of object pronouns

Four points to note:

● Object pronouns normally occur **before** the verb,

e.g. *Je le donne. Je ne le donne pas. L'attendez-vous ? L'ayant vu moi-même, je suis d'accord avec vous.*

● When you are giving orders, they **follow** the verb,

e.g. *Faites-le.*

For negative orders, see §3.4 below.

● Where a direct object pronoun comes before a verb in the perfect or pluperfect tense (i.e. a compound tense, made up of more than one verb), the past participle agrees with it,

e.g. *Je les ai vus.*

● The object form of *on* is usually *nous* or *vous*, depending upon who is included in it,

e.g. *On monte dans le car et le conducteur vous donne votre ticket.*

On sort de l'immeuble et le gardien nous regarde de près.

3.2 Sentences with two verbs

There may be problems when there are two verbs in the sentence, as with the compound tenses (see §3.1 above) and with VERB + INFINITIVE constructions.

In compound tenses, object pronouns come before the first (auxiliary) verb,

e.g. *Je l'ai donnée.*

Il ne l'a pas donné.

In VERB + INFINITIVE constructions, object pronouns come before the infinitive if they are the object of that verb,

e.g. *Je vais le voir. Il a voulu me parler. Nous allons vous y envoyer. Tu ne dois pas lui en parler.*

Note that personal pronouns, unlike definite articles, do not contract with prepositions,

e.g. *Je viens de le voir. Elle m'a invité à le goûter.*

However, in constructions involving *faire/laisser/ entendre/sentir/voir* + INFINITIVE, object pronouns come before these verbs and **not** the dependent infinitive,

e.g. *Je la fais construire.*

Il me laisse parler.

Tu nous entends venir.

Nous voulons la faire taire.

See also **GS 9**, **§§3.4 and 3.5**.

3.3 Two object pronouns

A verb may have one or two pronoun objects. If there is more than one, there is a specific order which must be followed.

e.g. *L'union européenne **nous les** impose.*
     The European Union imposes them on us,

The following table sets out the order of object pronouns before the verb:

1	2	3	4	5
me				
	le			
te		lui		
se	la		y	en
nous		leur		
	les			
vous				

The most common combinations are from columns 1 and 2,

e.g. *Je **vous les** donne.*

or from columns 2 and 3,

e.g. *Leurs parents **les leur** envoient par la poste.*

3.4   Pronoun objects with the imperative

With the imperative (used to give orders), personal pronouns come after the verb of which they are the object and are joined to it, and to one another, by hyphens,

e.g. *Faites-**le** venir ! Parlez-**lui** ! Écoutez-**nous** chanter ! Laissez-**les** faire ! Donne-**les-moi** !*

However, if the command is in the **negative**, the pronoun objects come after the *ne* and before the verb:

e.g. *Ne **le** faites pas venir ! Ne **lui** parlez pas !*

Two further points to note about imperative sentences:

● *me* and *te* change to *moi* and *toi* – the stressed forms – (except before *y* and *en*),
e.g. *Emmenez-**moi** ! Tais-**toi** !* but *Donnez-**m'en** !*

● When there are two object pronouns, the direct object precedes the indirect object,
e.g. *Donne-**le-moi** ! Mettez-**les-y** !*
If the imperative is in the negative, the order is the same as for other tenses:
     *Ne **me le** donne pas !*

EXERCISE D   Replace the words in italics by pronouns. Pay particular attention to the order of the objects where there is more than one, and to those cases where the pronoun object follows the verb:

(a) Tu devrais donner *le couteau à ta mère.*
(b) Elle a fait construire *la maison* mais elle ne permet pas *à son père* de voir *sa maison.*
(c) Puisque Pierre a offert *ce cadeau à son amie,* elle devrait parler *à Pierre du cadeau.*
(d) Est-ce que M. et Mme Taupet préfèrent envoyer *le billet à Paris* ?
(e) Je pourrais envoyer *le billet à M. et Mme Taupet.*
(f) Donnez *le vin à votre père* et ne parlez plus *du vin.*

3.5 Stressed object pronouns

The forms of the stressed object pronouns are the same as for the stressed subject pronouns (see §§2 and 2.2). The main situations where the stressed pronouns are used as objects are:

1 where there are two pronoun objects (both human) from the same column (see §3.3 above):

     *Il s'adressa à **nous**. Vous devriez vous fier à **moi**.*

2 where there are two pronoun objects (both human) one from Column 1 and one from Column 3 (see §3.3 above):

*Tu me présenteras à **lui**. Nous nous sommes rendus à **eux**.*

3 for indirect (human) pronoun objects after verbs of motion such as *aller* and *venir*:

> *Il vient à **moi**. Allez à **eux**.*

4 to make it clear who is meant in a plural pronoun object:

> *Je vous donne ces bonbons, à **toi** et à ton frère.*

5 after prepositions:

> *Elle est venue avec **moi**. Entre **nous**, je ne le crois pas.*

6 after *ne... que...*:

> *Il n'a vu qu'**eux**.*

7 after *comme* and *que* in comparative statements:

> *Comme **moi**, il passe ses vacances à Paris. Elle est plus intelligente que **lui**.*

8 for emphasis:

> ***Toi**, je veux te voir.*

Soi is the stressed form of the third person object pronoun *se*. It is not used often and refers only to indefinite things and generalities. It can refer both to humans and to non-humans:

1 **Human:** *soi*, which is always singular, is normally used with the indefinite pronouns *on, chacun, aucun, nul, tout*, etc. and in impersonal statements,

> e.g. *On est toujours mieux chez **soi**.*
> *Chacun ne songe qu'à **soi**.*
> *Nul n'est prophète chez **soi**.*
> *N'aimer que **soi**, c'est malheureux.*

2 **Non-human:** *soi* exists only in the singular,

> e.g. *Un bienfait porte en **soi** sa récompense.*

In the plural it is replaced by *eux* or *elles*,

> e.g. *Les bienfaits portent en **eux** leur récompense.*

§4 Special uses of *le, y* and *en*

4.1 *le*

The personal pronoun *le* is used in formal French to refer back to a noun, an adjective or a whole clause or train of thought, in circumstances where in English the verb stands alone,

> e.g. *Lui, le directeur ! Il ne **l**'est certes pas.*
> *Il n'est pas riche. Je **le** sais.*

Conversely, *le* is sometimes not used in French where 'it' is normally used in English,

> e.g. *Je trouve difficile de travailler.*
> I find **it** difficult to work.
> *Je juge nécessaire de partir.*
> I consider **it** necessary to leave.

4.2 *y, en*

The pronoun *y* stands for a French prepositional phrase introduced by *à, dans, en, sur* etc. It is never used for humans,

> e.g. *Nous sommes allés à Paris et nous **y** sommes restés (à Paris).*
> *Je les ai mis dans cette boîte. Ils **y** sont toujours (dans cette boîte).*

En stands for a French prepositional phrase introduced by *de*. It may refer to humans,

> e.g. *J'ai vu Jean-Paul ; nous **en** avons parlé récemment (de Jean-Paul).*

or to things,

e.g.   *Cette affaire est délicate ; le succès **en** est douteux (**de** cette affaire).*

   *Cette pomme n'a pas de goût ; donnez-m'**en** une autre (**de** ces pommes).*

Since *y* and *en* are indirect objects (they each contain a preposition within them), they do **not** affect past participle agreement,

e.g.   *Puisque j'aime beaucoup ces pommes, elle m'**en** a donné un kilo.*

Je leur demande : « Pourquoi faut-il que je mange ce que je n'aime pas ? »

Ils me disent : « C'est pour ton bien. »

Et si je leur demande : « Pourquoi faut-il que j'aille en classe si je n'aime pas ça ? »

Et ils me répondent : « C'est pour ton bien ! »

Quand je leur demande : « Pourquoi faut-il que j'aille à des réunions que je n'aime pas ? »

Ils me disent : « C'est pour ton bien. »

Et quand je leur demande : « Pourquoi est-ce que vous fumez, que vous buvez et que vous regardez tout le temps la télé ? »

Ils me répondent : « Parce que nous avons eu une enfance malheureuse. »

2

La francophonie

Le français langue scolaire

C'est le premier jour à l'école primaire pour un petit enfant de Martinique (« le négrillon »). Là, tout est nouveau : cela ne ressemble pas à la maternelle. L'enfant est inquiet, comme asphyxié. Il reprend son souffle au moment de la récréation, mais la sonnerie y met fin...

Revenu dans la salle de classe, le négrillon* retrouva son asphyxie à l'endroit pile où il l'avait laissée.

Mais tout se passa bien : personne n'eut à parler, à écrire, à expliquer ceci-cela*. Ce fut le Maître qui s'exprima. Et là, le négrillon prit conscience d'un fait criant : *le Maître parlait français**. Man Ninotte* utilisait de temps à autre des chiquetailles* de français, un demi-mot par-ci, un quart-de-mot par-là, et ses paroles françaises étaient des mécaniques qui restaient inchangées. Le Papa, lui, à l'occasion d'un punch*, déroulait un français d'une manière cérémonieuse qui n'en faisait pas une langue, mais un outil ésotérique pour créer des effets. Quant aux Grands*, leur expression naturelle était créole*, sauf avec Man Ninotte, les autres grandes-personnes et plus encore avec le Papa. Pour s'adresser à eux, il fallait reconnaître la distance* en utilisant un rituel de respect. Et tout le reste pour tout le monde (les joies, les cris, les rêves, les haines, la vie en vie*...) était créole. Cette division de la parole n'avait jamais auparavant attiré l'attention du négrillon. Le français (qu'il ne nommait même pas) était quelque chose de réduit qu'on allait chercher sur une sorte d'étagère, en dehors de soi, mais qui restait dans un naturel de bouche proche du créole. Proche par l'articulation. Par les mots. Par la structure de la phrase. Mais là, avec le Maître, parler n'avait qu'un seul et vaste chemin. Et ce chemin français faisait étranger. L'articulation changeait. Le rythme changeait. L'intonation changeait. Des mots plus ou moins familiers se mettaient à sonner différents. Ils semblaient provenir d'un lointain horizon et ne disposaient plus d'aucune proximité créole. Les images, les exemples, les références du maître n'étaient plus du pays. Le Maître parlait français comme les gens de la radio ou les matelots de la Transat*. Et il ne parlait que cela avec résolution. Le français semblait l'organe même de son savoir. Il prenait plaisir à ce petit sirop qu'il sécrétait avec ostentation. Et sa langue n'allait pas en direction des enfants comme celle de Man Salinière*, pour les envelopper, les caresser, les persuader. Elle se tenait au-dessus d'eux dans la magnificence d'un colibri-madère* immobile dans le vent. *Ô le Maître était français !*

Manman*, *quel fer**... Le négrillon, dérouté, comprit qu'il ignorait cette langue. La tite-voix*
28   babilleuse de sa tête maniait une autre langue, sa langue-maison, sa langue-manman, sa langue-non-apprise intégrée sans contraintes au fil de ses désirs du monde. Un français étranger y surgissait en traits fugaces et rares ; il les avait entendus quelque part et il les répétait lors de circonstances mal identifiées. Un autre français plus proche, acclimaté mais tout aussi
32   réduit, se tenait en lisière des intensités vivantes de sa tête. Mais parler vraiment pour dire, lâcher une émotion, balancer un senti*, se confier à soi-même, s'exprimer longtemps, exigeait cette langue-manman qui, ayayaye*, dans l'espace de l'école devenait inutile. Et, dangereuse*.
36   *Ô quel fer !*...

Patrick Chamoiseau, *Chemin-d'École*, Éditions Gallimard, 1994.

A   Préparation du texte

Notes

➤*le négrillon* (1) : jeune nègre, petit nègre. Attention : cette expression est ou bien vieillie ou bien péjorative. L'auteur a bien le droit de s'en servir (un peu par fierté ?), puisqu'il est lui-même Martiniquais, mais c'est un terme à n'utiliser qu'avec la plus grande précaution.

➤*ceci-cela* (3) : c'est la première (dans cet extrait) des expressions typiquement martiniquaises dont l'auteur parsème son texte. Pour d'autres, voir plus bas.

➤*le Maître parlait français* (4 – 5) ; *leur expression naturelle était créole* (9) : à Martinique, la langue maternelle de la plupart de la population est le créole, langue qui présente des similarités avec le français mais qui en est bien distincte. L'auteur dédie son roman aux « *petites personnes... qui avez dû affronter une école coloniale* », école où le problème linguistique se retrouve au premier plan.

➤*Man Ninotte* (5) ; *Man Salinière* (24) ; *Manman* (27) : *man*, comme *manman*, signifie « maman ». Les enfants utilisent *man* pour toute femme grande personne, un peu comme « auntie » en anglais. Man Ninotte est la mère du négrillon et Man Salinière est la maîtresse de l'école maternelle qu'il vient de quitter.

➤*chiquetailles* (5) : des bouts de phrase, des bribes de mots français jetés çà et là dans la conversation. Ce mot est dérivé de *chique*, « plug, quid of tobacco » (+ -*aille* : suffixe péjoratif utilisé dans des expressions collectives (cp. *marmaille, racaille*)).

➤*punch* (7) : boisson alcoolisée à base de rhum parfumée de citron et d'épices. Ici, le mot prend le sens de l'occasion où l'on en boit en compagnie d'invités, d'où le ton cérémonieux adopté par le Papa.

➤*Grands* (9) : les frères aînés du négrillon.

➤*il fallait reconnaître la distance* (10 – 11) : pour s'adresser à leurs parents, les enfants doivent utiliser un langage plus formel, plus « francisé ».

➤*la vie en vie* (12) ; *quel fer !* (27 , 36) ; *tite-voix* (27) ; *senti* (33) : expressions martiniquaises signifiant « la vraie vie » ; « comme c'est ennuyeux ! » ; « petite voix » et « sentiment, émotion » (*senti* existe en français standard mais avec un sens plus philosophique).

➤*Le Maître parlait français comme les gens de la radio ou les matelots de la Transat* (20 – 21) : l'enfant a l'habitude d'un français dont on utilise certains éléments tout en parlant créole, alors que la langue de l'école est le français de France, et cela bien que le maître soit Martiniquais comme ses élèves. *Transat*, la Compagnie transatlantique, compagnie de paquebots transatlantiques.

➤*colibri-madère* (25) : sorte de colibri (« humming-bird »).

➤*ayayaye* (34) : interjection exprimant la douleur, l'ennui ou la surprise, comme « aïe » en français standard.

➤*dangereuse* (35) : le créole, langue maternelle (*langue-manman*) de l'enfant, est proscrite en classe et son utilisation peut attirer une punition.

Vocabulaire

❶ Trouvez le sens des mots suivants : *pile* (1), *étagère* (14), *sécrétait* (23) *dérouté* (27), *babilleuse* (comme *babillarde*) (28), *fugaces* (30), (*en*) *lisière* (32), *balancer* (33).

❷ Traduisez en anglais, suivant le contexte, les expressions suivantes :

ses paroles... étaient des mécaniques qui restaient inchangées (6 – 7)

en utilisant un rituel de respect (11)

quelque chose de réduit (14)

qui restait dans un naturel de bouche proche du créole (15)

ne disposaient plus d'aucune proximité créole (19)

l'organe même de son savoir (22)

ce petit sirop qu'il sécrétait avec ostentation (22 – 23)

Elle se tenait au-dessus d'eux (24 – 25)

intégrée sans contraintes au fil de ses désirs du monde (29)

surgissait en traits fugaces et rares (30)

se tenait en lisière des intensités vivantes de sa tête (32)

❸ Trouvez des quasi-synonymes pour remplacer dans le contexte les termes suivants : *prit conscience* (4), *changeait* (17 , 18), *références* (20), *persuader* (24), *maniait* (28), *lâcher* (33).

Commentaire grammatical

USES OF TENSES

➤*Mais tout se passa bien : personne n'eut à parler... Ce fut le Maître qui s'exprima* (3 – 4) : the past historic (*passé simple*) is used for completed, definite events and actions in the past, even when these go on for some time (see **GS 2**, §3.4). The class time is seen as a whole, and is presented in contrast to the previous class where the pupils had to respond in turn. Note the tense agreement between *fut* and *s'exprima*. When translating 'it was X who/which went/did ...', you should either use the present tense (*c'est*) or the same tense as for the next verb: *ce fut... qui alla ; c'était... qui allait*.

➤*prit conscience* (4), *comprit* (27) : states of mind are often expressed in the imperfect, but the past historic is needed here since the boy realises things at a particular point during the class, as a result of what happens there. The imperfect, if used here, would either mean that he knew such matters **before** he arrived at school or that the realisation was a gradual process (see the next note).

➤*changeait* (18), *se mettaient* (19), *semblaient* (19) etc., *devenait* (34) : here the effects of the changed linguistic situation are not presented as a whole; rather, the boy is portrayed as sitting amazed as his view of the world changes around him. The imperfect stresses the **process**, while the past historic would have stressed the **final end result**. The other instances of the imperfect, e.g. *utilisait* (5), *maniait* (28), refer to habitual actions and events in the boy's life. See **GS 2, §3.2**.

OTHER GRAMMAR POINTS

➤*n'eut à parler, à écrire, à expliquer* (3) : note that, in formal style, prepositions should be repeated before each fresh item. This is especially the case for *à*, *de* and *en* but less necessary for other prepositions (see *pour* (24) and **GS 11, §1.2**). Note also that French style often lists items with commas, where English would often place 'and/or' before the last item in the list, with no comma before it; see also lines 11 – 12 , 20 , 24 , 28 – 29 , 33 – 34 .

➤*Et là* (4) ; *Mais là* (16) : *là* does not mean 'there' in these cases, but rather 'then', 'in that context', 'in those circumstances'. It is a useful expression for structuring a paragraph. Cp. also: *alors là* = 'ah, now, in that instance'.

➤*un demi-mot par-ci, un quart-de-mot par-là* (5 – 6) ; *sa langue-maison, sa langue-manman, sa langue-non-apprise* (28 – 29) : the hyphen is required when *demi* and *quart* are placed before another word so as to form a compound; *par-ci* and *par-là* are also set compound expressions with hyphens. The other terms in the above list are not normal compounds and the author has used the hyphen to show that they represent specific,

compound notions for the purposes of this text.

➤*Le Papa, lui* (7) ; *Quant aux Grands* (9) : two ways of saying 'as for ...'. In any case, French does not use word stress within a sentence as English does ('His **father** ... but his **elder** brothers ...'), but prefers devices such as those given here.

➤*s'adresser à eux* (10) ; *se confier à soi-même* (33) : it would be incorrect to put pronouns (*leur* etc.) in front of these verbs; *eux* and *soi* must follow. See **GS 1, §3.5**.

➤*quelque chose de réduit* (14) : note that *quelque chose* is masculine, although *chose* is feminine; and the *de* is obligatory – take care to use *de* when translating expressions such as 'something tasty', 'somebody intelligent', etc.

➤*allait chercher* (14) : *allait* is not an auxiliary meaning 'was going to' in this case; it has its full sense of 'went and/to'.

➤*faisait étranger* (17) : 'sounded foreign', 'had a foreign ring'. A common, though slightly colloquial way of saying *semblait/paraissait étranger*.
Take care when translating 'make':
● + ADJECTIVE, use *rendre*: 'that made me ill', *cela m'a rendu malade*;
● + NOUN/PRONOUN + NOUN, use *faire + de*: 'she made him her assistant', *elle a fait de lui son adjoint*; 'that didn't make it a language', *qui n'en faisait pas une langue* (8);
● + VERB. See **GS 9, §3.5**.

Compréhension du texte

1 En quoi les manières dont les parents de l'enfant emploient le français (5 – 8) diffèrent-elles de celle(s) du maître (16 – 27) ?

❷ Quels aspects de la situation font ressentir à l'enfant une *division de la parole* (12) ?

❸ Pourquoi le français avait-il été quelque chose *qu'il ne nommait même pas* (13) ?

❹ Expliquez l'expression : *parler n'avait qu'un seul et vaste chemin* (16)

❺ Dressez une liste de tout ce qui paraît à l'enfant (a) comme proche, (b) comme étant juste à côté, et (c) comme lointain.

❻ Qu'est-ce que le maître représente, à ses propres yeux et à ceux de l'enfant ?

B   Exercices de renforcement

A l'oral

❶ Donnez des réponses orales aux questions suivantes :

(a) Comment l'enfant a-t-il pu prendre conscience de l'existence du français sans le *nommer* (13) ?

(b) Quels sont les éléments linguistiques dont on se sert (dans n'importe quelle langue) pour *utiliser un rituel de respect* (11) ?

(c) Un langage formel, standardisé, peut-il jamais servir pour exprimer des émotions, un senti (33) ?

Exercices lexicaux

❷ Trouvez des contraires (antonymes) pour les termes et expressions suivants : *criant* (4), *ésotérique* (8), *joies* (11), *haines* (12), *vaste* (16), *avec résolution* (21 – 22), *prenait plaisir à* (22), *persuader* (24), *immobile* (25), *ignorait* (27), *se confier* (33).

❸ Quelle différence de sens y a-t-il :

(a) entre *langue, parole* et *langage* ;

(b) entre *en dehors de soi/lui/elle* (14) et *hors de soi/lui/elle* ?

❹ Groupez par paires ceux des adjectifs suivants qui présentent des similarités de sens :

(a) *cérémonieux, réduit, naturel, lointain, intégré, vivant, inutile* ;

(b) *actif, appris, limité, distant, solennel, normal, superflu.*

❺ Le progrès d'un apprentissage linguistique. Établissez dans les expressions ci-dessous un ordre qui vous semble approprié, en justifiant vos réponses :

maîtriser, premier contact, rédiger une lettre, se débrouiller, bon niveau, faible, débutant, tenir une conversation.

❻ Composez des phrases en français afin de faire ressortir la différence de sens entre les termes suivants :

le créole – le français
aller en direction de – se tenir au-dessus de

Exercices grammaticaux et structuraux

❼ Transformez les phrases suivantes en discours indirect (« reported speech »). Voir **GS 2, §3.2.2.**

Exemple : L'enfant dit : je m'appelle Patrick.
    → *L'enfant dit qu'il s'appelait Patrick.*

(a) L'enfant a dit : j'ai faim.

(b) Sa mère lui a dit : je t'ai apporté un pain au chocolat.

(c) Le manuel d'histoire disait : la guerre éclata en 1870.

(d) Le maître lui demanda : comment t'appelles-tu ?

(e) Le directeur leur a dit : nous allons faire une dictée.

(f) Le conducteur annonça : le car partira dans dix minutes.

8 Réécrivez le texte suivant, en mettant les verbes imprimés en italique au passé. N'employez pas le passé composé :

En attendant le jour, je (*demeurer*) étendu tout habillé sur le lit de maman. Elle (*revenir*) une fois pour me dire que Marie Duberc (*être*) occupée à repasser mon linge et que rien ne me manquerait. Je n'(*avoir*) qu'à rassembler mes livres et mes paperasses, comme elle (*appeler*) tout ce que j'(*écrire*). Je m'(*assoupir*). J'(*entendre*) les roues de la carriole de Duberc dans un demi-sommeil.

Marie (*entrer*) avec un plateau. Depuis la fuite de Simon, maman ne (*parler*) plus aux Duberc que pour leur donner des ordres. Marie m'(*assurer*) que Laurent (*reposer*) maintenant, que maman ne le (*quitter*) plus.

D'après François Mauriac.

9 Faites des phrases en vous servant des expressions suivantes :

(a) *plus encore* (10) ; *même pas* (13) ; *plus ou moins* (18) ; *tout aussi* (31).

(b) *personne ne* (3) ; *ne... jamais auparavant* (12 – 13) ; *n'avait qu'un(e) seul(e)* (16) ; *ne disposai(en)t* (ou un autre verbe) *plus d'aucun(e)* (19) ; *ne... que cela* (21).

(c) *avoir à* (3) ; *prendre conscience de* (4) ; *s'adresser à* (10) ; *se mettre à* (18) ; *disposer de* (19) ; *prendre plaisir à* (22) ; *au fil de* (29) ; *lors de* (31) ; *en lisière de* (32) ; *se confier à* (33).

C   Exploitation du texte

A l'oral

1 Récit oral

(a) Assumez le rôle du maître et racontez comment cette première journée de la rentrée s'est déroulée.

(b) Racontez vos premiers souvenirs de vie scolaire.

2 **Sujet de discussion** L'apprentissage d'au moins une langue étrangère doit commencer le plus tôt possible.

A l'écrit

3 **Résumé** Résumez ce texte en 150 mots en adoptant un point de vue plus objectif, plus distant (celui des parents de l'enfant, par exemple). Faites-en ressortir, dans un français simple, les idées principales.

4 **Rédaction dirigée** Les raisons de choisir le français standard comme langue scolaire. Développez votre argument en utilisant les idées suivantes (ainsi que d'autres qui vous paraîtront convenir au sujet) (300 mots) :

● la langue scolaire doit correspondre au but principal de l'école : ouvrir l'esprit de l'enfant au monde extérieur ;

● le créole est une langue locale qui présente beaucoup de variations d'une région à l'autre ou d'une île à l'autre ;

● le créole a bien une forme écrite mais celle-ci est peu utilisée : les journaux, les livres, les manuels, sont tous en langue française.

Si vous le préférez, adoptez le point de vue contraire et proposez le créole comme première ou principale langue scolaire.

❺ Rédaction « On parle sa propre langue ; on écrit en langue étrangère. » Commentez ce jugement. (300 mots)

❻ Version Traduisez en anglais les lignes 12 – 26 .

❼ Thème Traduisez en français le passage suivant en vous servant, là où cela est possible, d'expressions tirées du texte. Employez le passé simple (« past historic ») là où cela convient (et, bien entendu, d'autres temps verbaux). Le récit se déroule à Port-of-Spain, Trinidad.

The year before his mother died, Elias sat for the Cambridge Senior School Certificate.

Titus Hoyt came down to our end of the street.

'That boy going pass with honours,' Titus Hoyt said. 'With honours.'

We saw Elias dressed in neat khaki trousers and white shirt, going to the examination room, and we looked at him with awe.

Errol said, 'Everything Elias write not remaining here, you know. Every word that boy write going to England.'

It didn't sound true.

'What you think it is at all?' Errol said. 'Elias have brains, you know.'

Elias's mother died in January, and the results came out in March.

Elias hadn't passed.

Hat looked through the lists in the *Guardian* over and over again, looking for Elias's name, saying, 'You never know. People always making mistake, especially when it have so many names.'

Elias's name wasn't in the paper.

Boyee said, 'What else you expect? Who correct the papers? English man, not so? You expect them to give Elias a pass?'

Elias was with us, looking sad and not saying a word.

Hat said, 'Is a damn shame. If they know what hell the boy have to put up with, they woulda pass him quick quick.'

De "His Chosen Calling" dans *Miguel Street*, V. S. Naipaul

TEXTE DEUX

La francophonie : pourquoi faire?

Cette lettre est tirée d'une série de textes parus en 1997 dans un forum Internet organisé par le Monde Diplomatique pour parler de questions linguistiques, surtout dans les pays dits « francophones » (voir le Dossier). L'auteur, Charles Durand, réagit à un texte de Gilbert Mukwanga qui avait dit que « les filles et les fils de l'Afrique n'ont pas besoin d'une langue étrangère pour se communiquer » ; il avait également parlé d'« idées néo-colonialistes » et de « francofolie ».

Je me félicite de l'intervention de Gilbert Mukwanga qui nous accuse de velléités néo-colonialistes. Dans quels buts, en effet, voulons-nous renforcer en Afrique l'implantation de langues qui ne sont pas originaires du continent africain, qu'il s'agisse du français, de l'anglais ou du portugais ?

Tout d'abord, je tiens à faire remarquer que les divers pays d'Afrique, qui anciennement étaient des colonies*, sont indépendants depuis belle lurette. Ces pays sont adultes et membres à part entière de la communauté internationale. Lorsqu'ils sont devenus indépendants, ces pays ont, dans la plupart des cas, choisi de maintenir le français ou l'anglais ou le portugais comme langues officielles et langues d'enseignement. La France, la Belgique, l'Angleterre ou le Portugal n'ont rien à voir avec ces choix !

L'organisation de la Francophonie, ou « Francophonie » tout court, rassemble actuellement 49 pays. Il est important de rappeler que cette organisation n'est pas le résultat d'une initiative française mais tunisienne et sénégalaise à l'origine et à laquelle la France ne se rallia que très tardivement. Si ces pays ont décidé, par eux-mêmes, de s'associer par l'intermédiaire de cette organisation qui fait, entre autres, la promotion de la langue française (mais c'est loin d'être son seul but), c'est qu'ils devaient y trouver leur intérêt.

Pourquoi donc cet intérêt pour la langue française dans ces pays qui, encore une fois je le répète, ne peut pas être associé à un quelconque désir, une quelconque volonté des pays francophones « du nord »* à l'origine ?

L'histoire nous a tous façonnés d'une manière ou d'une autre. La langue des francophones, qu'ils soient Sénégalais, Québécois, Français ou Libanais, et quelle que soit la raison pour laquelle ils la connaissent, constitue à la fois un investissement important et un acquis considérable que l'on peut faire éminemment fructifier. L'organisation de la Francophonie n'existe pas pour que les délégués des divers pays membres s'admirent mutuellement en parlant de « culture ». Ils sont là pour établir une symbiose entre les pays membres qui partagent la même langue, sans exclusivité aucune. Il est évident qu'une langue commune constitue un socle sur lequel il est beaucoup plus facile d'établir des programmes à bénéfices réciproques et multiples. La Francophonie institutionnelle* encourage le développement des langues vernaculaires. Toutefois, il apparaît quelque peu difficile d'établir une communauté internationale basée sur le wolof ou l'haoussa*, surtout si cette communauté implique des États à l'extérieur du continent africain.

Il est plus que normal que vous ressentiez un profond attachement à votre langue maternelle. Je ne connais aucun membre de la Francophonie institutionnelle qui vous encouragerait à vous en détourner. Cependant, si vous êtes francophone – et je crois que vous l'êtes en votre qualité de participant au présent débat – une partie de vos intérêts se confond avec ceux d'autres francophones comme vous. Tout comme notre nom ou notre visage, la francophonie fait partie de nous, nous colle à la peau en quelque sorte. Un tant soit peu de réflexion nous indique que notre appartenance à ce groupe permet d'en tirer d'énormes bénéfices dans la mesure où les francophones s'organisent et agissent. Je n'ai, en tant que francophone, aucun intérêt à ce que la communauté francophone se porte mal pour la très simple raison que j'en fais partie !

Charles Durand

A   Préparation du texte

Notes

➤*anciennement… des colonies* (5 – 6) : les premières conquêtes coloniales françaises aux XVIe et XVIIe siècles, surtout en Amérique du nord et en Orient, ont été suivies, au XIXe siècle, par une deuxième série de conquêtes, surtout en Afrique du nord, en Afrique occidentale et en Afrique équatoriale. La plupart des pays colonisés ont accédé à l'indépendance dans les années 50 et au début des années 60.

➤*pays francophones « du nord »* (18 – 19) : la plupart des pays colonisateurs (Belgique, France, Grande Bretagne, Portugal) se trouvent au nord (en Europe) par rapport aux pays colonisés, d'où une division nord/sud, désormais plus importante que l'ancienne division est/ouest de l'époque de la guerre froide.

➤*Francophonie institutionnelle* (28) : voir le Dossier, pp. 35–37.

➤*wolof, haoussa* (30) : langues ouest-africaines.

Vocabulaire

❶ Trouvez le sens des mots suivants : *intervention* (1) ; *belle lurette* (6) ; *se rallia* (13) ; *façonnés* (20) ; *acquis* (22) ; *symbiose* (25) ; *socle* (27) ; *implique* (30).

❷ Relevez dans le texte dix expressions qui

appartiennent au vocabulaire des relations entre états.

❸ Expliquez le sens de *velléités néo-colonialistes* (1 – 2). Donnez des exemples d'attitudes ou d'actes typiques se rapportant à cette notion.

❹ Dressez une liste de toutes les expressions qui, dans ce texte, sont associées au mot *langue(s)*: par exemple *langue maternelle* (32). Donnez une définition de chacune de ces expressions.

❺ Traduisez en anglais, selon leur contexte: *rassemble* (11); *s'associer* (14); *fructifier* (23); *réciproques* (28); *vous en détourner* (34); *en votre qualité* (34 – 35).

Commentaire grammatical

USES OF TENSES

➤*sont devenus* (7); *se rallia* (13); *nous a tous façonnés* (20): the difference between the French perfect tense (*passé composé*) and the past historic (*passé simple*) is partly one of style – the past historic is generally restricted to formal contexts. But the difference is also one of meaning. Whereas the perfect ranges over a whole set of time contexts, the past historic is generally restricted to historical events (hence its name) and to the 'narrative' past (as in *Texte un*); it therefore corresponds to English 'did', while the perfect is sometimes like 'did' and sometimes like 'have done'. Here, *rallia* is used in the past historic for an event that occurred later than the independence of the African countries. This is probably to stress the completed nature of the act once accomplished and perhaps also to stress its lateness (France should have joined earlier).

The other example of the perfect (*a façonnés*) does correspond to English 'has done', i.e. it refers to something that has happened at some indefinite time, with present repercussions, and not at a particular moment in the past. See GS 2, §3.6.1.

➤*étaient* (6); *devaient* (16): the imperfect is little used in this text, partly because much of the discussion bears upon the present, but also because the past is mainly referred to for events and decisions which took place at some clearly defined moment, referred to in the perfect (e.g. *ont décidé* (14)). The imperfect, by contrast, refers to states of affairs at the time of, or prior to, such events and decisions. See GS 2, §3.2.

➤*sont* (6): a clear case on the French present being required with *depuis*, in a context where English would prefer 'have been … for …'. The other uses of the present tense in the text are 'normal' uses, i.e. used for current states of affairs. See GS 2, §4.

OTHER GRAMMAR POINTS

➤*qu'il s'agisse* (3); *qu'ils soient* (21); *quelle que soit la raison* (21): one use of the French subjunctive corresponds to cases where English would use expressions in '-ever' (e.g. 'Whatever the reason'). Note the word order. See further GS 4, §3.2.

➤*tout court* (11): this is a set expression meaning 'just', 'simply' and is always masculine singular, i.e. it does not agree with *Francophonie*.

➤*sénégalaise* (13); *Sénégalais* (21): use capital letters only for the inhabitants of a country or region; use lower case letters for adjectives and for nouns referring to languages: *l'Anglais*, 'the Englishman'; *l'anglais*, 'English, the English language'.

➤*à laquelle* (13) : after a preposition one must use *lequel/laquelle* etc. as relative pronouns when referring to things and ideas; *à qui* and *à laquelle* etc., are both possible when referring to people. See also lines 21 – 22 , 27 ; the first of these, *la raison pour laquelle*, is the correct way of saying 'the reason why': *pourquoi* would be considered as less than correct. See further **GS 6, §3.3.**

➤*quelconque* (18) : this adjective may be placed before or after the noun. Here it means 'any ... at all'; another sense (adjective always follows noun) is 'dull', 'ordinary', 'nondescript', 'poor'.

Compréhension du texte

1 Par quels moyens l'auteur s'efforce-t-il d'expliquer le choix de la langue française par les ex-colonies de la France ?

2 Quels sont les *intérêts* (35) de tout francophone, selon l'auteur ?

3 Qu'est-ce que l'auteur veut dire par : *la francophonie... nous colle à la peau* (36 – 37) ?

B   Exercices de renforcement

A l'oral

1 Préparez des réponses orales aux questions suivantes :

(a) Comment peut-on ressentir un *profond attachement* (32) à la fois à sa langue maternelle et à une autre langue de grande importance ?

(b) Que signifient les expressions suivantes, dans la vie réelle, quotidienne, des nations : *symbiose entre les pays* (25) ; *établir des programmes à bénéfices réciproques et multiples* (27 – 28) ?

(c) Est-ce que le choix de la langue de l'ex-colonisateur comme langue officielle est dans l'intérêt de l'ex-colonie, à long terme ?

Exercices lexicaux

2 Le mot *occidental* signifie *de l'ouest*. Quels adjectifs utilise-t-on pour parler de choses venues du nord, du sud et de l'est ?

3 (Avant d'aborder cet exercice, faites **A, Vocabulaire, 4,** p. 30.) Cherchez le sens des mots suivants et essayez d'expliquer ce qui permet de différencier chaque terme des autres :

langue, créole, dialecte, idiome, sabir, pidgin, parler, patois, baragouin.

4 Complétez le tableau suivant :

p.e. *Sénégal*	*sénégalais(e)*
(a)	belge
(b) Chine	
(c) Canada	
(d)	libanais(e)
(e) Asie	
(f) Grèce	
(g)	ivoirien(ne)
(h) Suisse	
(i) Europe	
(j)	danois(e)

Exercices grammaticaux et structuraux

5 Mettez chacun des verbes imprimés en italique soit au passé simple soit à l'imparfait :

Comme le train (*traverser*) à toute vitesse la gare de Chalon, Michèle (*regarder*) sa montre. Il (*être*) 4h 30 et cela (*faire*) plus de trois heures qu'elle (*être*) dans le train. Elle (*voyager*) souvent, mais ce voyage-ci lui (*porter*) sur les nerfs. Elle (*se rendre compte*) qu'elle aurait beaucoup de choses à régler chez elle. A cette pensée elle (*soupirer*) ; son appartement (*être*) sans doute en désordre. Plus elle y (*penser*), plus elle (*sentir*) qu'elle ferait bien de déménager. Mais, tout de suite, les paroles de ses parents lui (*revenir*) en mémoire : ne déménage pas simplement pour être plus près de ton travail ! D'ailleurs, elle (*avoir*) un très beau logement qui, malgré son état vétuste, lui (*plaire*) beaucoup depuis au moins cinq ans. Elle aurait du mal à en trouver un meilleur si elle (*déménager*). Ces idées confuses la (*faire*) réfléchir et hésiter. Elle (*décider*) de ne rien faire pour le moment. Ensuite, elle (*rester*) pendant quelques minutes en silence, le regard perdu, et puis se (*replonger*) dans son roman.

6 (a) Cherchez dans le texte tous les emplois du subjonctif.

(b) Expliquez la raison pour chaque emploi.

(c) Dans quels exemples la forme du subjonctif est-elle identique à celle de l'indicatif ?

(d) Faites de nouvelles phrases selon le modèle de chacun des exemples repérés. Consultez GS 4.

7 Inventez une phrase pour chacune des expressions suivantes : *à part entière* (7) ; *dans*

la plupart des cas (8) ; *tout court* (11) ; *par eux-mêmes* (14) ; *entre autres* (15) ; *d'une manière ou d'une autre* (20) ; *à la fois... et* (22) ; *en quelque sorte* (37) ; *dans la mesure où* (38 – 39) ; *en tant que* (39).

8 Rédigez un texte sur vos expériences de l'apprentissage des langues en vous servant d'au moins six des expressions suivantes : *Je me félicite de* (1) ; *Dans quels buts, en effet, voulons-nous* (2) ; *qu'il s'agisse de... ou de...* (3 – 4) ; *je tiens à faire remarquer que* (5) ; *il est important de rappeler que* (12) ; *Pourquoi donc* (17) ; *encore une fois je le répète* (17 – 18) ; *quelle que soit la raison* (21) ; *il est évident que* (26) ; *Toutefois, il apparaît quelque peu difficile de* (29) ; *il est plus que normal que* (32) ; *Cependant* (34) ; *un tant soit peu de réflexion (nous) indique que* (37 – 38) ; *pour la très simple raison que* (40).

9 (a) Relevez les phrases dans le texte où le mot *si* est employé.

(b) Réécrivez les phrases suivantes d'après le modèle :

Si ces pays ont décidé de s'associer, c'est qu'ils devaient y trouver leur intérêt.

(i) J'ai acheté un appartement parce que les prix avaient baissé.

(ii) La rue n'était pas indiquée sur le plan et nous avons perdu notre chemin.

(iii) Le projet leur paraissait intéressant et ils lui ont donc apporté leur soutien.

(iv) C'est ton troisième accident et ta prime d'assurance va augmenter.

C   Exploitation du texte

A l'oral

1 Les membres de votre groupe se constituent en commission pour étudier l'une des questions suivantes. (La nature de la commission et les rôles à attribuer varieront selon la question mais sont à définir au préalable) :

(a) Un groupe de pression se réunit avec la rédaction du journal local pour exiger que ce journal accorde une demi-page par jour à des textes en langue(s) minoritaire(s) ou immigrée(s).

(b) La direction d'une chaîne de télévision se réunit parce que le gouvernement a fait voter une loi qui oblige les médias à accorder 30 minutes par jour à des émissions en langues minoritaires ou d'immigrés. Comment allez-vous mettre tout cela en application ?

(c) Le comité central des services de santé régionaux se réunit pour préparer une campagne d'information destinée aux populations immigrées, et surtout aux mères de famille. Comment s'y prendre, et quelles langues utiliser ?

2 On présente une émission radiophonique à ligne ouverte sur les langues. Les membres du groupe jouent le rôle de présentateur/présentatrice, de spécialistes, de membres du public, etc. Certains sont en faveur de l'emploi d'une multiplicité de langues, d'autres veulent que tout se passe dans une seule langue officielle.

3 Débat (à faire uniquement après avoir étudié les deux textes de ce module) :

(a) « Quelle politique linguistique adopter en/au(x) [choisissez un pays/une région] ? » ou bien : (b) « Apprendre la langue d'un pays dominant, ce n'est pas reconnaître son propre infériorité, c'est se libérer. »

A l'écrit

(Pour les exercices 4 et 5, utilisez le plus possible des expressions qui figurent dans les exercices **B**, *Exercices grammaticaux et structuraux*, 7 et 8.)

4 Rédaction dirigée Commentez la citation suivante, de Charles Nodier : « Le plus grand des crimes, c'est de tuer la langue d'une nation avec tout ce qu'elle referme d'espérance et de génie. » Efforcez-vous d'inclure les notions suivantes (ou leurs contraires) (400 mots) :

● il faut défendre les langues minoritaires ;

● il faut que tout le monde parle au moins deux langues ;

● une nation vraiment démocratique s'efforce de scolariser tous les enfants dans leur langue maternelle ;

● les médias (radio, télévision, presse écrite) doivent accorder du temps ou de la place à toutes les langues nationales, y compris à celles parlées par les immigrés.

5 Rédaction Donnez vos réactions à ces deux affirmations : (a) le monde de demain parlera anglais ; (b) le monde de demain sera plurilingue. (450 mots)

6 Version Traduisez en anglais les lignes 17 – 31 .

7 Thème Traduisez en français :

Bonjour – this is London calling

In the 20-odd French-speaking countries in Africa the news is usually delivered by dreary state-controlled radio networks, or by *Radio France Internationale.* But increasingly bulletins on local stations begin: 'Ici BBC Afrique'. It is the BBC World Service in French – and in studio-quality FM, not a crackle-and-fade short-wave frequency.

This is bad news for RFI and not a little disappointing for the *Quai d'Orsay,* headquarters of the French Foreign Ministry. In their insistence that foreign aid be linked to a process of democratisation, the French have encouraged the Africans to deregulate their broadcasting services. This has opened the door to local commercial FM stations and to the BBC.

The World Service has grabbed the opportunity. In 1994, the first BBC FM relay station was set up in Abidjan, capital of the Ivory Coast. Almost overnight, BBC Afrique's audience in the city more than doubled to 44 per cent of the adult population, neck and neck with RFI and with Africa No. 1, a Gabon-based commercial music station. Since then, the BBC has followed suit in Brazzaville in the Congo and, last month, in Dakar in Senegal.

Ian Richardson, *The Daily Telegraph*, 26/7/97.

Abidjan, Côte d'Ivoire

LA FRANCOPHONIE

Définition

Terme « francophonie » : inventé par Onésime Reclus, en 1880 à peu près. Il désigne :
(i) l'ensemble de ceux qui parlent français et des territoires où l'on parle français ;
(ii) une institution internationale qui regroupe les pays qui « ont le français en partage ».

CONNOTATION
Le français : non seulement langue maternelle et langue de culture pour une élite cultivée du monde occidental, mais aussi, à cause du passé colonial, et surtout en Afrique, une « langue de colonisateurs ».

Mouvement international

« La Francophonie » a vu le jour en 1962, à l'époque dite de « décolonisation ». Sa création est due à trois présidents de pays africains : Bourguiba (Tunisie), Hamani Diori (Niger) et Senghor (Sénégal). D'autres, comme Houphouët-Boigny (Côte d'Ivoire), s'y sont associés de bonne heure.

La France n'a commencé à participer à ce mouvement que plus tard, aux alentours de 1969–70 (création de l'ACCT (Agence de coopération culturelle et technique)), par crainte de se voir reprocher d'y adhérer par « néo-colonialisme ».

BUT ET PRINCIPES DE BASE
Promouvoir l'emploi du français à des fins pratiques (communication et commerce entre pays du mouvement et avec le monde extérieur).

Créer une « communauté francophone », association dont les principes seraient ceux de liberté, de libre association, de droits de l'homme, c'est-à-dire les essentiels éléments fondateurs de la République française.

Institutions

Certaines sont antérieures à la Francophonie « institutionnelle », par exemple :
● CONFEMEN (Conférence des Ministres de l'Éducation des États d'expression française) 1960 ;
● AUPELF (Association des universités partiellement ou entièrement de langue française) 1961.

D'autres ont été créées depuis la fondation du mouvement :
● CPF (Conseil permanent de la francophonie) ;
● CMF (Conférence ministérielle de la francophonie) ;
● Agence de la francophonie.

De plus, les pays membres ont créé des agences nationales (Ministères, Hauts Conseils, Comités et Commissariats etc.) pour soutenir le mouvement.

ADHÉRENTS
Au total, en 1998, 52 pays ou régions adhéraient à la Francophonie institutionnelle ; d'autres envoyaient des observateurs à ses réunions. Les 52 pays membres sont : l'Albanie (statut d'observateur), la Belgique, le Bénin, la Bulgarie, le Burkina Faso, le Burundi, le Cambodge, le Cameroun, le Canada, le Canada (Nouveau Brunswick), le Canada (le Québec), le Cap-Vert, la République centrafricaine, la Communauté française de Belgique, les Comores, la République du Congo, la République Démocratique du Congo, la Côte d'Ivoire, Djibouti, la Dominique,

l'Égypte, la France, le Gabon, la Guinée, l'Île Maurice, la Guinée-Bissao, la Guinée équatoriale, Haïti, le Laos, le Liban, le Luxembourg, la Macédoine (statut d'observateur), Madagascar, le Mali, le Maroc, Maurice, la Mauritanie, la Moldavie, Monaco, le Niger, la Pologne (statut d'observateur), la Roumanie, le Rwanda, Sainte-Lucie, St-Thomas-et-Prince, le Sénégal, les Seychelles, la Suisse, le Tchad, le Togo, la Tunisie, le Vanuatu, le Viêt-Nam.

SOMMETS DE LA FRANCOPHONIE

1986 – Versailles ; 1987 – Québec ; 1989 – Dakar ; 1991 – Paris (prévu pour le Zaïre, considéré comme trop dangereux) ; 1993 – île Maurice ; 1995 – Cotonou ; 1997 – Hanoï ; 1999 – Monckton (Nouveau Brunswick).

En 1997, l'ex-Secrétaire général des Nations Unies, Boutros Boutros-Ghali, a été élu Secrétaire général de la Francophonie, avec un mandat de quatre ans.

Pour et contre

Malgré l'indéniable succès de la Francophonie, les opinions restent partagés quant au bien-fondé de ses principes. Voici quelques notions qui ont paru dans différents articles et dans des lettres à la presse ou à des forums internet :

Pour	Contre
• Le français est plus neutre que l'anglais : il ne véhicule pas la culture dominante, celle des États-Unis.	• Langue de Molière, de Voltaire, de Victor Hugo ; langue de clarté, de finesse...
• Langue vraiment internationale, parlée sur les cinq continents.	• Langue coloniale et donc de dédain, de paternalisme, d'arrogance.
• Depuis la disparition du latin, langue de communication d'une élite internationale, qui pense, invente et, surtout, s'exprime en français.	• Langue de Pétain, de Le Pen.
	• Langue d'une élite, presque une langue classique (autant dire « morte »).
• Aide à résister à l'asservissement par l'anglo-américain, à la Coca-colonisation et à la « communication planétaire » par internet.	• Seul but de la Francophonie : résister à l'anglais ; les « défenseurs » du français se foutent des autres langues.
• Devant l'apparente victoire de l'anglais, il suffit de dire « Non ! », mais dans une autre langue internationale.	• C'est trop tard. On ne vit plus en 1935. Où que l'on aille, les gens capables de vous parler sont des vieux ou les membres d'une petite élite.
• Contre la simplification de la pensée pratiquée par la société mercantiliste.	• Les Français eux-mêmes ne croient plus en leur langue : certaines équipes de chercheurs scientifiques ne publient pratiquement qu'en anglais.

Pour	Contre
• Les serveurs sur internet distribuent une information sur la France, la Belgique et la Suisse en anglais !	• La France a su « acculturer » d'autres régions du monde et a peur de se laisser « acculturer » à son tour. Hypocrisie d'une culture qui regrette son passé glorieux.
• Mission civilisatrice ; valeurs de liberté, d'égalité ; droits de l'homme.	• Cela permet aux élites africaines de rester des élites alors que la masse de leurs concitoyens maîtrise mal le français. Et cela permet à la France de maintenir son emprise économique, politique et militaire dans ses ex-colonies.
• Francophonie : choix libre de pays autres que la France. Favorise symbiose entre eux. Donne fenêtre sur le monde. Solidarité, respect. . .	
• Et n'oublions pas les parfums, vins, avions etc. français.	

PUBLICATIONS

Lettre de la francophonie
L'Année francophone.

RÉFÉRENCES

D. Ager, *'Francophonie' in the 1990s: Problems and Opportunities*, Multilingual Matters, 1996.
Le Monde de l'Éducation, n° 239, juillet–août 1996.
C. Sanders (ed.), *French Today : Language in its Social Context*, Cambridge University Press, 1993.

L'arabe et le français cohabitent sur les enseignes au Maroc.

Grammar section 2

Tenses: present and past

§1 Introduction

When you use a verb, you choose a **tense** which makes it clear when the event or circumstances you are speaking or writing about took place. The **present tense** is normally used for something which is happening at the moment when you are speaking or writing (*je fais*). In French there are two very frequently used **past tenses**, the **perfect** (*j'ai fait*), §3.1 and the **imperfect** (*je faisais*), §3.2. Usually past events are spoken or written about in a combination of the perfect and the imperfect, §3.3. In some types of writing it is more usual to use the **past historic** (*je fis*), §3.4, with the imperfect, §3.5. If you want to speak about things further back in the past, you can use the **pluperfect** (*j'avais fait*), §3.7. In formal writing about events like this, the **past anterior** (*j'eus fait*), §3.8, is sometimes used.

Once you can form these different tenses, the most important things to learn are:

● how to choose whether the perfect or the imperfect is the correct tense for what you want to say or write (§3.3);

● what are the situations in which the past historic would be more appropriate than the perfect (§3.6);

● how to situate events in the past; using *depuis* (§4).

§2 The present tense

Two important points to learn about the present tense in French:

● speakers of English need to remember that there is only one form of the present tense in French (*je pense*). This form is used for all the English forms: I think; I am thinking; I do think.

● French speakers use the present tense far more often than we do in English for speaking or writing about things which happened in the past, as in this extract from *Chemin-d'école* (cp. *Texte un*) where

Patrick Chamoiseau is speaking about his memories of starting school:

> *Man Ninotte s'en **va** encore et l'**abandonne** à cet univers qui soudain **devient** hostile. Il n'**est** au centre de rien.*
> *En l'absence du Maître la classe **reste** silencieuse. Chacun **respire** mieux et **observe** le lieu.*

Sometimes the present tense must be used after *depuis, il y a* etc. See §4, below.

§3 The past tenses

3.1 The perfect

The **perfect tense** is a compound tense, made up of two elements:

an auxiliary verb (the present tense of *avoir* or *être*)

+

a past participle

For the choice between *avoir* and *être* and the formation of past participles and their agreement, consult Lang & Perez, §§35, 49.

Among the past tenses in French, the perfect tense is the one used most often. It corresponds to the commonest English past tenses:

> I **congratulated** Gilbert Mukwanga
> *J'**ai félicité** Gilbert Mukwanga*
> I **have noticed** that the different countries . . .
> *J'**ai remarqué** que les divers pays. . .*

It is very widely used, most often to refer to an event which happened only once in the past,

e.g. *Samedi dernier, elle **a enterré** son mari.*
> *Lorsqu'ils **sont devenus** indépendants, ces pays*

ont. . . **choisi** de maintenir le français (*Texte deux,* 7 – 8)

or to recount something which has an on-going effect on what is happening in the present,

e.g. *Ils **ont réussi** leurs examens de fin d'année et maintenant ils vont faire des études universitaires.*
> *L'histoire nous **a** tous **façonnés**. . . (Texte deux,* 20)

3.2 The imperfect

The **imperfect** is a simple (one word) tense, formed from a *stem* and *endings*. You will find these in Lang & Perez, §33.

This tense is the second most frequently used of the past tenses. It has no precise equivalent in English and this can sometimes cause problems.

In conjunction with the perfect (§3.3) or the past historic (§3.5) it is used to describe background circumstances and descriptive details, or to recount an event which was **in progress** when another event occurred.

3.2.1 The imperfect is used in three other important ways:

● to speak (or write) about repeated or continuous, on-going actions in the past (often signalled by 'used to' in English),

e.g. *Tous les samedis j'allais au cinéma.*

Les Français en Afrique parlaient toujours français.

● to speak about a situation or a state of affairs in the past that lasted for some time – usually not precisely limited,

e.g. *A cette époque, je ne savais pas nager.*

La France était un des pays les plus importants en Afrique.

● in compound sentences with *si* and the conditional (see GS 8, §4.1),

e.g. *Si vous visitiez Montréal, vous entendriez le français canadien.*

3.2.2 The imperfect is also commonly used in **indirect speech** (see GS 8, §2.4). If the present tense is used in direct speech (*style direct*) after a verb of saying (*dire, demander*) in the past,

e.g. « *Nous allons étudier* », *dit le maître*, « *le son A* ».

« *Comment s'appelle ce fruit ?* » *demanda-t-il.*

it becomes an imperfect in indirect speech (*style indirect*):

e.g. *Le maître dit que nous allions étudier le son A.*

Il demanda comment s'appelait ce fruit.

In literary style, the verb of saying/thinking is often omitted, although the speech is still indirect. This is known as *style indirect libre*:

> *Selon lui, l'imagination reculait devant cet atroce attentat. Il osait espérer que la justice des hommes punirait sans faiblesse. Mais, il ne craignait pas de le dire, l'horreur que lui inspirait ce crime le cédait presque à celle qu'il ressentait devant mon insensibilité.*

Camus, L'Étranger

The original direct speech would have been:

> « *L'imagination recule devant cet atroce attentat. J'ose espérer que la justice des hommes punira sans faiblesse. Mais, je ne crains pas de le dire, l'horreur que m'inspire ce crime le cède presque à celle que je ressens devant son insensibilité.* »

3.2.3 The imperfect is also used in combination with *depuis* and *il y a*. See §4 below.

3.3 The perfect and the imperfect

In most texts or conversations, both the perfect and the imperfect are used, each with its own distinctive function. If the person speaking or writing thinks of a past action or event as happening only once, or as being a single past event with an impact on the present, the perfect will be used,

e.g. *Ces pays ont décidé... de s'associer par l'intermédiaire de cette organisation* (Texte deux, ⌐14⌐ – ⌐15⌐)

To speak about the background to another event, or if the action or event was repeated or was going on in the past for an indefinite time, the imperfect is used,

e.g. *Ces pays voulaient se rallier à l'organisation de la francophonie.*

Man Ninotte utilisait de temps en temps des chiquetailles de français. . .(Texte un, ⌐5⌐)

These tenses are frequently used together in the same passage, as the extract in Exercise A shows.

EXERCISE A   In the following text all the past tense verbs are in bold type. For each of them, explain why the author has chosen to use either the perfect or the imperfect:

L'expression « Union française » date de la Constitution de 1946. Elle **a remplacé** et **aboli** celle d'Empire français qui **datait** de l'exposition coloniale de 1931. La nouveauté et le côté révolutionnaire de cette nouvelle idée l'**ont empêchée** de s'implanter... Or la réalisation de l'Union française... **était** primordiale... rien n'a plus étroitement **uni** ces différents groupes ethniques de l'Union française que la connaissance qu'ils **ont prise** de leurs différences et de leurs ressemblances.

Camara Laye, *Dramouss*, 1966.

Similarly, in more formal, written texts, both the past historic and the imperfect are used (see §3.5 below).

3.4 The past historic

This tense is only used in writing, usually in more formal and literary texts (see *Texte un*). For its formation, consult Lang & Perez, §34.

3.4.1 The past historic is used for a period or an event in past time which is completely finished and has no immediate repercussions on the present:

> Il **vécut** cent ans.
> L'âge de pierre **dura** bien des siècles.
> Il **mourut** le 5 décembre.

3.4.2 Like the perfect, it is very useful for telling a story or narrating a series of events in the past. It is used in this way in novels or in journalism:

> Au bon-matin, son réveil **fut** facile. Man Ninotte n'**eut** même pas besoin de le menacer d'une casserole d'eau froide. Il **fut** au garde-à-vous, disponible et gentil. On l'**habilla** en même temps que tout le monde. A la porte, Man

> Ninotte ne le **retint** pas. Elle l'**entraîna** par la main... Ils se **dirigèrent** vers le canal Levassor, **passèrent** la courbe du pont Gueydon et **remontèrent** la rive droite.

Patrick Chamoiseau, *Chemin-d'École.*

3.5 The past historic and the imperfect

Like the perfect (see §3.3 above), the past historic often occurs in conjunction with, and in contrast to, the imperfect:

> Je **dormais** quand tout à coup le téléphone **sonna.**
> I was sleeping/asleep when ...
> Ils n'**avaient** plus faim ni l'un ni l'autre, mais ils s'**attablèrent** néanmoins dans une brasserie.

Simenon

EXERCISE B Put the following passage into the past, using

(a) the perfect and the imperfect;
(b) the past historic and the imperfect:

Tout est noir aux alentours. La rue est déserte. Wallas ouvre tranquillement la porte. Une fois entré, il la repousse avec précaution. Il est inutile d'attirer, en faisant du bruit, l'attention d'un promeneur éventuel attardé sur le boulevard. Pour éviter le crissement des graviers, Wallas marche sur le gazon. Il contourne la maison sur la droite. Dans la nuit, on distingue juste l'allée plus claire entre les deux plates-bandes. Un volet de bois protège à présent les vitres de la petite porte. Dans la serrure, la clef joue avec facilité.

Robbe-Grillet

3.5.1 Some verbs change meaning, depending on whether they are used in the past historic or the imperfect. For these verbs, the past historic conveys a sense of **accomplishment** or **finality** which the imperfect does not express:

> *Il **mourait** de faim.*   He was starving.
> *Il **mourut** de faim.*   He died of hunger.

> *Il **pouvait** se sauver mais préféra rester avec les autres.*
> *Il **put** se sauver, abandonnant les autres à leur sort.* (i.e. he actually managed to escape)

> *Il **voulait** parler mais décida qu'il valait mieux se taire.*
> *Il **voulut** parler mais n'arriva pas à articuler une seule syllabe.* (i.e. he actually **tried** to speak)

> *Le 29 juin, on ne **savait** pas encore que le chef était mort.*
> *Le lendemain, dès l'arrivée de Paul, on le **sut**.* (i.e. we found out)

> *Jean-Luc **devait** la revoir le lendemain.*
> Jean-Luc was to see her again the next day.
> *Jean-Luc **dut** la revoir le lendemain.*
> Jean-Luc had to (i.e. was obliged to) see her again the next day.

EXERCISE C   Translate into French (with reference to §§3.2.2 and 3.5.1):

(a) He managed (use *pouvoir*) to meet his sister during her stay in London.

(b) When we saw his face, we knew that the news was bad.

(c) He declared that he was a communist and that he was not afraid to say so.

(d) Marie-Louise tried (use *vouloir*) to convince them but no-one was listening.

(e) Jean admitted that he was wrong.

(f) He said that he hoped she would not be punished.

(g) We already knew what Thérèse wanted to tell us.

See also GS 8, §5.1 and §5.2.

3.6 The past historic and the perfect

As we saw above (§§3.1, 3.2, 3.4) the imperfect describes an event as being unfinished or in progress at some point in past time, while the perfect and the past historic are used for completed events.

In formal or literary French, however, the perfect and the past historic tenses can occur in the same text, each with its own value,

> e.g.   *Mais si l'amitié de Mme de Chevreuse **a été** dangereuse à M. de Lorraine, elle ne le **fut** pas moins à la Reine dans la suite.*

> **La Rochefoucauld**

3.6.1 In **formal** French the past historic places a completed action squarely in the past,

> e.g.   *Il **signa** un contrat en 1976 et se **mit** tout de suite au travail.*

The perfect on the other hand is used for events which have ongoing consequences in the present. It links up the completed action with the speaker's present,

> e.g.   *Il **a signé** un contrat et il faut maintenant qu'il se mette au travail.*

The perfect tends to be used to narrate events which were completed in the recent past, but this is not always the case. It can evoke events completed a long time ago, if the speaker wishes to indicate that their repercussions are still being felt,

> e.g.   *La conference de Yalta (en 1945) **a divisé** l'Europe en deux blocs.*

N.B. If the event concerned is not completed and is still in progress, the present tense is used (see §4 below).

3.6.2 In **informal** French, that is, all spoken French (except for oratory, careful style in broadcasting, etc.) and relaxed writing (e.g. personal correspondence), the distinction between the past historic and the perfect described in §3.6.1 has been lost: the perfect has taken over all the uses of the past historic,

e.g. *Quand j'avais dix ans, mes parents **m'ont emmené** à Dakar. Nous **sommes revenus** trois ans plus tard et j'**ai retrouvé** mes anciens camarades.*

The perfect is sometimes used in preference to the past historic in newspapers and creative writing,

e.g. *Puis Raymond **a porté** la main à sa poche revolver, mais l'autre n'**a** pas **bougé** et ils se regardaient toujours.*

Camus

3.7 The pluperfect

3.7.1 The pluperfect tense is used in French, as in English, for an event which took place before another event in the past,

e.g. *En pénétrant dans l'appartement je constatai que Paul **était arrivé** avant moi.*

It is a compound tense, formed from the imperfect of *avoir* or *être* and the past participle. It follows the same rules as the perfect for the use of *avoir* and *être*. (See Lang & Perez, §35.)

3.7.2 However, French is sometimes more precise than English in establishing the order of events, and the use of a pluperfect may be necessary in French

where a simple past tense ('I arrived') is used in English:

*Le patron voulait savoir à quelle heure **j'étais arrivé**.*

. . . at what time I arrived.

*On marqua d'une plaque l'endroit précis où le soldat **était tombé**.*

. . . where the soldier fell.

3.8 The past anterior

The past anterior is used only in formal French, in passages where the main narrative tense is the past historic. It is formed by the past historic of *avoir* or *être* followed by the past participle,

e.g. *il eut fait, il fut parti.*

In formal written French, the past anterior is used, rather than the pluperfect, in some time clauses, to indicate that one action/event immediately preceded the other, e.g. after *quand, lorsque, aussitôt que, à peine. . . que, après que, dès que,*

e.g. *Lorsqu'il **eut terminé** son discours, il quitta la salle.*
*Dès que son ami **fut revenu**, elle lui apprit la nouvelle.*
*A peine en **eut-il bu** une gorgée qu'il tomba raide mort.*

In this type of French, it occasionally occurs in main clauses to stress the rapid completion of an action,

e.g. *En trois jours, elle **eut terminé** son ouvrage.*
*En l'espace d'une seconde, il **eut compris** la situation.*

§4 Tenses following *depuis*

4.1 Continuing event

In English, the past (present perfect) tense is used with 'for' followed by a time expression: 'He **has been** in Gabon **for** five years.' In contrast to this, French uses the present tense with *depuis*, emphasising that an event or process which began in the past is still continuing in the present,

e.g.   *J'habite Paris depuis un an.*

I **have been living** in Paris **for** a year.

The imperfect is used for an event or process which began before the main event, but was still in progress then,

e.g.   *J'habitais Paris depuis un an lorsque mon père est mort.*

I **had been living** in Paris **for** a year when my father died.

Note the use of continuous ('*ing*') tenses in English in these examples.

4.2 Completed event

As in English, when a past event or process was completed during the time referred to, the compound tenses, the perfect or the pluperfect, are used,

e.g.   *Il a beaucoup changé depuis un an.*

He **has changed** a lot in the last year.

Il avait beaucoup changé depuis un an.

He **had changed** a lot in the last year.

Note that a negative action with *ne... pas* may also be considered as a completed action,

e.g.   *Je ne l'ai pas vu depuis un an.*

4.3

In sentences where a *depuis que* clause is used, the verbs in the main and the *depuis* clause may be in the same tense. Depending on the meaning, they will be either in the present,

e.g.   *Depuis qu'il **est** à l'hôpital* (continuing), *il **mange** deux fois plus* (continuing).

or in the imperfect,

e.g.   *Depuis qu'il **était** à l'hôpital* (continuing), *il **mangeait** deux fois plus* (continuing).

The two verbs may, on the other hand, be in different tenses, depending on whether the event is continuing or whether it is completed,

*Depuis qu'il **s'est cassé** la jambe* (completed), *il **mange** deux fois plus* (continuing).

*Depuis qu'il **est** à l'hôpital* (continuing), *il **a grossi*** (completed).

4.4

Note the following similar constructions:

Il y a/avait	
Cela fait/faisait	*un an qu'il est/était à*
Voici/voilà	*l'hôpital...*

He has/had been in hospital for a year ...

For the use of *pendant/pour* as translations of English 'for' + EXPRESSION OF TIME, see **GS 11, §3.1**.

EXERCISE D   Select the appropriate tense form for the verbs in brackets in the sentences below:

(a) Il (*dormir*) depuis vingt minutes lorsqu'on sonna à la porte.

(b) Cela fait six mois que je (*conduire*) une voiture et je commence à m'y habituer.

(c) Depuis que Gérard (*obtenir*) son permis, il conduisait comme un fou.

(d) Il (*neiger*) depuis ma dernière visite mais, sous le soleil brillant, la neige fondait rapidement.

(e) Depuis qu'on me (*expliquer*) le système, je l'exploite à mon profit.

3
Médias, cinéma et réalité

La « vache folle » vue par les médias*

Dans un article de périodique, Rémi Mer évalue le rôle et l'attitude des médias vis-à-vis des découvertes scientifiques relatives à l'ESP (encéphalopathie spongiforme bovine) et à la MCJ (maladie de Creutzfeld-Jakob).

Dans un premier temps, de nombreux médias ont repris massivement l'annonce du « lien potentiel » entre l'ESB et la MCJ avec, à l'appui, le poids des mots de titres d'articles et le choc des photos ou des images télévisées. Plus tard, les scoops ont laissé la place à des reportages
4 plus fouillés, plus argumentés, à des débats contradictoires, parfois caricaturaux, souvent sérieux. Si les médias sont souvent accusés de céder au sensationnel (ce qui est parfois vrai), l'analyse du traitement médiatique est en soi révélateur des interrogations des citoyens, consommateurs, lecteurs ou téléspectateurs avertis ou incrédules, naïfs ou passionnés...
8 La presse quotidienne a largement couvert l'affaire, au point d'en faire la une* pendant de nombreuses semaines (ce qui est exceptionnel). De son côté, l'actualité télévisée a eu largement recours aux effets d'annonce, avec force images* d'animaux atteints de la tremblante* ou de l'ESB, d'animaux abattus ou au bout d'une grue, dans l'attente d'être
12 incinérés. Les nouveaux experts de la vache folle ou des prions* apparaissent sur toutes les chaînes et dans les colonnes des journaux. Les magazines généralistes ne sont pas en reste avec des dossiers importants et fouillés sur la crise de la vache folle et plus largement sur l'alimentation. Mais, fait plus étonnant, presque tous les magazines ont cherché à couvrir
16 l'événement, tant du point de vue économique que du point de vue consumériste* ou scientifique... Même les magazines très spécialisés, thématiques (notamment sur la santé) ou ciblés (presse féminine, jeunes, retraités...) ont couvert le dossier.
Résultat : le lecteur moyen a plutôt été surinformé sur les prions, sur les usages inattendus de
20 la vache (voir les dossiers sur la gélatine, les cosmétiques...), sur les pratiques douteuses de l'agriculture, de l'élevage (hormones, antibiotiques...), comme des cultures (engrais – nitrates – mais aussi pesticides, métaux lourds, sans oublier les manipulations génétiques !). L'agriculture, l'agro-alimentaire se sont vues ainsi mises à nu sous le scalpel de journalistes en

24 quête d'informations et de vérité, parfois de scandales, mais aussi de sécurité ou de réassurance*.

Assez dramatiquement, les éleveurs ont parfois été oubliés dans ce tapage ; certains journalistes se faisant trop rapidement les accusateurs sans laisser la parole à la défense. Les
28 éleveurs se sont vus subitement responsables de tous les maux de l'élevage, alors que la très grande majorité d'entre eux sont adeptes de pratiques plutôt extensives, avec une production quasi exclusivement à base d'herbe.

En tout état de cause, les médias n'ont pas été sans influence sur le développement de l'état de
32 psychose, vite généralisé d'une tribune à l'autre*. Sans doute les conditions étaient largement réunies pour une telle dramatisation : accentuation du nombre de cas de décès liés à la MCJ – surtout des jeunes adolescents –, comportement de fuite* des responsables politiques britanniques, difficultés de trouver des explications scientifiques fiables à ces nouveaux cas, les
36 parallèles intrigants entre les prions... Tant que la maladie de l'ESB touchait des milliers de bovins ou d'ovins, pas de quoi fouetter un chat* (sauf ceux atteints de la « même » maladie !), mais, dès que la maladie risque de toucher l'espèce humaine, et qui plus est des jeunes, l'affaire devient grave.

40 Les médias se trouvent alors piégés devant l'obligation d'information pour répondre à l'exigence de transparence des citoyens, des consommateurs. Dans un tel contexte de crise, voire de psychose, comment informer sans alimenter la panique, si l'information est grave ? Comment rendre compte des interrogations, des suspicions parfois, des erreurs, sans tomber
44 dans le sensationnel ou l'exception(nel) ?

Rémi Mer, *MédiasPouvoirs* 45, 1997.

A Préparation du texte

Notes

➤*Les médias* (titre) (au singulier, *un média*) comprennent normalement la télévision, la radio, la presse écrite (quotidienne, hebdomadaire et mensuelle) et la publicité sous toutes ses formes.

➤*en faire la une* (8) : « to put it on the front page » ; « to make it front page news ».

➤*force images* (10) : beaucoup d'images.

➤*la tremblante* (11) : « scrapie », maladie neurologique touchant les moutons.

➤*prions* (m) (12) : éléments infectieux contenant une glycoprotéine anormale et qui sont à l'origine des encéphalopathies spongiformes chez diverses espèces d'animal, dont l'homme.

➤*consumériste* (16) : « of consumers ».

➤*réassurance* (25) : ici, exceptionnellement, le mot a le sens anglais.

➤*d'une tribune à l'autre* (32) : « from one leading article to another ».

➤*comportement de fuite* (34) : « a wish to avoid/denial of involvement ».

➤*pas de quoi fouetter un chat* (37) : c'était sans importance.

Vocabulaire

❶ Expliquez le sens des mots et expressions suivants : *l'actualité télévisée* (9) ; *une grue* (11) ; *consumériste* (16) ; *en quête d'informations* (23 – 24) ; *ce tapage* (26) ; *quasi exclusivement* (30).

❷ Traduisez en anglais, selon le contexte, les expressions suivantes :
Dans un premier temps (1)
titres d'articles (2)
le poids des mots… et le choc des photos (2 – 3)
les scoops ont laissé la place à des reportages plus fouillés (3 – 4)
au point d'en faire la une (8)
effets d'annonce, avec force images (10)
Les magazines généralistes ne sont pas en reste (13)
les magazines ciblés (17 – 18)
adeptes de pratiques plutôt extensives (29)
En tout état de cause (31)
pas de quoi fouetter un chat (37)
et qui plus est (38)

Commentaire grammatical

THE PASSIVE

➤*les médias sont souvent accusés* (5) ; *l'attente d'être incinérés* (11 – 12) : the passive is used here in the present tense and with the infinitive *être*. Note the agreement of the past participle with the subject. See **GS** 3, §§3.1 and 3.2.

➤*le lecteur moyen a été surinformé* (19) ; *les éleveurs ont été oubliés* (26) ; *les conditions étaient largement réunies* (32 – 33) : in the first two cases, the author treats the **actions** of over-informing and forgetting as completed phases of the press coverage, so

he uses the **perfect tense** of the passive. In the third case, he treats the existence of appropriate conditions as a **state of affairs**, and so chooses the **imperfect tense**. See **GS** 3, §3.2.

➤*L'agriculture, l'agro-alimentaire se sont vues ainsi mises à nu* (23) ; *Les éleveurs se sont vus subitement responsables* (27 – 28) ; *Les médias se trouvent alors piégés* (40) : *se voir* and *se trouver* can be used as alternatives to *être* + PAST PARTICIPLE, and with adjectives, with the sense of 'to find themselves'. See **GS** 3, §4.3.

OTHER GRAMMAR POINTS

➤*Si les médias sont souvent accusés…* (5) : *Si* here has the sense of 'whilst', 'whereas'. See **GS** 8, §4.3.

➤*ce qui est parfois vrai* (5) ; *ce qui est exceptionnel* (9) : when relative pronouns refer back to a whole idea or clause (the media sometimes indulge in sensationalism; BSE was front page news for weeks), *ce qui* or *ce que* is used: cp. **GS** 6, §3.2.

➤*Mais, fait plus étonnant* (15) ; *accentuation…, comportement…, difficultés…* (33 – 35) : the article is omitted before nouns in apposition and in lists: cp. **GS** 5, §§4.3.1 and 4.3.2.

Compréhension du texte

❶ A quoi voit-on que les médias ont accordé beaucoup d'importance à la question de la vache folle ?

❷ Peut-on distinguer des phases dans le traitement de ce sujet par les médias ?

❸ Quelle est la particularité de l'approche de la télévision lors de ses journaux d'information ?

❹ Quel a été l'impact de la crise sur l'ensemble des industries agro-alimentaires et sur les éleveurs ?

B   Exercices de renforcement

A l'oral

❶ Préparez des réponses orales aux questions suivantes :

(a) Comment peut-on caractériser le traitement de cette question dans les différents médias ?

(b) Quels facteurs ont contribué à développer un « état de psychose » (32) ?

(c) Développez le sens de la dernière phrase du premier paragraphe : comment Mer comprend-il les relations entre les médias et leur public ? En quoi les besoins des quatre groupes de *consommateurs* (*avertis ou incrédules, naïfs ou passionnés*) vont-ils se distinguer les uns des autres ?

Exercices lexicaux

❷ Trouvez dans le texte une vingtaine d'expressions concernant les différents médias, et qui pourront vous servir dans des exercices écrits à ce sujet.

❸ Dressez une liste de dix expressions utiles concernant l'agriculture, l'agro-alimentaire et l'écologie.

❹ Formez des phrases à partir des expressions suivantes :

(a) … de son côté… (9)

(b) … avoir recours à… (10 – 11)

(c) … à l'appui… (2)

(d) … voire… (42)

Exercices grammaticaux et structuraux

❺ Le temps au passif : mettez le verbe *être* au temps passé approprié dans les phrases suivantes :

(a) L'année dernière mon récepteur ___ équipé d'une nouvelle antenne pour capter Canal Plus.

(b) Il y a vingt ans, on a constaté à la frontière franco-belge que, sur les toits, les antennes ___ systématiquement tournées vers la Belgique.

(c) Une grande série sur le vingtième siècle ___ réalisée l'année dernière par France 2.

(d) L'auteur du rapport trouvait que les grandes rencontres sportives ___ rediffusées en direct bien trop rarement par les chaînes publiques.

(e) Le jour de la finale de la Coupe d'Europe de football, tous les récepteurs de Strasbourg ___ branchés sur une chaîne allemande.

❻ Transformez le texte suivant en mettant au passif les verbes indiqués. Effectuez les autres changements entraînés par cette transformation : accord, ordre des mots etc.

Michael Eisner, le patron de Walt Disney, *a gagné* 2,4 milliards de francs en quelques minutes la semaine dernière. Il *a empoché* ce jackpot incroyable grâce à l'exercice d'un droit d'options que le conseil d'administration lui *avait accordé* en 1989. En plus, Disney *offrait* des titres à ses directeurs chaque année, et M. Eisner *a réalisé* des bénéfices également sur ceux-ci, puisque le marché *considérait* la société comme le premier producteur de dessins animés du monde.

7 *Tant* : inventez deux phrases comprenant l'expression *tant du point de vue... que du point de vue...* (16) et l'expression *Tant que... mais dès que...* (36 – 38).

C Exploitation du texte

A l'oral

1 **Jeu de rôles** Un éditeur de journal télévisé ; de magazine généraliste ; de quotidien populaire ; de magazine ciblé ; un PDG d'entreprise agro-alimentaire ; un éleveur dont le revenu est en chute ; un parlementaire conservateur britannique ; un représentant des verts ; un journaliste de télévision qui est censé présider la discussion autour du sujet « informer le public ou créer une crise de confiance : quel a été le rôle des différents médias dans l'histoire de la vache folle ? »

2 **Exposé/Débat** Puisque la télévision dépend surtout d'images, l'information ne passe que déformée et incomplète, parfois sensationnalisée. Ce n'est qu'à la radio ou dans la presse écrite que l'on peut saisir la réalité sous toutes ses formes. Discutez.

3 **Exposé** L'agriculture, en s'industrialisant, s'est éloignée de ses racines naturelles. L'ESB n'est qu'un exemple frappant des dangers d'un secteur où les bénéfices passent avant la sécurité. Développez.

A l'écrit

4 Vous êtes journaliste. Répondez aux questions de Rémi Mer : « Dans un tel contexte de crise, voire de psychose, comment informer sans alimenter la panique, si l'information est grave ? Comment rendre compte des interrogations, des suspicions parfois, des erreurs, sans tomber dans le sensationnel ? »

5 **Version** Traduisez en anglais le premier paragraphe du texte.

6 **Thème** Traduisez en français, en puisant le plus possible d'expressions dans le texte, le texte anglais ci-dessous :

Genetic engineering is front-page news. National and local dailies, general and specialised weeklies and monthlies are hunting for stories which bring into question the actions of the food and farming industries. Radio and television reporters have been given the same task.

'First we were let down by the suppliers of animal protein,' complains one British farmer whose income has been halved by the BSE crisis, 'And now we have been targeted by the media. Viewers have been persuaded that we're all immoral! It's so unfair!'

While the news magazines provide scoops and in-depth reports, television news has to rely on pictures if it is to compete with the written media – which it must do if subscriptions, advertising and the licence fee are to be retained. What is more, additional resources are needed for digital television, with its improved picture and sound quality and its multiplicity of pay-TV channels.

Polluted rivers, staggering cows, carcases being burnt, forests which have been devastated by acid rain: in earlier scares, these sensationalist images were used by all the television channels, terrestrial, cable or satellite. But tomatoes, wheat or pigs which have been genetically engineered look exactly like traditional varieties, which poses a problem for television editors.

TEXTE DEUX

Le documentaire entre cinématographie et télévision

1 Le grand écran en avant-poste

Si *Le Chagrin et la Pitié** n'avait pas eu d'ennuis avec la censure de la télévision française, toujours soucieuse d'éviter les vagues, s'il n'avait été de ce fait intégré dans un circuit cinématographique plus tolérant, mais plus limité en spectateurs, il n'aurait pas eu à long terme le même retentissement. Ce n'est pas seulement parce que la censure, dans les pays où l'information n'est pas sous contrôle absolu, concourt à sa manière à la publicité, c'est aussi parce que le cinéma, en France, dispose d'un appareil critique et éditorial qui fait largement défaut à la télévision sans mémoire. Un film qui sort en salles, même s'il s'agit d'une sortie furtive, figure dans les index, est répertorié dans les publications exhaustives, et il est facile d'en retrouver la trace. S'il est diffusé à la télévision, même à une heure de grande écoute, il ne peut s'intégrer à l'histoire qu'au prix de recherches complexes dans les archives de l'Ina*. La double diffusion permettrait d'accéder au public, relativement large mais amnésique, de la télévision, et au public plus étroit de spectateurs actifs, capables d'en prolonger l'impact par le débat, l'écriture, tout ce qui participe de la mise en mémoire.

La ligne de partage entre télévision et cinéma semble tenir plus à des phénomènes de sociologie qu'à de véritables arguments techniques. Comme dans les années 60, le cinéma en France détient une sorte de suprématie qui ne se mesure pas en termes d'audience. Si des émissions de télévision suscitent quelque remue-ménage, c'est toujours en raison des problèmes de contenu, parce qu'elles touchent des points sensibles, ceux justement que la télévision se veut trop consensuelle pour aborder de front. Le cinéma, grâce à sa diffusion limitée, mais aussi grâce au dispositif éditorial qui accompagne les films, peut se permettre plus d'audace.

2 *Les Dockers de Liverpool* de Ken Loach*

Réalisé pour la télévision en 1996, ce documentaire met en évidence, plus peut-être qu'aucun autre de ses films, les principes majeurs du travail de Loach : rendre lisible la réalité, remonter aux sources d'une situation sociale pour en montrer les conséquences quotidiennes sur les

28 individus. D'un côté, la clarté synthétique d'un discours ; de l'autre, l'attention – forcément émotionnelle – à la souffrance individuelle imposée par une mécanique sociale qui ne la prend pas en compte.

Pour faire comprendre clairement la situation des dockers de Liverpool, Loach n'hésite pas à recourir à tous les moyens que le cinéma met à sa disposition : images d'archives,
32 commentaire, cartons explicatifs contribuent à exposer pédagogiquement les origines et les circonstances du conflit, de telle sorte qu'aucun spectateur ne puisse rester étranger à ce qu'il voit. Du statut des dockers dans les années 50 à la remise en cause des acquis sous le gouvernement Thatcher, de la société portuaire qui a décidé des licenciements aux initiatives
36 des dockers licenciés, Loach examine tous les éléments qui jouent un rôle dans l'affaire. Il suit pas à pas l'évolution de la situation, et remet en perspective au fur et à mesure les informations nouvelles lorsqu'elles peuvent en compléter la compréhension. La chronique se double alors d'une enquête, ce qui ne manque pas de démultiplier la tension dramatique : à l'inquiétude sur
40 l'issue du conflit (qui ne sera pas tout à fait levée) s'ajoutent des révélations sur le passé (voir l'implacable démonstration de la collusion entre le syndicat et la société portuaire) qui résonnent comme de véritables coups de théâtre. Loach utilise ainsi en virtuose tous les ressorts de la fiction (conflit entre deux parties, adjuvants, trahison...) pour souligner le
44 drame qui se joue au cœur de la réalité et y sensibiliser le spectateur.

3   *De l'autre côté du périph* de Bertrand Tavernier*

Approche contrastée chez le cinéaste Bertrand Tavernier qui, accompagné de son fils Nils, plantait son caméra aux Grands Pêchers, une cité HLM de la région parisienne*. Déjouant les
48 préjugés les plus répandus sur les banlieues réputées « difficiles », le réalisateur, parce qu'il a su prendre le temps d'écouter les gens, met au jour la réalité d'habitants qui, en dépit des difficultés matérielles, sont heureux de vivre ensemble. Les habitants ont retissé entre eux une solidarité minimale qui se manifeste dans mille gestes de la vie quotidienne. Tavernier redonne
52 vie à l'action politique la plus primitive, celle d'écouter des gens auxquels on a confisqué la parole pendant trop longtemps.

**Guy Gauthier, Olivier Kohn et Franck Gabarz, *Positif. Revue mensuelle de cinéma*,
mars–avril 1998.**

A   Préparation du texte

Notes

➤*Le Chagrin et la Pitié* (2) : film de Marcel Ophuls, réalisé en 1971, au sujet de la collaboration dans une ville française (Clermont-Ferrand) pendant l'occupation allemande. Les problèmes qu'il a eus pour passer le film à la télévision n'ont fait qu'inciter les Français à aller le voir au cinéma.

➤*les archives de l'Ina* (11) : l'Institut National de l'Audiovisuel, créé en 1974 pour préserver le patrimoine audiovisuel français (émissions de radio et de télévision), entre autres responsabilités telles que la formation des professions audiovisuelles.

➤*Ken Loach* (23) : réalisateur britannique engagé, né en 1936. Sa carrière est partagée entre la télévision (*Up the Junction*, 1965 ; *Cathy Come Home*, 1966) et le cinéma (*Kes*, 1970 ; *Carla's Story*, 1996).

➤*Bertrand Tavernier* (45) : réalisateur français, né en 1941. Il a réalisé une vingtaine de films, depuis *L'Horloger de Saint-Paul* (1973), en passant par *La mort en direct* (tourné en Écosse).

➤*une cité HLM de la région parisienne* (47) : *une cité* est un groupe d'immeubles constituant un quartier de la ville ; les *HLM* (habitations à loyer modéré) sont des immeubles destinés aux familles moins aisées. Construites souvent dans les banlieues, et à Paris au-delà du boulevard périphérique (d'où le titre du film de Tavernier), les cités HLM sont souvent le site de problèmes sociaux liés au racisme, au chômage, etc. Voir Module 5, Texte deux.

Vocabulaire

❶ Trouvez le sens des mots et expressions suivants : *dispose de* (7), *qui fait largement défaut* (7 – 8), *diffusé* (10), *participer de* (14) (cp. participer à), *quelque remue-ménage* (18), *cartons explicatifs* (32), *la remise en cause* (34), *la société portuaire* (35), *au fur et à mesure* (37), *démultiplier* (39), *véritables coups de théâtre* (42).

❷ Traduisez en anglais : *la censure... concourt à sa manière à la publicité* (5 – 6), *une sortie furtive* (8 – 9), *une heure de grande écoute* (10), *la mise en mémoire* (14), *aborder de front* (20), *rester étranger à ce qu'il voit* (33 – 34), *l'issue du conflit* (40), *Déjouant les préjugés les*

plus répandus (47 – 48), *met au jour la réalité* (49).

Commentaire grammatical

THE PASSIVE

➤*s'il n'avait été intégré* (3) ; *Un film... est répertorié* (8 – 9) ; *S'il est diffusé* (10) ; *l'issue du conflit (qui ne sera pas tout à fait levée)* (40). The passage contains examples of the passive in the pluperfect, present and future tenses. Note the past participle agreement of *levée*. See GS 3, §§3.1 and 3.2.

➤*il ne peut s'intégrer à l'histoire* (10 – 11) ; *une sorte de suprématie qui ne se mesure pas* (17) ; *La chronique se double alors d'une enquête* (38 – 39) ; *à l'inquiétude... s'ajoutent des révélations* (39 – 40) ; *le drame qui se joue* (43 – 44) ; *une solidarité minimale qui se manifeste* (50 – 51). In French, a reflexive verb often has a sense equivalent to an English passive: 'it cannot be integrated into history'; 'a sort of supremacy which cannot be measured'; 'the account is parallelled by a survey'; 'to concern ... are added revelations'; 'the drama which is being played out'; 'a minimal solidarity which is demonstrated'. See GS 3, §4.3.

➤*écouter des gens auxquels on a confisqué la parole* (52 – 53). *On* may also be equivalent to an English passive: 'listening to people whose power of expression has been taken away from them'. See GS 3, §4.2.

OTHER GRAMMAR POINTS

➤*Si Le Chagrin et la Pitié n'avait pas eu d'ennuis avec la censure..., il n'aurait pas eu à long terme le même retentissement.*

(2 – 5) ; *S'il est diffusé à la télévision...*, *il ne peut s'intégrer* (10 – 11). These are examples of tense sequences in conditional sentences: *Si* + PLUPERFECT... CONDITIONAL PERFECT. *Si* + PRESENT... PRESENT. See **GS 8**, §4.1.

➤*images d'archive, commentaire, cartons explicatifs* (31 – 32) : the article can be omitted before nouns in lists. See **GS 5**, §4.3.2.

➤*La chronique se double alors d'une enquête, ce qui ne manque pas de démultiplier la tension dramatique* (38 – 39) : when a relative pronoun refers back to a whole clause, and not simply to a noun antecedent, use *ce qui/que* not just *qui/que*. See **GS 6**, §3.2.3. *Manquer de* here has the sense of 'cannot fail to': see **GS 11**, §6.3.

Compréhension du texte

❶ Expliquez le sens de l'expression *la censure, dans les pays où l'information n'est pas sous contrôle absolu, concourt à sa manière à la publicité* (5 – 6).

❷ Dans le premier paragraphe, quelle est la différence essentielle entre l'impact d'un film diffusé à la télévision et celui d'un film diffusé en salles de cinéma ?

❸ Dans le second paragraphe, l'auteur signale une seconde distinction entre télévision et cinéma : laquelle ?

❹ En quoi consiste l'approche « pédagogique » de Ken Loach ?

❺ En quoi consiste l'essentiel de l'approche de Bertrand Tavernier ?

B Exercices de renforcement

A l'oral

❶ Préparez des réponses orales aux questions suivantes :
(a) Pourquoi la télévision ne convient-elle pas aux films à controverse ?
(b) Quels atouts le cinéma peut-il mettre en jeu pour faire durer l'impact d'un film ?
(c) Un réalisateur de documentaire dispose de quelles ressources pour, d'un côté, faire comprendre son thème et, de l'autre, émouvoir les spectateurs ?

Exercices lexicaux

❷ Dressez une liste de 15 termes (techniques, critiques, artistiques) relatifs à la réalisation d'un documentaire ; vous en trouverez dans la presse générale et spécialisée.

Exercices grammaticaux et structuraux

❸ Relevez dans le dossier **Médias et Cinéma** (pp. 56–59) tous les exemples du passif et d'expressions semblables : classez-les selon la structure (passif, *on*, verbes pronominaux) et selon le temps du verbe. Dans les exemples du passif, quelle est la distinction entre l'usage du passé composé et celui de l'imparfait ?

❹ Le passif. Traduisez en français en utilisant un passif là où vous le pouvez :

(a) The televised speech was given by the mayor of Reims.

(b) Every actor was given a case of Gevrey-Chambertin.

(c) She was embarrassed by her cousin's choice of programmes.

(d) Small studios are faced by a bleak future.

(e) They are asked to take the necessary measures to make their films competitive.

(f) Unlike our own, the French film industry is supported by the government.

(g) The film festival was opened by a second-rate producer.

❺ Le passif et ses alternatifs. Traduisez en français de plusieurs manières :

(a) Drinks are easily sold if the cinema is over-heated.

(b) English is spoken in many Indian films.

(c) After the gates have been closed, the park comes to life.

(d) The presenter's parrot has been eaten by his neighbours' cat.

(e) The film crew were taken to France every summer.

(f) She looked forward to watching the Millennium Dome being demolished.

(g) The film producer's letter is being opened this very minute.

❻ Faites une phrase en utilisant chacune des expressions suivantes :

(a) *Ce n'est pas seulement…, c'est aussi…* (5 – 6)

(b) *D'un côté… de l'autre* (27)

(c) *… de telle sorte que* (33)

C　Exploitation du texte

A l'oral

❶ Débat Pour ou contre l'idée de *la télévision sans mémoire* (8) et *le public large mais amnésique* de la télévision (12) ? Peut-on prétendre réellement qu'une œuvre cinématographique, grâce à son *public… de spectateurs actifs* 13 a plus de retentissement à long terme qu'une émission de télévision ?

❷ Discussion préparée à partir de notes Vous devez réaliser un documentaire sur la vie des étudiants britanniques. Quelle approche allez-vous adopter ?

❸ Regardez en petits groupes un film documentaire. Analysez l'approche du réalisateur. Est-ce qu'il réussit à paraître objectif ? Présentez à la classe les résultats de votre enquête.

A l'écrit

❹ En vous basant sur le texte, décrivez l'équilibre entre le rationnel et l'émotionnel dans l'œuvre de Ken Loach.

❺ Dissertation (300–500 mots) « Aucun ouvrage filmique ne saurait nous montrer la réalité toute nue : il entre inévitablement, dans la composition d'un film, trop d'artifice. »

❻ Lisez des comptes rendus de cinéma dans une revue française et faites un compte rendu critique (200–300 mots) d'un film que vous avez vu récemment.

❼ Version Traduisez en anglais le troisième paragraphe du texte.

8 Thème Traduisez en français, en puisant le plus possible d'expressions dans le Texte deux, le passage ci-dessous :

These days, documentaries are rarely made for the big screen. It's not just because cinema audiences are smaller, but also because film-makers are allowed to be more daring when their work will be broadcast on television, especially after 9 p.m. A tacit censorship is imposed on films by the distributors, a censorship which does not exist on television, even at peak-viewing times. This is why the art of directors such as Loach and Tavernier may now be appreciated by the general public. Their skilful use of all the resources available to them, from archive pictures, through pedagogical exposition, live interviews and contrasting perspectives, to surprise endings, used once to be reserved for narrow, intellectual audiences; but things have moved on. A portable camera can be set up on a street corner in a council estate, and can record the daily life of the inhabitants, giving them a voice of which they have been deprived by the media for too long. Dramas which are normally played out behind closed doors can become social documents on television, where the techniques of fiction are mixed with real facts to make a vast audience aware of aspects of modern life which have previously been hidden from them.

Bertrand Tavernier, cinéaste français.

MÉDIAS ET CINÉMA

Les Français consacrent, en moyenne, douze minutes par jour à lire le journal, trois heures à regarder la télévision, trois heures à écouter la radio. Presque sept foyers français sur dix possèdent un magnétoscope.

L'évolution du PAF (Paysage audiovisuel français)

L'État et les médias audio-visuels Un demi-siècle de liens très étroits.

Le monopole national des postes établi par le roi Louis XI au XVe siècle s'est perpétué pour comprendre les télégraphes, puis les lignes téléphoniques, et finalement la radiodiffusion (1923) et la télévision. Ceux qui y travaillaient gardaient le statut – et la mentalité – de fonctionnaires. La radio, puis la télévision étaient considérées comme une extension du pouvoir politique. Les gouvernements successifs n'hésitaient pas à dicter le contenu des émissions – surtout celles du journal télévisé – à nommer ou à virer le personnel. Ainsi, le Président Pompidou baptisait la télévision « la voix de la France ». Différentes solutions administratives ont été proposées au cours des années pour couper « le cordon ombilical » entre l'État et les médias, mais le changement définitif a été apporté par l'administration socialiste de François Mitterrand, pendant les années 80. Une chaîne cryptée à abonnement a été introduite – la première au monde. Deux chaînes privées ont été créées. Et l'on a privatisé la première chaîne publique, TF1, en 1987.

Le plan câble, lancé en 1983, n'a été mis en application que très tardivement. En 1997, le tiers des 6,5 millions de logements commercialisables était raccordé au câble. Les chaînes câblées comptaient 1,5 millions d'abonnés, alors que seuls 1,2 millions de foyers possédaient une antenne satellite individuelle. Depuis quelques années, donc, les chaînes de télévision hertziennes sont concurrencées par une trentaine de chaînes câblées ou par satellites, souvent ciblées : *Canal J* est destiné aux enfants, *Canal Jimmy* aux 25 à 45 ans.

Le financement des chaînes, assuré à l'origine par la redevance, puis par la publicité, l'est désormais par les abonnés. Pour la multiplicité de nouvelles chaînes, y compris chaînes thématiques ou de niche, ce n'est plus l'Audimat qui compte, ce sont les réabonnements. Pourtant, même chez les abonnés du câble, les chaînes généralistes recueillent 80% de parts d'audience.

L'évolution de l'offre a été ralentie par la réussite exceptionnelle de *Canal +*, que l'on attribue à sa programmation particulière : films récents et grands événements sportifs. Pourtant, depuis 1997, le téléspectateur s'est vu offrir trois bouquets de télévision numérique, dont une diffuse en exclusivité les chaînes publiques. La télévision numérique change l'aspect qualitatif et quantitatif du PAF ; en même temps qu'une excellente qualité d'image et de son, elle amène une explosion de l'offre : le taux de croissance de la télévision à péage en Europe est estimé à 25% par an.

Le marché publicitaire national Les médias attirent 40% du marché, divisé comme suit :

Presse	48,1%
Télévision	39,9 (dont plus de la moitié à TF1)
Affichage extérieur	11,8%
Radio	7,6%
Cinéma	0,6%

Des quotas ont été établis afin de protéger la création et la langue françaises : à la radio, par exemple, 40% des chansons diffusées doivent être en langue française.

La télévision

CHAÎNES DE TÉLÉVISION

Chaîne	Audience accumulée (pourcentage de personnes ayant regardé au moins une fois dans la journée une chaîne donnée)	Part d'audience adulte (1% = 440 600 individus âgés de 15 ans et plus)	Caractéristiques de la chaîne
TF1	71,4%	34,5%	privatisée en 1987 ; généraliste
FRANCE 2	65,8%	25,7%	publique ; généraliste
FRANCE 3	60,4%	16,9%	publique, régionale
CANAL +	26,4%	4,6%	privée, cryptée, payante ; films récents, grands événements sportifs
Arte	27,7%	2,7%	publique ; culturelle
La Cinquième	20,2%	4,0%	publique ; éducation, formation
M6	51,1%	13,4%	privée ; musique
Autres	14,6%	3,3%	

TV5 réunit des émissions réalisées dans tous les pays francophones et les retransmet à l'extérieur de la Métropole.

La radio

Chaque jour, en moyenne, quatre Français sur cinq écoutent la radio, pendant une durée moyenne de 189 minutes. Malgré la prolifération des stations grâce au câble et aux satellites, et l'offre augmentée dans les zones frontalières par les stations étrangères, ils écoutent pour la plupart des stations d'origine française.

Le bateau de proue de Radio France (qui regroupe toutes les stations publiques) est la chaîne généraliste *France Inter*, mais Radio France offre également des stations plus ciblées : *France Info* qui ne contient que des actualités ; en roulement ; *France Culture* et *France Musique* pour les goûts classiques ; *Radio Bleue* pour les plus de 50 ans ; *Le Mouv'* pour les 15–25 ans, sans compter le réseau de radios locales.

Les radios locales privées existent aussi – telle *Scoop* qui pourvoit les Lyonnais en musique populaire et en information routière – mais le foisonnement de radios locales à la suite de la libéralisation des ondes dans les années 80 a été remplacé, à l'instar de la presse écrite, par une concentration entre les mains de grands groupes français ou européens.

STATIONS DE RADIO (1998)

Station	Part d'audience en semaine	Caractéristiques de la station
RTL (Radio Télé Luxembourg)	17,2%	privée; généraliste
France Inter	11,5%	publique; généraliste
Europe 1	8,3%	privée; généraliste
RMC (Radio Monte-Carlo)	3,3%	privée; généraliste
France Info	10%	publique; informations
NRJ (prononcer : Énergie)	12%	musique populaire
Fun Radio, Skyrock, RFM, Europe 2 etc.	entre 2% et 6%	musique populaire

Le cinéma

Invention du cinéma C'est en France que le cinéma a été inventé, en France que le premier polar, le premier film porno ont été tournés.

Réputation mondiale Les meilleurs réalisateurs français ont acquis une réputation mondiale – Agnès Varda, François Truffaut, Jean Renoir par exemple – et la nouvelle vague a établi le « film d'auteur », où domine le réalisateur et non pas, comme à Hollywood, le studio.

Aides financières Fiers de cette tradition cinématographique, les gouvernements français ont cherché à la protéger, à la perpétuer. Le Centre National de la Cinématographie gère l'industrie cinématographique française et s'occupe de ses archives. Des taxes sur les billets de cinéma, sur les films classés X, sur les vidéocassettes, sur les recettes des sociétés de télévision sont investies dans le cinéma français. Le soutien financier sous forme d'aides à la production (souvent des avances sur recettes), à la distribution, à la création et à la modernisation des salles, à la promotion du cinéma français remontait à 2 292 millions de francs en 1997.

La télévision Dans les années 50 et 60, l'industrie du cinéma a été endommagée par l'avènement de la télévision.

Le nombre de spectateurs semble désormais stable aux alentours de 130 millions par an, mais le chiffre était de 260 millions en 1965, de 328 millions en 1960, et de 424 millions en 1947.

Une industrie internationale Sur 100 entrées dans le parc national de 4 500 salles, les films américains comptent 54, les films français 35, et les films originaires d'autres pays 11 : la domination des États-Unis ne cesse d'augmenter.

La fréquentation des cinémas est la plus élevée chez les jeunes : dans la tranche d'âge 11 à 14 ans, 85% des individus vont au cinéma au moins une fois dans l'année (15 à 19 ans : 88% ; 20 à 24 ans : 86%). C'est peut-être bon signe. Pourtant, aujourd'hui, le producteur de cinéma compte autant sur la recette télévision et la recette vidéo que sur la recette salle.

La protection offerte par le gouvernement à l'industrie cinématographique française s'étend à la télévision, où les chaînes hertziennes n'ont le droit de diffuser que 192 films par an, plus 52 films d'art et d'essai. Sur ce total, 60% doivent être d'origine européenne ; le quota d'œuvres d'expression originale française est de 40%. Il existe un délai minimal de diffusion à la télévision : 12 mois pour *Canal +*, 24 mois si la chaîne a coproduit le film, 36 mois autrement.

La presse écrite

La presse écrite est en chute continue Si neuf millions de Français lisent au moins un quotidien national, la proportion de la population qui lit un journal chaque jour est tombée au-dessous de 50%, et chaque exemplaire imprimé est lu par quatre personnes : le tirage est de loin inférieur au nombre de lecteurs. **On achète de plus en plus de magazines**, de moins en moins de quotidiens.

La presse régionale domine A la différence de la Grande-Bretagne, où le tirage des titres de presse locale est peu importante, la presse régionale française domine souvent les titres « nationaux ». Ainsi *Ouest-France*, avec plus de trente éditions locales, est le journal le plus lu de toute la France. Chaque région, chaque grande ville a son titre.

Les quotidiens « nationaux » (parisiens) *La Croix* (97 000 exemplaires vendus chaque jour) est le quotidien catholique : 90% des acheteurs ont un abonnement. *Le Figaro* (380 000) et *Le Monde* (370 000) sont les journaux traditionnels de référence, *Libération* (170 000) étant plus moderne et plus à gauche. *L'Humanité* (65 000) est d'orientation communiste. *France Soir* (190 000) est un journal populaire. *Le Parisien* (460 000), *Les Échos* (120 000) et *La Tribune* (80 000) représentent également la presse parisienne. *L'Équipe* (377 000) est consacré exclusivement aux sports.

Les quotidiens régionaux Parmi les mieux connus de plus de soixante titres : *Ouest-France* (790 000), *Le Progrès* (Lyon, 430 000), *Sud-Ouest* (Bordeaux, 356 000), *La Voix du Nord* (Lille, 350 000), *Nice-Matin* (246 000), *La Montagne-Centre France* (230 000), *Midi Libre* (237 000), *La Dépêche du Midi* (215 000), *Le Républicain Lorrain* (Metz, 185 000), *Le Provençal* (Marseille, 148 000), *Les Dernières Nouvelles d'Alsace* (Strasbourg, 127 000).

Les hebdomadaires d'information Sans équivalent en Grande-Bretagne, ce secteur est plus important que la presse quotidienne en France. *Le Nouvel Observateur* (2 664 000), *L'Express* (2 569 000), *VSD* (2 101 000), *Le Point* (1 778 000), *L'Événement du jeudi* (1 340 000).

Les magazines hebdomadaires En tête, ceux qui contiennent le listing des émissions de télévision : *TV Magazine* (12 885 000), *Télé 7 Jours* (10 936 000), *Télé Z* (7 819 000), *Télé Star* (7 366 000), *Télé Loisirs* (6 704 000), plus les magazines féminins, surtout *Femme Actuelle* (8 865 000). *Paris-Match* (4 875 000) est connu pour ses photos, de vedettes et d'événements dramatiques.

Les mensuels *Géo* (5 259 000) est consacré à la nature et au tourisme, *Ça m'intéresse* (4 071 000) à la science populaire, *Modes et Travaux* (4 837 000) au décor intérieur. Certains magazines féminins sont des mensuels : *Marie Claire* (3 650 000).

Grammar section 3

Expression of the passive

§1 Active and passive

§2 Direct and indirect objects

§3 Verbs of state and verbs of event

§4 Alternatives to the passive form

§5 Expression of the agent

§1 Active and passive

These two sentences convey the same information:

Le Comité convoque les candidats.

The Board summons the candidates.

Les candidats sont convoqués par le Comité.

The candidates are summoned by the Board.

but in the second, the focus of attention is shifted from the Board to the candidates.

Le Comité is the subject of the first, **active**, construction.

Les candidats is the subject of the second, **passive**, construction.

Active	*Le Comité*	*convoque*	*les candidats*
Grammatical label	subject	active verb	object
Passive	*Les candidats*	*sont convoqués*	*par le Comité*
Grammatical label	subject	passive verb	preposition + agent

The shift of emphasis in the passive means that the agent can often be left out entirely,

e.g. *Un passant a été tué...*

A passer-by was killed...

Les enfants seront sûrement retrouvés...

The children will definitely be found...

The above examples show that the same process operates in French and in English: the passive verb is made up of *être*/'to be' + PAST PARTICIPLE. The French past participle always agrees in gender and number with the subject of the passive verb,

e.g. *Céline est respectée par Paul.*

Les candidats sont convoqués par le Comité.

All tenses can be used both actively and passively,

e.g. (Pluperfect) *Le roi avait été guillotiné.*

(Future) *Vous serez bien reçus.*

(Conditional perfect) *La cuisine aurait pu être améliorée.*

But there are limits on the passive use of some tenses (see §3 below).

The passive is used in French much less than the active, so it often marks a deliberate shift of emphasis. And the passive is used in French significantly less than in English.

The passive poses two problems for English-speakers: the distinction between direct and indirect objects, and the tense restrictions.

§2 Direct and indirect objects

Many verbs have two objects: a **direct object** which undergoes the action of the verb, and an **indirect object**, often a person, that is also influenced by the action.

subject	verb	indirect object	direct object
Beck	told	the police	an incredible story
Illustrations	give	a book	class
My brother	sent	me	a book

In these English examples there is no difference in the form of the direct and indirect object. One way of distinguishing them in English is to insert 'to' in front of an **indirect object**; then the sentence still makes sense,

e.g.   Illustrations give class **to** a book.

If you are uncertain of the difference between direct and indirect objects, do **GS 1**, Exercise C.

French examples show the indirect object as follows:

● with *à* before noun phrases, demonstrative pronouns etc.,
e.g. *inutile de raconter cette histoire à la police*
on expédiera ces colis à tous ceux qui auront payé

● by distinct forms for the third-person pronouns:
lui, leur, y,
e.g. *son collègue lui a raconté cette histoire*

je leur parle souvent
on y pensera !

But there are no distinct forms for other personal pronoun object forms, *me, te, se, nous, vous,*
e.g.   *Il nous voit.*
   Nous is the direct object (voir quelqu'un)
   Il nous parle.
   Nous is the indirect object (parler à quelqu'un)

English also differs from French in that both direct **and** indirect objects can become the subject of a passive verb, e.g. 'My brother sent me a book' can become either of these sentences:

subject	passive verb	
I	was sent	a book by my brother
A book	was sent	to me by my brother

In French, **only** the **direct** object of an **active verb** can become the **subject** of a **passive verb**,
e.g.   *Un livre m'a été envoyé par mon frère*

is correct, but **no** sentence could be formed starting with *Je*. Common verbs to watch for this problem include:

   demander, dire, donner, envoyer, montrer, offrir, permettre, raconter.

For alternative constructions to be used in French to give the desired focus to the sentence, see §4 below. See also Lang & Perez, §48.

§3 Verbs of state and verbs of event

In using the passive in French it is helpful to distinguish between the meanings of two classes of verbs:

● verbs of **state**, e.g. *aimer, observer, porter*

('wear'). These verbs involve processes that can go on indefinitely.

● verbs of **event**, e.g. *ouvrir, tuer, dire*. These verbs involve actions and events which ultimately come to an end. For example, the act of opening a door cannot go on indefinitely (though it may be repeated).

3.1 Verbs of state

With these verbs the passive poses no problem for English speakers. All tenses can be formed by use of the relevant tense of *être* + PAST PARTICIPLE.

e.g.

$$Je/J' \begin{vmatrix} serai \\ suis \\ étais \\ ai été \end{vmatrix} aimé.$$

Remember that the past participle agrees with the subject in gender and number,

e.g.   *Elles sont aimées.*

3.2 Verbs of event

With verbs of event, which may describe both an action and a state of affairs, use of the construction *être* + PAST PARTICIPLE is restricted: the present and imperfect tenses, when used in the passive, cannot be used without further context, just by themselves, to speak of an **action**. Note, in the following sentences, the distinction between:

être + PAST   PARTICIPLE   AS   PASSIVE   VERB FORM = to be opened – **action**

être + PAST   PARTICIPLE   AS   ADJECTIVAL FORM = to be open – **state**

See table below.

The present and imperfect passive of verbs of event can, however, express an action if there is an additional phrase to make this clear; this usually adds the idea that the action is repeated,

e.g.   *La porte était ouverte **tous les jours à huit heures.***

*La porte est ouverte **par le gardien.***

*Les médias sont **souvent** accusés de céder au sensationnel (Texte un,* 5 *)*

Thus, in the absence of such a phrase, the present and imperfect suggest a **state**,

e.g.   *Les conditions étaient largement réunies (Texte un,* 32 – 33 *)*

But the other tenses normally speak of an **action**, (though the future is somewhat ambiguous). For other examples, see *Texte un,* 19 , 26 , and *Texte deux,* 3 , 9 , 10 , 40 .

EXERCISE A   Insert either *était/étaient* or *a/ont été* in the blank spaces:

   M. Dupont est sorti à 19h. Il ___ invité par Leclerc dont la femme était sa maîtresse. Il s'est hâté de traverser le jardin public dont les portes ___ fermées tous les jours par le gardien à 19h 15. Il a hélé un taxi et ___ remarqué par le chauffeur qui s'en souviendrait par la suite. Il est arrivé devant la porte des Leclerc à 19h 30 et c'est là qu'il ___ assassiné par son hôte jaloux.

future		sera		action or state: 'will be open'/'will be opened'
present		est		state: 'is open'
imperfect	*la porte*	était	*ouverte*	state: 'was open'
perfect		a été		action: 'was/has been opened'
pluperfect		avait été		action: 'had been opened'

§4 Alternatives to the passive form

To overcome the restrictions on the use of the passive form outlined in the preceding paragraphs – on verbs which take an indirect object (§2) and on verbs of event in tenses expressing 'is being done/was being done', etc. (§3) – French uses alternative means of expression. However, these alternatives are not reserved solely for the cases just mentioned.

4.1 *On* + ACTIVE VERB

Use of *on* + ACTIVE VERB,
e.g. *On ouvre la porte.*
Des gens auxquels on a confisqué la parole
(Texte deux, 52 – 53 *).*
Here, you should note that *on* can only be used when the action is performed by a human being.

4.2 Reflexive verbs

Use of a reflexive verb (*verbe pronominal*),
e.g. *La porte s'ouvre.*
For other examples, see *Texte deux,* 11 , 17 , 38 , 51 .
This construction cannot be used when the agent is expressed:
   *La porte s'ouvre + par le gardien
is **not** acceptable.

Note also that if you use expressions referring to human beings as subjects of reflexive verbs the meaning changes,
e.g. **Things:** *Ces livres se vendent partout.*
   These books are sold everywhere.
   La porte s'ouvre avec cette clé.
   The door is opened with this key.

People: *Ils se vendent au plus offrant.*
They sell themselves to the highest bidder (and not: they are sold)
Je n'ose pas m'ouvrir à mon patron là-dessus.
I daren't open my heart/confess all to my boss on this subject. (and not: I dare not be opened)

Such limits on using human-being subjects can be avoided by using other reflexive verbs such as *se voir/s'entendre/se laisser/se faire* + INFINITIVE.
e.g. *Le commissaire Dides **se voit reprocher** (= is reproached) de ne pas avoir rendu compte de ces activités.*
   *Il **s'est vu demander** (= was asked) ... par un jeune homme fort poli s'il était. ... (Daninos)*
   *Il **s'est fait tuer.** He was/got killed.*
   *Il **s'est laissé tromper.** He was/got tricked.*

4.3 Impersonal *il*

A verb taking an indirect object, such as *permettre à quelqu'un de faire quelque chose*, can be used in the passive by introducing impersonal *il* as its subject,
e.g. *Il lui fut permis de...* He was allowed to ...

4.4 Abstract nouns

French frequently uses an abstract noun where an English speaker might be tempted to use a passive verb form,
e.g. They watch it being built/destroyed/demolished.
   Ils en regardent la construction/destruction/ demolition.
   They are waiting for it to be published.
   Ils en attendent la publication.

EXERCISE B   Translate the following sentences into French, using a passive verb if possible and a different construction if not.

(a) M. Sauvat had been given a present by his employees.

(b) The criminal has been arrested by a detective.

(c) He will be told the news by his wife.

(d) The prisoner is allowed no luxury.

(e) The student was asked for her card.

EXERCISE C   Reformulate these sentences in as many ways as possible – passive, reflexive, using *on* etc. – referring back where necessary to all the sections in this Grammar section:

(a) Gallimard publie ce livre.

(b) On parle français au Canada.

(c) Un bus l'a écrasé.

(d) La police a fermé le théâtre.

(e) J'attends que le magasin ouvre.

(f) Ces remarques les ont blessés.

(g) On m'a offert deux billets gratuits.

(h) Stock nous a proposé de faire des traductions.

§5 Expression of the agent

In passive sentences the agent is preceded usually by *par*, but occasionally by *de*. *De* occurs in certain fixed phrases and elsewhere, mainly after verbs of state,

e.g.   *être bien vu de tous ; être couronné de succès ; il est craint/respecté/aimé de tout le monde*

This is something for which you need to consult a good dictionary. See also Lang & Perez, §48.

4

Le monde du travail

Une ouvrière dans une usine d'automobiles

Le roman de Claire Etcherelli d'où est tiré ce texte fit remporter à son auteur le prestigieux Prix Femina. L'auteur fut elle-même ouvrière avant de devenir écrivain et portraitiste de la situation sociale des ouvriers. Ce texte raconte une partie de la première journée d'Élise à l'usine, où elle est « l'élève » de Daubat. Le frère d'Élise l'avait recommandée à Gilles, le contremaître de l'atelier où elle travaille.

Rien n'était prévu pour s'asseoir. Je me tassai entre deux petits fûts d'essence*. Là, je ne gênerais personne. La fatigue me coupait des autres et de ce qui se passait autour de moi. Les moteurs de la chaîne grondaient sur quatre temps*, comme une musique*. Le plus aigu était le

4 troisième. Il pénétrait par les tempes telle une aiguille, montait jusqu'au cerveau où il éclatait. Et ses éclats vous retombaient en gerbes* au-dessus des sourcils, et, à l'arrière, sur la nuque.

– Mademoiselle ? A vous.

Daubat me tendit sa plaque*.

8 – Allez-y, je reviens. Attention aux pare-soleil.

Grimper, enjamber*, m'accroupir, regarder à droite, à gauche, derrière, au-dessus, voir du premier coup d'œil ce qui n'est pas conforme*, examiner attentivement les contours, les angles, les creux, passer la main sur les bourrelets* des portières, écrire, poser la feuille,

12 enjamber*, descendre, courir, grimper, enjamber, m'accroupir dans la voiture suivante, recommencer sept fois par heure.

Je laissai filer beaucoup de voitures. Daubat me dit que cela ne faisait rien puisqu'il était avec moi pour deux ou trois jours. Gilles le lui avait confirmé.

16 – Ensuite, dit Daubat, ils me mettront à la fabrication.

Sur son poignet, je voyais les aiguilles de sa grosse montre. Encore une heure et demie...

Quand il resta moins d'une heure à travailler, je retrouvai des forces et je contrôlai très bien deux voitures à la suite. Mais l'élan se brisa à la troisième. Au dernier quart d'heure, je

20 n'arrivais plus à articuler les mots pour signaler à Daubat ce qui me paraissait non conforme*. Certains ouvriers nettoyaient leurs mains au fût d'essence qui se trouvait là.

– Ceux-là, me dit Daubat, ils arrêtent toujours avant l'heure.

Je les enviai.

24   Nous contrôlâmes jusqu'à la fin et, quand la sonnerie se fit entendre, Daubat rangea posément nos plaques* dans un casier, près de la fenêtre.

Une joie intense me posséda. C'était fini. Je me mis à poser des questions à Daubat, sans même prêter attention à ce qu'il me répondait. Je voulais surtout quitter l'atelier en sa

28   compagnie, j'avais peur de passer seule au milieu de tous les hommes.

Dans le vestiaire, les femmes étaient déjà prêtes. Elles parlaient fort, et, dans ma joie de sortir, je leur fis à toutes de larges sourires.

Claire Etcherelli, *Élise ou la vraie vie*, Denoël, 1967.

A   Préparation du texte

Notes

➤*fût(s) (m) d'essence* (1) : « drum of petrol ».

➤*sur quatre temps* (3) : « four beats to the bar ».

➤*musique (f)* (3) : « band ».

➤*en gerbes* (5) : l'auteur compare la sensation d'une explosion sonore à l'intérieur de son cerveau à une sensation visuelle – celle de l'éclatement d'un feu d'artifice dont les éclats prennent en tombant la forme d'une gerbe (« sheaf »).

➤*plaque(s) (f)* (7 , 25) : « clip-board ».

➤*enjamber* (9 , 12) : « step over ».

➤*conforme* (10 , 20) : « up to standard ».

➤*bourrelets (m)* (11) : « sealing strips ».

Vocabulaire

❶ Trouvez le sens des mots et expressions suivants: *prévu* (1), *Je me tassai* (1), *gênerais* (2), *grondaient* (3), *Grimper* (9),

m'accroupir (9), *contrôlai* (18), *élan (m)* (19), *rangea posément* (24 – 25).

❷ Traduisez en anglais:

Je laissai filer beaucoup de voitures (14)

ils me mettront à la fabrication (16)

ils arrêtent toujours avant l'heure (22)

la sonnerie se fit entendre (24)

Commentaire grammatical

THE SUBJUNCTIVE AFTER *SANS*

➤*sans même prêter attention...* (26 – 27), *Je voulais surtout quitter...* (27), *j'avais peur de passer seule...* (28) : in these cases an infinitive is used and the subjunctive is not needed since the (understood) subject of the infinitive is the same as that of the first (finite) verb. If the subjects were different, *sans* would need to be followed by *que* + an obligatory subjunctive : cp. *sans qu'il prêtât attention..., je voulais qu'il quittât..., j'avais peur qu'il ne passât seul...*

OTHER GRAMMAR POINTS

➤*Je me tassai* (1) : the past historic is used throughout this passage. This is common in literary narrative. It is not odd that this 'literary' tense should occur side by side with colloquial expressions in the dialogue, cp. text on pp. 212–213. See also **GS 2, §3.4.**

➤*Là, je ne gênerais personne* (1 – 2) : this sentence is in the *style indirect libre*. Cp. *Là, je ne gênerai personne* (*style direct*) and *Je me suis dit que, là, je ne gênerais personne* (*style indirect 'normal'*). See **GS 2, §3.2.2.**

➤*Il pénétrait... telle une aiguille* (4) : *telle* here is used with the same sense as *comme*, which it may replace in a formal style.

➤*Grimper* etc. (10) : the infinitives are used here to present a series of actions. In these circumstances English would probably use a present participle. Cp. **GS 9, §2.1.**

➤*il était avec moi pour deux ou trois jours* (14 – 15) : *pour* is used for future plans. Cp. **GS 11, §3.1.**

➤*Quand il resta moins d'une heure* (18) : '... there remained'. The *il* here is impersonal, as it is in *il pleut, il faut* etc.

➤*Je leur fis à toutes de larges sourires* (30) : 'I gave them all broad smiles.' Note that in French the words for 'them' and 'all' are separated by the verb (*fis*) and that both are indirect objects: *leur* and *à toutes* while *sourires* is the direct object.

Compréhension du texte

1 Quels sont les éléments du texte qui font croire qu'Élise est à l'usine depuis peu de temps ?

2 Comment l'auteur nous fait-il comprendre la fatigue d'Élise ? Citez les passages du texte.

3 Décrivez le rôle et le personnage de Daubat dans cet extrait.

B   Exercices de renforcement

A l'oral

1 Préparez des réponses orales aux questions suivantes :
(a) En quoi consistait le travail d'Élise dans la chaîne de production ?
(b) A quel point la fatigue empêcha-t-elle Élise d'effectuer son travail ?
(c) Quelle réaction la fin du travail provoqua-t-elle chez Élise ?

Exercices lexicaux

2 L'expression *Elles parlaient fort* (29) offre l'exemple d'un adjectif (*fort*) faisant fonction d'adverbe. Complétez les phrases suivantes en utilisant d'autres adjectifs de ce type :
(a) *Elles parlaient...* (in a low voice).
(b) *Il chante...* (out of tune).
(c) *La fleur sentait...* (sweet).
(d) *Le tricot a coûté...* (dear).
(e) *Je vois...* (clearly).
(f) *Marchez...* (straight ahead).

3 Décrivez dans un français simple les choses désignées par les mots suivants : *pare-soleil* (8), *angles* (11), *creux* (11), *portières* (11), *casier* (25).

4 *Pare-soleil* (8) est un substantif composé du verbe *parer* et du substantif *soleil*. Donnez cinq mots français composés de la même façon et notez-en le genre.

5 *Au-dessus* (5 , 9), *à l'arrière* (5), *derrière* (9). Consultez **GS 11**, §2 et ensuite traduisez en français les expressions suivantes :

(a) To reverse a car.

(b) To take a step back.

(c) At the back of the car.

(d) Behind the car.

(e) The people (neighbours) upstairs.

(f) Arm in arm.

(g) To lay hands on something.

6 Trouvez une expression française qui pourrait remplacer chacun des mots suivants dans son contexte, sans en changer le sens : *prévu* (1), *gênerais* (2), *élan* (19), *posément* (25).

Exercices grammaticaux et structuraux

7 Dans chacune des phrases suivantes mettez le verbe entre parenthèses au temps approprié de l'indicatif **ou** du subjonctif. Faites le choix entre le présent et l'imparfait du subjonctif, compte tenu de **GS 4**, §4 :

(a) Je me tassai là, bien que rien n(e) (*être*) prévu pour s'asseoir.

(b) Il était probable que tout le monde (*voir*) que je venais d'arriver.

(c) Il était bien temps que Daubat me (*tendre*) sa plaque.

(d) Il est bien possible qu'il le (*faire*) demain.

(e) Je craignais fort que M. Gilles ne (*rentrer*) me surveiller.

(f) Je croyais que le patron me (*congédier*) le lendemain.

(g) Je cherchais un employeur qui (*accepter*) mon peu d'expérience.

8 Traduisez en français, en employant le subjonctif ou l'indicatif, suivant le cas :

(a) I want you to go and Susan to come.

(b) I am so glad we have arrived.

(c) It surprises no one that he has left.

(d) I believe that Napoleon was a great man.

(e) I don't believe that we've paid.

(f) Stay there till I come back.

(g) I won't tell you until John has said yes.

(h) Find me someone who can cook without spoiling the food.

(i) They certainly hope that you will help them.

(j) I very much doubt if he will sell it.

9 Réécrivez chacune des phrases suivantes de façon à éviter l'emploi du subjonctif (voir le **Commentaire grammatical**, p. 66).

Par exemple:

Je voudrais que l'on me donne l'ordre de partir.

Je voudrais recevoir l'ordre de partir.

(a) Je regrette fort que je vous aie créé des ennuis.

(b) A moins que l'on ne vous choisisse, vous ne partirez pas.

(c) Il est parti sans qu'il ait reçu nos lettres.

(d) Je l'ai fait afin que je puisse la retrouver.

(e) En attendant qu'elle y consente, il n'y a rien à faire.

C Exploitation du texte

A l'oral

1 **Récit oral** Élise raconte à une amie sa première journée à l'usine.

2 **Sujets de discussion**

(a) Comparez les effets de la fatigue physique d'Élise à ceux de la fatigue ressentie par une étudiante ou une employée de bureau.

(b) « Le travail à la chaîne convient aux hommes mais non aux femmes. » Êtes-vous d'accord ?

A l'écrit

3 **Résumé** Racontez la journée d'Élise comme si elle la racontait dans son journal intime (150 mots).

4 **Rédaction dirigée** Vous êtes le responsable syndical. Vous expliquez dans un rapport adressé au patron pourquoi les travailleurs à la chaîne demandent une réduction des heures de travail (200–300 mots). Modèle à suivre :

- introduction expliquant le but du rapport ;
- les heures de travail actuelles, heures d'ouverture des magasins, écoles etc., problèmes concernant les transports en commun, la fatigue qui en résulte ;
- les conditions physiques du travail, mouvements physiques, concentration ;
- les conséquences de la fatigue et de l'attention interrompue : accidents, produits endommagés ;
- vos demandes précises. Vous dites qu'une réponse négative n'est plus acceptable et vous demandez une réunion pour décider des détails.

5 **Rédaction** En vous servant du **Dossier** (pp. 75–76), écrivez un article pour votre journal syndical où vous décrivez un incident qui arrive pendant le travail et qui oppose le patron à ses ouvriers, aboutissant ainsi à une grève. (200–300 mots)

6 **Version** Traduisez en anglais les lignes 1 – 7 et 18 – 22.

7 **Thème** Traduisez en français, en puisant le plus possible d'expressions dans le texte :

Every morning the workers hung up their coats, picked their tools up again and started the motors on the production line. Nothing was provided for our physical comfort although for years we had pointed out to the management what we needed to make the working day more bearable. The manager was the best I had ever known, but however competent he was, it was never sure that he saw things from the workers' point of view. At nine o'clock precisely his bald head would appear round the office door and he would shake hands with the nearest worker and ask the foreman questions that he couldn't possibly hear unless there were some break in the noise. Hearing was normally impossible and in any case no one believed that what he said was more than his way of saying 'Good morning'. Yet for all that, the men worked to support their families until they reached retirement age. It was important that they should remain in good health for as long as possible and that they should not kill themselves by working under impossible conditions, when those conditions could themselves be improved.

TEXTE DEUX

Le droit au travail

A l'issue de la conférence sur l'emploi du 10 octobre, le premier ministre a annoncé qu'une loi fixerait la durée légale du travail à 35 heures hebdomadaires* au 1er janvier 2000, et a appelé les partenaires sociaux à discuter dès maintenant du passage à une durée du travail réduite, avec incitations financières aux entreprises à l'appui. Malgré les prises de position souvent incohérentes d'un patronat hétérogène, et les déclarations scandaleuses de sa partie la plus réactionnaire, il est vraisemblable que de nombreuses négociations s'engageront au plus près du terrain.

La réduction effective du temps passé au service direct de l'entreprise donnera de la place à la formation personnelle, à la vie personnelle, familiale, associative, syndicale, etc., mais pour nous son objectif le plus important est qu'elle permette l'intégration dans le monde du travail rémunéré de ceux qui en sont actuellement exclus.

Nous savons qu'il n'y a pas de remède miracle, qu'il est vain de prétendre que la solution au chômage passe par l'accroissement non maîtrisé des dépenses publiques et la taxation (ou la suppression !) des profits financiers. Nous savons aussi qu'il est vain de demander aux « insiders », ceux qui ont un emploi stable, des sacrifices trop importants pour faire place aux « outsiders », ceux qui sont au chômage ou dans l'emploi en pointillés*. C'est par la remise à plat* de la façon de travailler, et donc de gérer, que l'on vaincra le chômage. La réduction du temps de travail ne peut permettre l'amélioration de l'emploi et la prospérité économique que si elle s'accompagne d'une réelle réorganisation des entités productives.

Les salariés, directement et par l'intermédiaire de leurs élus et de leurs organisations syndicales*, ont le devoir de se saisir de la question, de proclamer aux directions qu'il n'y a pas que les ratios financiers dans la vie et qu'il est temps de ne plus considérer le travail comme un coût mais comme une ressource. Le fait qu'une ressource soit inemployée est un gâchis pour l'ensemble de la société. Il faut changer l'organisation du travail pour que des personnes plus nombreuses travaillent moins longtemps et plus efficacement. Face aux conservatismes de tous ordres, cela ne sera pas facile. Mais c'est la seule façon de faire transformer en producteurs les 18 millions de chômeurs européens.

Marie-Noëlle Auberger Barré, *ALARME* (Agence Libre des Associations, Réseaux, Mouvements pour l'Emploi), le 5 novembre 1997.

A   Préparation du texte

Notes

➤*35 heures hebdomadaires* (2) : depuis plus de 60 ans, des lois françaises fixent la durée maximale du travail hebdomadaire. Cette durée est passée de 40 heures en 1936 à 39 heures en 1981. A l'horizon de l'an 2000, les 35 heures du travail hebdomadaire sont prévues.

➤*emploi en pointillés* (15) : emploi à durée déterminée, souvent faiblement rémunéré, et n'offrant que peu de perspectives d'avancement.

➤*remise à plat* (15 – 16) : le fait de rétablir la situation, de penser à nouveau la façon d'organiser le travail (langage familier).

➤*organisations syndicales* (19 – 20) : les principales organisations syndicales en France sont la CGT (Confédération générale du travail, un groupement d'allégeance communiste), la CFDT (Confédération française démocratique du travail) et FO (Force ouvrière, issue d'une scission anticommuniste de la CGT en 1947). Depuis le milieu des années 90, de nouveaux syndicats minoritaires ont vu le jour à la suite d'oppositions internes à la CFDT (voir **Dossier** 4).

Vocabulaire

❶ A l'aide d'un dictionnaire trouvez le sens des mots et expressions suivants : *à l'issue de* (1), *partenaires sociaux* (3), *à l'appui* (4), *au plus près du terrain* (6), *rémunéré* (10), *dépenses publiques* (12), *entités productives* (18), *de tous ordres* (24 – 25).

❷ Trouvez les équivalents en anglais des mots suivants : *incitation* (*f*) (4), *formation* (*f*) (8), *remède* (*m*) (11), *directions* (*f*) (20), *ratios* (*m*) (21), *gâchis* (*m*) (22), *producteurs* (*m*) (25).

Commentaire grammatical

USE OF THE SUBJUNCTIVE

➤*il est vraisemblable que... s'engageront* (5 – 6) : the subjunctive is not used after *il est vraisemblable que* which expresses a strong probability that something will happen.

➤*Son objectif le plus important est qu'elle permette* (9) : the subjunctive is used here to indicate a desired outcome to the situation rather than an actual one.

➤*il est vain de prétendre que la solution... passe* (11 – 12) : here the form of the subjunctive is indistinguishable from the present indicative of *passer*. It is signalled by *prétendre*.

➤*il est temps de ne plus considérer* (21) : in this case the infinitive construction is preferred to the subjunctive since the subject (understood) of both verbs is essentially the same, e.g. *il est temps que nous ne considérions plus = il est temps de ne plus considérer*.

➤*Le fait qu'une ressource soit inemployée* (22) : the indicative form of *être* (*est*) or the subjunctive form of *être* (*soit*) are both possible here. The use of the indicative would indicate that the 'non-utilisation of the resource' is a fact. The subjunctive indicates that the non-utilisation is merely a possibility.

➤*Il faut changer* (23) : an infinitive construction is being used here as an alternative to the subjunctive after the verb *falloir*. *Il faut que nous changions* would be more personal.

➤*Pour que des personnes plus nombreuses travaillent* (23 – 24) : the form of the subjunctive here is indistinguishable from the present indicative of *travailler*. The subjunctive is signalled by *pour que*.

OTHER GRAMMAR POINTS

➤*de nombreuses négociations* (6), here *des* is replaced by *de* because the adjective *nombreuses* precedes the noun *négociations* (GS 5, §2.3.2). If the adjective follows the noun, the partitive article (*de* + DEFINITE ARTICLE) is used: *des négociations importantes*.

➤*nous* (9 , 11 , 13): there is only one author, but she uses the editorial 'we' form, probably to indicate that she speaks for an organisation.

➤*ne peut permettre... que* (17) : here the use of *ne... que* means 'only' (*seulement*). The *que* in *ne... que* can precede the word it refers to (*si elle s'accompagne...*).

➤*de tous ordres* (24 – 25) : this is an example of *tous* used as an adjective. The absence of the article *les* is common in set expressions such as: *de tous côtés, à tous égards, exempt de tous frais.*

Compréhension du texte

❶ Quelle importance l'auteur attache-t-elle à la réduction du temps de travail ?

❷ Pouvez-vous citer des exemples de mots ou d'expressions qui relèvent d'un langage passionné ou émotif que l'auteur utilise pour nous convaincre de la justesse de son point de vue ? Par exemple : *déclarations scandaleuses* (5).

❸ Quelle est la signification de l'emploi des termes « *insiders* » (14) et « *outsiders* » (15) ?

❹ Quelle est l'opinion de l'auteur sur le patronat, les syndicats, les salariés ?

❺ Quelles sont les principales propositions de l'auteur ?

B   Exercices de renforcement

A l'oral

❶ Donnez des réponses orales aux questions suivantes :

(a) L'auteur présente-t-elle les propositions gouvernementales sous un jour favorable ou défavorable ? Justifiez votre réponse.

(b) Selon l'auteur, quels seraient les principaux problèmes rencontrés vis-à-vis de la réorganisation du temps de travail ?

Exercices lexicaux

❷ Trouvez des mots ou expressions pour remplacer les expressions suivantes, sans changer le sens du texte : *à l'issue de* (1), *dès maintenant* (3), *malgré* (4), *non maîtrisé* (12), *par l'intermédiaire de* (19), *face aux* (24).

❸ Trouvez dans un dictionnaire les substantifs qui désignent les actions des verbes suivants, puis construisez des phrases dans lesquelles vous réemployez ces mêmes substantifs.

Par exemple : *discuter*

Le patronat et les syndicats sont entrés en discussion.

s'engager (6), *gérer* (16), *proclamer* (20), *considérer* (21), *changer* (23), *transformer* (25).

Exercices grammaticaux et structuraux

❹ Compléter les phrases suivantes au subjonctif là où cela convient, en utilisant les formules proposées.

Par exemple : (Ils doutent) Le garçon est malade.

Ils doutent que le garçon soit malade.

(a) (Il est probable) Il pleuvra demain.

(b) (Je veux) Tu viens avec moi.

(c) (Il faut) Je pars avant midi.

(d) (Croyez-vous. . . ?) Il a toujours raison.

(e) (Elle a peur) Il ne réussira pas à son examen d'entrée.

(f) (Ils ne veulent pas) Elle joue du piano.

(g) (Nous regrettons) Il fait souvent des bêtises.

(h) (Il se peut) Elle nous en veut.

(i) (Elle n'approuve pas) Marie est déjà partie.

❺ Réécrivez le dialogue ci-dessous en remplissant les blancs et en vous servant des verbes entre parenthèses :

Monsieur et Madame Sagard sont sur le point de quitter leurs hôtes, Monsieur et Madame Routon.

Contre toute attente, Monsieur et Madame Routon les invitent à rester dîner.

Mme Routon : Il faut que vous ___ (*1*) (rester) manger avec nous.

M. Sagard : Merci. Mais, je crois qu'il serait préférable que nous ___ (*2*) (rentrer).

M. Routon : Il n'en est pas question. Restez pour que nous ___ (*3*) (pouvoir) finir notre partie d'échecs. Vous êtes sur le point de gagner.

M. Sagard : Peut-être bien, mais je ne pense pas que nous ___ (*4*) (avoir) beaucoup de choix puisque notre train part dans 45 minutes.

M. Routon : Ne vous en faites pas. Nous vous reconduirons à la gare.

Mme Routon : Attendez que je vous ___ (*5*) (faire) un petit quelque chose. Asseyez-vous.

M. Sagard : Bien, bien. Nous allons rester. Désirez-vous que je ___ (*6*) (passer) à la boulangerie du coin chercher du pain ?

M. Routon : Si vous voulez mais je ne crois pas que ce ___ (*7*) (être) nécessaire.

Mme Sagard : Dommage que nous ne ___ (*8*) (avoir) rien emmené avec nous. Souhaitez-vous que je vous ___ (*9*) (aider) ?

Mme Routon : Non, merci. Ce n'est pas la peine. De toute façon, il est préférable que vous ___ (*10*) (se reposer) avant votre long voyage de demain.

M. Sagard : Oui, en effet, nous partons assez loin. Pourvu que nous ___ (*11*) (pouvoir) faire nos valises à temps.

M. Routon : . . . Voila ! Le repas est prêt. Un petit instant afin que je ___ (*12*) (mettre) la table.

Mme Routon : Il faut peut-être que nous ___ (*13*) (boire) un bon vin avec ceci.

Mme Sagard : Bonne idée. Dommage qu'il ___ (*14*) (falloir) partir tout à l'heure.

C Exploitation du texte

A l'oral

1 **Saynète** Vous êtes délégué syndical et votre voisin est responsable d'une organisation patronale. Engagez une discussion sur la réduction du temps de travail.

2 **Exposé** Décrivez certains des méfaits du chômage.

3 **Récit oral** Vous avez récemment participé à une manifestation syndicale. Racontez à un ami qui vous pose des questions ce qui s'est passé.

A l'écrit

4 **Rédaction** Vous êtes un responsable syndical à qui l'on demande de présenter un court rapport sur les avantages de la réduction du temps de travail. (200–300 mots)

5 **Rédaction** Mettez-vous à la place d'un chômeur et racontez votre journée. (200–300 mots)

6 **Version** Traduisez en anglais les lignes 11 – 18 .

7 **Thème** Traduisez en français le texte suivant :

The INOU view on Skills Shortages

The INOU calls on employer organisations to stop competing over what blood-curdling threats they can issue against unemployed people and enter into a new partnership to tackle the problems created by 15 years of job famine, followed by three years of jobs growth. Key elements in such an approach would be:

- A code of conduct for employers which would ensure that they answered all applications and gave consideration to the long-term unemployed.
- If employers argue that they must pay low wages, they should support tax reform that ensures such workers are outside the tax net.
- Investment in an effective and proactive National and Local Employment Service.
- Linking all State supports to employers with tax and PRSI (Pay Related Social Insurance) compliance to eliminate the black economy.
- Training contracts to ensure the unskilled new recruit can expect to be promoted to the skilled jobs of tomorrow.
- To improve the status and rewards for work through better treatment of workers and better in-work benefits.

Irish National Organisation for the Unemployed, *Bulletin*, January 1998.

LE TRAVAIL

(Les mots-clés pour ce thème sont en caractères gras dans le texte.)

La situation économique

Avec un **PIB** (produit intérieur brut) de 8 104 milliards de francs en 1997, la France est la cinquième puissance économique, le deuxième exportateur mondial de services et de produits agricoles et le quatrième exportateur de biens. Elle est le premier producteur et exportateur agricole européen. L'intégration à la structure économique européenne (le Marché Commun dès 1957, la Communauté Économique Européenne, et maintenant l'**Union Européenne** depuis 1992) a permis la croissance de la production agricole et la restructuration de l'appareil industriel. La France est un fervent partisan de la monnaie unique (l'Euro).

A cause de la mondialisation des échanges et la concurrence extérieure, les entreprises françaises essaient de diminuer leurs coûts de production. Neuf entreprises françaises comptent parmi les 100 premières mondiales. Des réalisations technologiques telles que le TGV, l'Airbus, le Minitel et la carte à puce sont connues dans le monde entier.

L'emploi

En 1996, 22,5 millions de Français exerçaient une activité et 3,1 millions étaient inscrits au **chômage** (à l'ANPE, Agence Nationale pour l'Emploi). En 1996, 11,5 millions de femmes étaient actives dont 3,4 millions à temps partiel mais 1,6 millions étaient au chômage. Leur **taux d'activité** est aujourd'hui de 47,6% (39% en 1970). 16% de la population active effectivement occupée

travaillent à temps partiel. Le nombre de travailleurs étrangers s'est stabilisé ces dernières années. Il était de 1 573 000 en 1995, soit 6,2% de la population active totale.

Le cap des trois millions de chômeurs a été atteint officiellement en 1993. En avril 1997, le chômage touchait 12,5% de la population active. La France est l'un des pays les plus touchés de l'UE. Toutes les régions ne sont pas frappées également : le nord, le pourtour méditerranéen et le sud-ouest sont les plus touchés. Le chômage frappe plus les jeunes, mais les personnes plus âgées restent plus longtemps sans emploi. En France, le coût du travail est relativement élevé et les rapports sociaux sont rigides, d'où la difficulté de faire redémarrer l'emploi. Certaines mesures sont prises pour atténuer les effets du chômage, comme celles visant à inciter les entreprises à embaucher des jeunes, ou la création, fin 1988, du RMI (revenu minimum d'insertion) pour ceux ayant épuisé leurs droits et allocations (les r.m.istes).

Moins de 10% des salariés sont **syndiqués** (22% en 1970). Ce taux est le moins élevé de l'UE. Les trois principales centrales syndicales sont la CGT (Confédération générale du travail), la CFDT (Confédération française et démocratique du travail) et FO (Force ouvrière). La durée hebdomadaire légale du travail d'un salarié à temps plein a été ramenée de 39 à 35 heures hebdomadaires en avril 1998 avec la Loi Aubry, prenant effet en l'an 2000 (avec cinq semaines de congés payés par an). L'idée en réduisant le temps de travail est de permettre d'embaucher. Un salaire minimum est garanti (depuis 1950) à chaque employé : le taux horaire **brut** du SMIC (Salaire Minimum Interprofessionnel de Croissance) est de 39,43F (juillet 1997), ce qui représente pour 39 heures hebdomadaires de travail un peu plus de 6 000 F par mois.

L'âge légal de départ à la **retraite** est 60 ans.

Le salarié employé à plein temps avec un contrat à durée indéterminée sera-t-il un jour une rareté ? La « crise » et la mondialisation de l'économie favorisent l'apparition de nouveaux statuts : **contrat à durée déterminée**, **intérim**, **stages**, **temps partiel**, **télétravail** (à domicile), **multi-actifs** (plusieurs employeurs), **horaires aménagés**.

Les différents secteurs

Longtemps majoritaires, les agriculteurs ne représentent plus que 3,9% de la population active. Il y a aujourd'hui sept millions d'ouvriers en France (8,2 millions en 1975) : il y a de plus en plus d'ouvriers qualifiés et de moins en moins d'ouvriers spécialisés (les **OS**) et de manœuvres. Par contraste, le nombre des **cadres** (occupant des postes à haute qualification) a doublé entre 1970 et 1990. Il y a aujourd'hui 2,8 millions de cadres (900 000 en 1962) dont un tiers de femmes. Les employés (ceux qui exécutent) constituent 30% des actifs. Le secteur tertiaire emploie de plus en plus de gens (68% des actifs).

Il y avait un million de **commerçants** en 1960, contre 780 000 en 1995, concentrés dans les **hypermarchés**, supermarchés et **boutiques franchisées**, au détriment des **petites surfaces** et autres **commerces de proximité**.

La France a un secteur public très étendu : il y a 5,5 millions de **fonctionnaires** en France (près de 10% de la population totale) dont 2,2 millions de fonctionnaires d'État, le reste travaillant dans le secteur public (La Poste, France Télécom, l'ANPE, la Banque de France, Renault, Air France, la SNCF, l'EDF-GDF (Électricité et Gaz de France), la RATP (Régie Autonome de Transports Urbains Parisiens) etc.

Les **professions libérales** (médecins, avocats, architectes, pharmaciens, notaires…) sont de plus en plus soumis à la **concurrence** (européenne aussi) et voient pression fiscale et **charges sociales** (diverses cotisations pour financer la Sécurité sociale, les caisses de chômage, de retraite etc.) augmenter.

Les produits phares français

Les parfums et les fromages ne sont pas les seuls fleurons de l'exportation française (celle-ci représente 24% du PIB) : les avions Airbus, les cartes à puce Gemplus, les matériaux Lafarge, les câbles Alcatel, les caddies (une des rares marques à être devenues **produits génériques**) de supermarché ou d'aéroport, le Beaujolais nouveau, les hypermarchés Carrefour, l'eau minérale Perrier, par exemple, sont autant de produits aux débouchés énormes à l'étranger. Il en est de même pour le bic (dont la marque signifie maintenant stylo), produit d'une **PME** (petite et moyenne entreprise) familiale, qui se vend à 85% hors de France !

Références

G. Mermet, *Francoscopie*, Larousse, 1997.

France, La Documentation Française/Ministère des Affaires Étrangères, 1995.

Grammar section 4

The subjunctive

§1 Introduction

The subjunctive has an important part to play in French and, although it is sometimes said that it is disappearing, this is not so. It is constantly used by native speakers in both the spoken and written forms and people learning French as a foreign language can also enjoy being able to use it confidently.

The subjunctive is not another tense. It is described by grammarians as a **mood**. A mood is a group of tenses which all have the same purpose. There are three of these groups of verb tenses in French: the indicative, the imperative and the subjunctive. The tenses covered in other modules (past tenses in Module 2; future and conditional in Module 8) all belong to the group referred to as the indicative mood. This is the basic and most frequently used group of verb forms in French. It has active and

passive voices (Module 3) and it is used for straightforward factual statements. The imperative mood is used to give orders. The subjunctive mood is used for an event or an idea which is not a fact but is more like an idea in the mind of the person speaking or writing.

The subjunctive has various tenses – present, imperfect, perfect and pluperfect – but only the present subjunctive is used with great frequency. Using the subjunctive is not usually a choice by the speaker or writer. It is almost always found after certain frequently used expressions. Once you have learned to recognise the expressions (signals) which make it necessary to use the subjunctive, you will find it gradually becomes natural to use it appropriately.

§2 Forms of the subjunctive

To learn how to form the various tenses of the subjunctive, consult Lang & Perez, §§41–46. You should concentrate on learning how to form the

present subjunctive (which you will use most frequently). Because the subjunctive almost always occurs after expressions involving *que*, it is usually shown in grammar books preceded by *que*: *que je sois*; *qu'il ait*; *que nous donnions*.

2.1 Present subjunctive

2.1.1 Two verbs which you will use very frequently in the subjunctive, *avoir* and *être*, have irregular stems and endings in the present subjunctive. You should learn them first:

avoir	être
que j'aie	*que je sois*
que tu aies	*que tu sois*
qu'il/elle ait	*qu'il/elle soit*
que nous ayons	*que nous soyons*
que vous ayez	*que vous soyez*
qu'ils/elles aient	*qu'ils/elles soient*

2.1.2 Other verbs form the present subjunctive by adding endings to a stem. The endings for the present subjunctive for all verbs other than *avoir* and *être* are:

>*-e, -es, -e, -ions, -iez, -ent*

e.g. *que je donne; que tu donnes; qu'il/elle/on donne; que nous donnions; que vous donniez; qu'ils/elles donnent*

2.1.3 There are three verbs: *faire*, *pouvoir* and *savoir*, which have an irregular stem in all parts of the present subjunctive:

>*faire* ⇒ *fass-*
>*pouvoir* ⇒ *puiss-*
>*savoir* ⇒ *sach-*

e.g. *que tu fasses; que nous puissions; que vous sachiez*

2.1.4 Three verbs: *aller*, *falloir*, *vouloir*, have an irregular stem in *-ill-* for the singular subjects (*je, tu, il/elle/on*) and for the third person plural (*ils/elles*):

aller	falloir	vouloir
que j'aille		*que je veuille*
que tu ailles		*que tu veuilles*
qu'il/elle aille	*qu'il faille*	*qu'il veuille*
que nous allions		*que nous voulions*
que vous alliez		*que vous vouliez*
qu'ils aillent		*qu'ils veuillent*

2.1.5 For all the other verbs, and for the *nous* and *vous* forms of *aller* and *vouloir*, the present subjunctive is formed as follows:

Look at the stems of the *nous* and *ils/elles* forms in the present tense of the indicative.

● For most verbs they are identical. You use that stem for all parts of the present subjunctive,

e.g. Present indicative tense of *donner: nous donn-ons; ils/elles donn-ent*

Stem of the present subjunctive of *donner: donn-*

Present subjunctive of *donner*:

que je donn-e	*que nous donn-ions*
que tu donn-es	*que vous donn-iez*
qu'il/elle donn-e	*qu'ils/elles donn-ent*

● For some verbs: e.g. some irregular verbs in *-er*, *boire*, *mourir*, *venir*, etc., the stems of the *nous* and the *ils/elles* forms are different,

e.g. Present tense of

>*boire: nous buv-ons; ils/elles boiv-ent*
>*mourir; nous mour-ons; ils/elles meur-ent*
>*venir: nous ven-ons; ils/elles vienn-ent.*

You use the *nous* stem for the *nous* and *vous* forms of the present subjunctive, and the *ils/elles* stem for all other subjects,

e.g. Present subjunctive of *venir*:

que je vienne	*que nous venions*
que tu viennes	*que vous veniez*
qu'il/elle vienne	*qu'ils/elles viennent*

2.2 Imperfect subjunctive

The **imperfect subjunctive** of all verbs is formed by adding the endings: *-e, -es, -^t, -ions, -iez, -ent* to a stem which you will find from the *tu* form of the past historic (see Lang and Perez, §34):

avoir	*être*
que j'eusse	*que je fusse*
que tu eusses	*que tu fusses*
qu'il/elle eût	*qu'il/elle fût*
que nous eussions	*que nous fussions*
que vous eussiez	*que vous fussiez*
qu'ils/elles eussent	*qu'ils/elles fussent*

2.3 Compound tenses

The perfect subjunctive and pluperfect subjunctive are like the compound tenses of the verbs in the indicative mood. They are formed from the present (see §2.1, above) or imperfect subjunctive of *avoir* or *être* followed by the past participle, so it is essential to learn the subjunctive forms of these two verbs.

- The **perfect subjunctive**:
  qu'il ait travaillé; que nous ayons embauché; qu'elle soit sortie

- The **pluperfect subjunctive** is made up of the imperfect subjunctive of *avoir* or *être* followed by the past participle:
  que je fusse parti/e; qu'elle eût compris; que nous eussions protesté

EXERCISE A Give the *il/elle* and *nous* forms of the present and imperfect subjunctive of the following verbs:
être, faire, vivre, voir, conduire, écrire, jeter, geler, créer

§3 Uses of the subjunctive

In French there are a number of signals, or recognisable expressions, which let you know that you have to use the subjunctive. There are several groups of signals, each of which occurs in a recognisable language pattern. The most common signals are verbs (§3.1), conjunctions (§3.2) and impersonal expressions (§3.3). In each case, *que* is a part of the signal.

EXERCISE B In the following sentences, the subjunctive verbs are in bold type. Underline the *que* which precedes each one. Say whether the *que* is attached to a verb, part of a conjunction or attached to an impersonal expression.
(a) Je veux que tu le **dises** au patron.
(b) Il faut que le responsable syndical **agisse** tout de suite.
(c) Je travaillerai tard ce soir pour que je **puisse** m'absenter demain.
(d) Bien que les conditions de travail **soient** très désagréables, il faut se rappeler les usines d'avant-guerre.
(e) Il demande que je me **fasse** couper les cheveux avant de reprendre le travail.

3.1 Verbs which signal a subjunctive

Most of the verbs in this group are used to express some kind of feeling, especially when people say they want something,
e.g. *Je veux qu'elle vienne.*

that they are afraid of something,

e.g.   *Le patron **a peur que** les travailleurs ne* soient intransigeants.*

or that they have doubts about something,

e.g.   *Le syndicat **doute que** la compagnie puisse accepter ces conditions.*

The pattern for using these verbs with the subjunctive is:

	Main clause including signal verb	*que*	Second clause including subjunctive verb
Wish/Want	*Je veux* *Je préfère* *Je souhaite* *J'aimerais bien* *Je désire*	*que*	*le patron soit à la réunion.*
Being afraid	*Le patron a peur* *Il craint*	*que*	*les journalistes ne* soient là.*
Doubting	*Nous doutons*	*que*	*la réunion ait eu lieu.*

* Note that, after verbs expressing fear, the word *ne* is usually needed. It does not have a negative meaning here. See **Glossary**, *ne*.

3.1.1 This group of signals also includes verbs which show that someone is feeling:

sorry	*regretter que; être désolé que*
pleased	*être content que; aimer que*
surprised	*être surpris que; être étonné que; s'étonner que*
displeased	*se plaindre que; ne pas aimer que*

3.1.2 Another group followed by the subjunctive includes verbs you use for:

giving orders	*ordonner que; conseiller que; exiger que; demander que*
forbidding	*défendre que; interdire que; ne pas vouloir que*

3.1.3 Verbs you use to express your **personal opinion**: *croire, dire, espérer, être sûr, penser, nier* are **not** usually followed by the subjunctive,

e.g.   *Ma mère espère que mon nouveau poste me plaira.*

but they do signal a subjunctive verb if you use them in the **negative**,

e.g.   *Je ne dis pas que cette notion soit inacceptable.*
Nous ne croyons pas que le patron aille nous recevoir.
Nous ne pensons pas que le syndicat comprenne le problème.

or if you invert them to **ask a question**,

e.g.   *Croyez-vous que le patron ait raison ?*

3.1.4 If the subject of both the verbs is the same, the *que* is omitted and the signal is not followed by the subjunctive, but by an infinitive,

e.g.   *Je voulais surtout **quitter** l'atelier en sa compagnie, j'avais peur de **passer** seule au milieu de tous les hommes. (Texte un,* 27 – 28 *)*

EXERCISE C Read each of the following sentences carefully. Identify:

(i)   the verb in the subjunctive;

(ii) the verb + *que* which acts as the subjunctive signal.

Then rewrite each sentence, replacing the clause (*que* + VERB PHRASE) where you have found a subjunctive verb by another subjunctive clause you have made up yourself:

(a) Je souhaite que vous marchiez toujours dans les voies de l'honneur.

(b) Moi, je voudrais que tu t'en ailles.

(c) Je doute que tu comprennes – je vais me marier !

(d) Pour ma part je trouve qu'il est temps que le patronat écoute les employés.

(e) Il ne croit pas que nous ayons le droit de faire grève.

(f) Êtes-vous sûr que ce soit votre poste qu'il désire ?

3.2 Conjunctions which signal a subjunctive

This group of signals contains conjunctions you use:

● to express **reservation**,

e.g. Bien que | mon traitement **soit** modeste,
Quoi que | j'aime beaucoup mon travail.
A moins que les conditions de travail ne **soient** améliorées, Patrick cherchera un poste ailleurs.

Another conjunction in this group is *sans que*.

● to express the **purpose** of an action (see *Texte deux,* 23 – 24),

e.g. Pour que | vous **puissiez** me comprendre,
Afin que | j'apprends le français.
J'apprends le français de sorte que vous me **compreniez**.

● to say when something might happen, using a **time conjunction**,

e.g. Avant qu'
Jusqu'à ce qu' | elle **vienne**, je vais lire
En attendant qu' | mon journal.

If an action has already taken place, it is no longer uncertain and the indicative is used,

e.g. Après qu'il **a parlé**, nous avons eu la possibilité de lui poser des questions.

● to say that there are **conditions** attached to an action,

e.g. A condition que | vous **veniez** avec moi,
Pourvu que | j'irai voir la responsable syndicale.

● to express in French the English **conjunctions ending in '-ever'**,

e.g. However: Quelque désagréable que
Pour désagréable que | ce **soit**, cela
Si désagréable que | lui plaît.
Aussi désagréable que

Whoever: Qui qu' | il **soit**, elle l'aime.
Wherever: Où qu' |
Whatever: Quoi que vous **disiez**, elle partira.

● to say that there is a **choice** between two things, using *que* + SUBJUNCTIVE ... *ou* ... ,

e.g. **Que** ce **soit** lui **ou** elle qui l'**ait** fait, c'est déplorable.
Whether it be he or she who did it, ...

EXERCISE D Combine the following pairs of sentences to form one compound sentence:
(i) Make use of the conjunction printed in brackets.
(ii) Change the order of the clauses where possible.
(iii) Pay attention to the tense and mood of the verb.

(a) Je vous écris à la hâte. Vous saurez cette nouvelle le plus tôt possible. (*afin que*)
(b) Ils ont voté pour nous. Nous n'avons rien fait pour eux jusqu'ici. (*quoique*)
(c) Il parlera demain au patron. Les ouvriers changent d'avis. (*à moins que* + *ne*)
(d) Pierre l'attendait toujours à la sortie de l'usine. Elle vint. (*jusqu'à ce que*)
(e) Vous aurez certainement le poste. Il n'y a pas d'autres candidats. (*pourvu que*)

3.3 Impersonal expressions followed by the subjunctive

There are a number of expressions, usually based on the structure *il* + VERB + *que*, which act as signals for the subjunctive. The main ones are given in the table below:

Necessity	Il faut que	
	Il est temps que	vous compreniez.
	Il importe que	
Judgement	Il est regrettable que	vous compreniez.
	Il est juste que	

See §3.4 below for more expressions of judgement.

Possibility	Il est possible que	vous compreniez.
	Il se peut que	
Impossibility	Il est impossible que	vous compreniez.

Impersonal expressions can express a gradation from improbability (followed by the subjunctive) to probability (followed by the indicative):

> *Il est improbable*
> *Il est peu probable*   *que*   *vous compreniez.*
> *Il semble*

but

> *Il est vraisemblable*   *que*   *vous comprenez.*
> *Il me semble*
> *Il est certain*

3.4 Expressing judgements

When someone wants to show that what they are saying is a personal judgement on something, or an opinion which they think may not be shared by everyone, the subjunctive is used,

e.g.   *C'est le plus grand chat que j'**aie** jamais vu.*
That's possibly the biggest cat I've ever seen.

Typical situations where this kind of subjunctive are used involve a superlative adjective (*le plus grand chat*), or the adjectives *seul, unique, dernier*,

e.g.   *C'est le **seul** endroit où je puisse le rencontrer.*
*C'est l'**unique** ville au monde où l'on puisse vraiment se détendre.*
*C'est le **dernier** pays où l'homme n'ait pas détruit la nature.*

§4 Tenses of the subjunctive

In speaking and in writing, the tenses of the subjunctive you will need most often are the present and the perfect.

The other tenses – the imperfect and the pluperfect (§§2.2, 2.3) – are virtually never heard in speech and, even in formal writing and literature, are rare. You will most often come across the 3rd person singular (*il/elle*) form of these tenses of the subjunctive and you should learn to recognise it.

In careful written French, the present, future and perfect tenses are followed by the present or the perfect subjunctive (depending on meaning), while the imperfect, the past historic, the conditional and the pluperfect are followed by the imperfect or pluperfect subjunctive (again depending on the meaning of the sentence).

5

L'éducation en France

Enfances, adolescences

L'école communale* d'hier, rurale et républicaine, ne joue plus dans les campagnes le rôle de creuset qu'elle eut pendant soixante ans. Dépeuplement, télévision, recrutement plus difficile de maîtres ont changé le climat idéologique. La vedette est passée aux écoles primaires* des

4 villes, souvent installées de façon moderne et appliquant les méthodes pédagogiques nouvelles. Les « écoles pilotes », animées par des maîtres intelligents, l'emportent sur les cours privés survivants. La bourgeoisie y envoie volontiers ses enfants : cette nouvelle attitude fera plus qu'on ne croit pour la mobilité sociale. L'instituteur d'hier, ce saint laïque, cet apôtre de la

8 démocratie* qui apprit à plusieurs générations les pleins et les déliés*, l'orthographe et le civisme, est en voie de disparition. L'instituteur d'aujourd'hui – loin des villes surtout – lutte pour son salaire et sa promotion sociale. Il vit et travaille parfois dans des conditions déplorables. Il forme la base de l'électorat de gauche non communiste, croit dans le

12 syndicalisme et nourrit souvent des aigreurs, des méfiances plus réactionnaires qu'il ne croit. Au vrai, la « France de la Communale », si vivante entre Jules Ferry* et 1914 (et même 1936*), se métamorphose sans qu'on sente surgir aucune mythologie assez forte pour succéder à ses valeurs vieillissantes.

16 Longtemps, les deux grands seuils scolaires furent : à onze ans le passage du primaire au secondaire et au lycée ; à quatorze la fin de l'école obligatoire et l'entrée en apprentissage ou à l'école professionnelle. C'était entre ces deux passages que se scindait la société française en deux catégories : les futurs anciens bacheliers et les autres : ceux qui pensaient accéder au

20 statut de bourgeoisie et ceux qui désespéraient d'y atteindre. Tout cela, que les réformes tentent de bousculer, reste vrai pour l'essentiel. Les résistances aux changements – qu'elles viennent des parents, des professeurs ou des enfants eux-mêmes – prouvent qu'il ne suffit pas de réclamer une révolution pour souhaiter sincèrement des réformes, et que le vieil homme,

24 même dans l'adolescent, reste vivace...

La « France du bachot* » : la verrons-nous sombrer, emportée par le bon sens et la nécessité ? On n'ose espérer que presque un siècle d'obstination cède aussi aisément. Toutes les plaisanteries et les lamentations sur ce sujet sont justifiées. Il est vrai de dire que le bachot a été

28 la grande maladie de la petite bourgeoisie, l'obsession des pères de famille, le symbole de

l'accession à la classe moyenne. Pas de bachot ? en bleu de travail et les ongles noirs ! Bachelier ? En route pour les titres universitaires et les professions prestigieuses.

Hélas ! tombé de plus en plus bas, le baccalauréat avait cessé de signifier en lui-même quoi que ce fût et il ne constituait plus un filtre assez serré avant l'Université. Il permettait à n'importe quel bachelier, eût-il été « repêché »* avec huit sur vingt de moyenne, de s'inscrire à n'importe quelle faculté où il allait occuper une place, mobiliser des efforts et de l'argent, jusqu'à ce que, de guerre lasse, il renonçât. Après quoi, dépité, humilié, il se retournerait vers les emplois médiocres du commerce, vers une bureaucratie dont il accentuerait encore les défauts et les paralysies, tout en rongeant son frein une vie durant. Vers 1967, avant l'explosion de l'année suivante*, on savait que sept sur dix des étudiants de première année de faculté ne parviendraient jamais au niveau de la licence… Gâchis de force, de place, de crédits. Usure des psychologies. Mauvaise répartition des efforts puisque, pendant ce temps, le pays manquait des techniciens et des agents de maîtrise* bien rémunérés en quoi la bourgeoisie refusait de transformer ses fils.

François Nourissier, *Vive la France*, Laffont, 1970.

A   Préparation du texte

Notes

➤*L'école communale* (1) : cp. *la Communale* (13), c'est l'école élémentaire et laïque établie dans chaque commune. Voir **Dossier**, pp. 95–97.

➤*La vedette est passée aux écoles primaires…* (3) : « the primary schools … are now in the limelight … »

➤*« écoles pilotes »* *(f)* (5) : écoles expérimentales où des méthodes nouvelles de pédagogie sont utilisées. *Les cours privés survivants* (5 – 6) s'applique aux écoles privées tenues d'habitude par des prêtres.

➤*ce saint laïque, cet apôtre de la démocratie* (7 – 8) : termes religieux évoquant le prestige et les fonctions de l'instituteur à une époque où un gouvernement *républicain* (1) et anticlérical reprenait l'enseignement d'entre les mains de l'Église.

➤*les pleins et les déliés* *(m)* (8) : différents aspects de l'écriture à la plume : les lignes grasses et plus fines du tracé d'une lettre.

➤*Jules Ferry* (13) : ministre de l'Instruction publique (c'est-à-dire de l'Éducation nationale) 1879–85, il a créé le système d'enseignement élémentaire d'État, obligatoire, gratuit et laïque. Voir thème p. 88.

➤*1936* (13) : l'année de l'arrivée au pouvoir d'un gouvernement de gauche, du Front Populaire. La période entre Ferry et le Front Populaire correspond plus ou moins à celle de la Troisième République.

➤*bachot* *(m)* (25) : abréviation familière de « baccalauréat ».

➤*eût-il été « repêché »* (33) : « even if he had just scraped through ». Les candidats avec 10 sur 20 sont reçus automatiquement au baccalauréat. Certains ayant atteint une note au-dessous de la *moyenne* (33) peuvent être reçus (ou *repêchés*) après l'oral de contrôle.

➤*l'année suivante* (38) : 1968, année des grandes manifestations des étudiants à Paris, et dans toute la France. Ces protestations, les « événements de mai 68 », ont failli faire tomber le gouvernement.

➤*agents de maîtrise* (*m*) (41) : techniciens formant les cadres inférieurs d'une entreprise, c'est-à-dire les contre-maîtres ou chefs d'équipe. Voir p. 65.

Voir aussi le **Dossier** pp. 95–97.

Vocabulaire

❶ Dressez une liste de 20 mots tirés du texte ayant trait à l'enseignement et notez leur sens en français.

❷ Traduisez en anglais les mots et expressions suivants selon leur contexte : *creuset* (2), *Dépeuplement* (2), *en voie de disparition* (9), *nourrit des aigreurs* (12), *seuils scolaires* (16), *se scindait* (18), *futurs anciens bacheliers* (19), *accéder* (19), *s'inscrire* (33), *de guerre lasse* (35), *dépité* (35), *rongeant son frein* (37), *crédits* (39).

❸ Expliquez le sens des expressions suivantes dans leur contexte: *climat idéologique* (3), *gauche non communiste* (11), *mythologie* (14), *mobiliser des efforts* (34), *Usure des psychologies* (39 – 40).

Commentaire grammatical

USES OF ARTICLES

Note the cases in paragraph 1 where the **definite** and **indefinite articles** are used in French where in direct translation into English they would be omitted:

(a) **Definite article**
   ➤*les méthodes pédagogiques nouvelles* (4) : 'modern teaching methods';
   ➤*la mobilité sociale* (7) : 'social mobility'.
   These are cases of the definite article being used with nouns expressing generalities (the generic use), and abstracts. See **GS 5, §§3.1.2 and 3.1.3**.

(b) **Indefinite article**
   ➤*par des maîtres intelligents* (5) : 'by intelligent teachers' (not 'by all teachers' or 'by teachers in general').
   Here the indefinite article (plural) is used to express an unspecified (plural) number. See **GS 5, §3.2.1**.

The respective uses of the **indefinite** and **partitive articles** are seen in *il allait occuper **une** place, mobiliser **des** efforts et **de** l'argent* (34). In each case the article is attached to a noun which has no specific reference and which has not been mentioned before (cp. *Mauvaise répartition des* (*de + les*) *efforts* (40), where *efforts* refers back to a previous use of the word, and so the definite article is used). In line 34 the indefinite article is used with *place* (singular) and *efforts* (plural) since they have plurals, whereas the partitive article is used with *argent* because it has no plural. See **GS 5, §2.2.1 and 2.3**.

OTHER GRAMMAR POINTS

Equivalents of ANY

(a) **Partitive articles** In questions: 'Have you any money?': *Vous avez de l'argent ?*

(b) **Indefinite articles**
   'Do you know any law students?': *Connaissez-vous des étudiants en droit ?*

(c) *En* in negative replies

'I don't know any': *Je n'en connais pas/point/aucun.*

(d) *Aucun* Almost always occurs with *ne. . .* to mean 'not any'. In the text it occurs not with *ne* but with *sans que,* which expresses another negative idea:

➤*sans qu'on sente surgir aucune mythologie* (14).

(e) *Quoi que ce soit,* or its past tense form, after a negative idea:

➤*avait cessé de signifier. . . quoi que ce fût* (31 – 32): 'no longer meant anything at all.'

It is more emphatic than *rien* (cp. *il ne signifiait plus rien*).

(f) *Tout En tout cas:* 'in any case' – where 'any' = 'any and every':

➤*Toute personne franchissant cette barrière sera punie* (cp. *Quiconque franchira. . .*).

(g) *N'importe quel/quoi/où* 'anyone', 'anything', 'anywhere'

➤*n'importe quel bachelier* (33), *n'importe quelle faculté* (34).

Cp. 'I don't mind where I go, anywhere will do': *J'irai n'importe où*; 'I'd do anything (rather than teach)': *Je ferais n'importe quoi. . .*

Compréhension du texte

❶ Indiquez trois aspects de l'enseignement en France qui subissent des changements.

❷ Expliquez le double rôle de l'instituteur rural sous la Troisième République.

❸ Pourquoi l'instituteur d'aujourd'hui a-t-il perdu de son prestige ?

❹ Qu'est-ce que les *réformes* (20) essaient de changer ?

❺ Qu'est-ce que l'auteur trouve à critiquer dans le baccalauréat ?

❻ L'auteur approuve-t-il les changements qu'on est en train de mettre en œuvre dans l'ensemble de l'éducation en France ? Justifiez votre réponse par des citations du texte.

B   Exercices de renforcement

A l'oral

❶ Préparez des réponses orales aux questions suivantes :

(a) Quelle est la différence entre les notions de *mobilité sociale* (7) et *promotion sociale* (10) ? Donnez des exemples.

(b) Quels furent pendant longtemps les deux grands seuils scolaires, et quelles en étaient les conséquences sociales ?

(c) Quels aspects du système universitaire français ont besoin d'être réformés, d'après le texte ?

Exercices lexicaux

❷ Construisez des phrases pour faire ressortir la signification des verbes suivants :

se méfier (cp. 12), *se défier, surgir* (14), *gâcher* (cp. 39), *user* (cp. 39).

❸ Complétez les phrases ci-dessous par un mot tiré du texte :

(a) Le bassin méditerranéen a été le ___ de brillantes civilisations. (paragraphe 1)

(b) La ministre de l'Éducation nationale était en ___ hier à l'Assemblée nationale lors de sa brillante intervention. (paragraphe 1)

(c) Soixante ans : le ___ de la vieillesse. (paragraphe 2)

(d) Dans une lettre ouverte au gouvernement, les syndicats ___ une augmentation de salaire. (paragraphe 2)

(e) Après la perte de sa femme et de son argent, il a ___ dans le désespoir et la misère. (paragraphe 3)

(f) Son ___ au rang d'ambassadeur l'a rempli d'orgueil. (paragraphe 3)

(g) Puisqu'elle n'a pas eu son bachot, elle a dû ___ à son idée de s'inscrire à la faculté de droit. (paragraphe 4)

(h) Ce projet me semble coûteux : sa réalisation exigera d'importants ___ (paragraphe 4)

4 Traduisez en français les phrases suivantes en utilisant des mots ou expressions puisés dans le texte pour les mots imprimés en italique :

(a) I'll show you the way *to reach the grade of* foreman.

(b) The work is *nearing* completion.

(c) The union *was being split* into two factions.

(d) In order to learn it *is not enough just to* come to classes.

(e) He was not *allowed* to go to university.

(f) Four *out of* five wives remain faithful to their husbands *all their lives*.

Exercices grammaticaux et structuraux

5 Cherchez dans les trois derniers paragraphes du texte les substantifs qui prennent un article en français et qui n'en prendraient pas dans une traduction anglaise.

Par exemple: au premier paragraphe, *les méthodes pédagogiques nouvelles* (4) serait traduit par « modern teaching methods ».

Classez vos exemples selon les catégories de **GS 5** et du **Commentaire grammatical**, p. 85.

6 Articles. Remplissez les blancs dans le passage ci-dessous. Vous aurez à mettre *l'*, *le*, *la*, *les*, *un*, *une*, *des*, *de*, *du*, *de la*, *de l'* ou rien du tout (voir le **Commentaire grammatical**, p. 85, et **GS 5**). S'il y a une alternative, expliquez la différence de sens qui en résulte.

A la fin du siècle dernier, l'instituteur apparaissait dans le quartier, dans le village, comme ___ « notable admiré », à qui on demandait ___ conseil. Pour l'enfant du peuple, ___ fils d'ouvrier, d'employé, de petit cultivateur ou de fonctionnaire subalterne, devenir ___ instituteur était une grande promotion sociale. Maintenant, avec des besoins accrus en ___ techniciens de plus en plus qualifiés, les études primaires ne sont qu(e) ___ premier maillon d'une chaîne de plus en plus longue. Suivi, dans la vie scolaire ou post-scolaire des jeunes par ___ autres maîtres plus spécialisés, on comprend que l'instituteur ait perdu ___ part de son prestige. Mais l'image ancienne subsiste dans ___ nombreux esprits, et elle n'est pas sans susciter ___ amertume chez les instituteurs d'aujourd'hui.

maillon = link (of a chain)

7 Traduisez en français (voir le **Commentaire grammatical**, p. 85) :

(a) We haven't any classes today. Have you got any?

(b) Any schoolmaster wanting a higher salary should join (*adhérer à*) the union.

(c) Anyone can reach second-year level in law.

(d) If the present state of affairs lasts any longer, I shall have to demand changes in teaching methods.

(e) He does not get any salary during his apprenticeship.

(f) I didn't succeed in doing anything at all to overcome his mistrust.

(g) Any qualified technician can achieve the status of foreman in any of our factories.

C Exploitation du texte

A l'oral

1 Sujet de discussion Pourquoi, à votre avis, la bourgeoisie refuse-t-elle de transformer ses fils en *techniciens* et *agents de maîtrise bien rémunérés* (41) ? Que pensez-vous de ces attitudes ?

2 Sujet de discussion Comparez les problèmes rencontrés dans l'enseignement français (selon ce texte) et ceux qui existent actuellement dans votre pays.

A l'écrit

3 Résumé Résumez en français l'argument de l'auteur. (150 mots)

4 Rédaction dirigée Pour ou contre la sélection dans l'éducation ? (200 mots au minimum)

Pour vous aider, suivez les arguments ci-dessous, en les reprenant à votre compte ou en les réfutant, avant de donner votre conclusion personnelle :

● **Introduction** Qu'est-ce que la sélection ?

● **Raisons avancées pour la sélection** Crédits limités. Aptitudes et capacités différentes des enfants ou étudiants. Besoins de la société.

● **Raisons avancées contre la sélection** Injustice sociale. Évaluation des aptitudes des enfants faussée par l'influence du milieu familial. Invalidité des examens comme méthode de sélection.

● **Conclusion** Le système que vous préférez. Le plus puissant de tous les arguments invoqués.

5 Version Traduisez en anglais les lignes 31 – 42 .

6 Thème Traduisez en français, en vous servant le plus possible d'expressions tirées du texte :

Jules Ferry and the *École sans Dieu*

Ferry, who throughout his life strove to change the ideological climate of France, succeeded, through his reform of the educational system, in creating the Republican mythology of democracy. As a free-thinker and an atheist he believed in Science and Reason as a basis for running human affairs, and was convinced that progress was possible in society. Thus he sought to free future generations from Church influence. As a Republican he believed in a secular system of education, under state control, which would emphasise democratic ideology, national unity and the duties of the citizen.

   After setting up a system of free, obligatory, secular, elementary education in the 1880s, Ferry felt that any Frenchman, whether he came from the capital or the provinces, even if his parents were the poorest of peasants, would have the chance of becoming a minister, judge or even . . . archbishop.

TEXTE DEUX

Violence à l'école : il est temps de réagir

La violence à l'école est une calamité qu'il ne sert à rien de nier. Pour la combattre, il faut la nommer, en décrire les symptômes, en analyser les causes : chômage, immigration, délinquance, violence en général. Est-ce l'école qui s'est ainsi pervertie, ou la société ? De Marseille à Roubaix, nous avons mené l'enquête. Le résultat est clair : la dégradation de l'école n'est pas une fatalité, et le « respect » est une valeur qui remonte. Il y a même des raisons d'espérer.

Des lycéens se mobilisent

La violence, pour la combattre, il faut déjà l'identifier et donc, en parler. C'est la raison pour laquelle elle surgit surtout dans les établissements où le problème demeure tabou, nié par le proviseur et les enseignants. Les élèves savent pourtant ce qui s'y passe, mais ils n'en parlent qu'entre eux… tout simplement parce qu'un adolescent en difficulté s'épanchera facilement auprès des jeunes de son âge, alors qu'il lui est beaucoup plus difficile de se confier à un adulte.

Observant cela, les autorités ont rapidement compris qu'elles avaient tout intérêt à encourager les lycéens à se mobiliser. Dans certains endroits, comme à Roubaix, les conseillers d'éducation ont inventé un système « *d'élèves-relais* », choisis pour leur charisme et formés à écouter les autres, en les chargeant de diriger ceux qui s'adressent à eux vers les institutions les plus aptes à les aider. Mais il existe aussi des actions d'envergure nationale, dont celle menée depuis novembre par les élus lycéens du Conseil supérieur de l'Éducation*, avec un (discret) soutien financier ministériel. Pour se faire connaître, ils ont diffusé deux affiches, conçues par eux « *parce qu'on ne voulait pas d'une campagne comme celle du sida, menée d'en haut et qui nous passe au-dessus de la tête* », souligne Elsa, membre du groupe. « *Une campagne d'adultes bien-pensants s'adressant à d'horribles jeunes pour leur dire: "la violence, c'est pas bien", ça nous aurait laissés froids.* »

Dotés d'un local et d'un numéro vert (08.00.83.30.00), ces neufs élus lycéens se sont fixé pour tâche de se déplacer partout où d'autres élèves leur demandent de venir organiser un débat sur la violence.

Déstabiliser les « bouffons »

28 A quoi servent ces débats ? D'abord « *à soulever la chape de plomb.** » : « *Tout remonte. C'est souvent impressionnant ce qu'on entend. Des histoires de viols, dont les filles n'avaient jamais parlé à personne. Et même un mort, une fois, à la roulette russe, dans les toilettes d'un lycée de l'Essonne... une affaire complètement étouffée par le proviseur.* » Le débat permet aussi de
32 repérer et de déstabiliser « *les bouffons* » : « *On leur explique que la violence ne sert à rien, qu'elle les dessert, que c'est de l'autodestruction.* »

Et à la fin du débat, « *on ne se quitte pas comme ça* » : le groupe aide à la mise en place de nouveaux comités « *antiviolence* », ou « *antisexisme* » (l'extrême agressivité verbale contre les
36 filles est particulièrement mal vécue). Du coup, le mouvement essaime, les bonnes volontés s'organisent, le nombre d'élèves mobilisés augmente. Début février, le groupe se fait fort de réunir 350 délégués au lycée Diderot* de Paris. En plus d'un bilan de l'action déjà menée, les lycéens y élaboreront une « *charte des droits et devoirs contre la violence et pour le respect* ».

Le Figaro Magazine, 4 janvier 1997.

A   Préparation du texte

Notes

➤*Conseil supérieur de l'Éducation* (18) : organe de conseil lié au Ministère de l'Éducation nationale rassemblant enseignants, lycéens et fonctionnaires et donnant des avis sur le fonctionnement et l'évolution de l'enseignement en France.

➤*soulever la chape de plomb* (28) : soulever un obstacle important.

➤*lycée Diderot* (38) : les lycées portent souvent le nom d'une personnalité célèbre qui a contribué de façon remarquable à la vie culturelle, politique, etc. de la France, par exemple (les lycées) Henri-IV, Louis-le-Grand, Blaise-Pascal.

Vocabulaire

❶ Dressez une liste de tous les termes dans le texte ayant rapport avec l'école, et notez leurs équivalents, s'il y en a, en anglais.

❷ Trouvez dans le texte tous les mots et expressions qui ont un rapport avec la violence.

❸ Traduisez en anglais les mots et expressions suivants : *Pour la combattre, il faut la nommer* (1 – 2), *ceux qui s'adressent* (16), *ils ont diffusé deux affiches* (19), *déstabiliser les « bouffons »* (32), *le groupe se fait fort de réunir* (37 – 38).

❹ Expliquez en français les expressions suivantes dans leur contexte : *la dégradation de l'école* (4), *un adolescent en difficulté s'épanchera facilement auprès des jeunes de son âge* (11 – 12), *un système « d'élèves-relais »* (15), *avec un (discret) soutien financier ministériel* (18 – 19), *dotés d'un local et d'un numéro vert* (24), *les bonnes volontés* (36).

Commentaire grammatical

USES OF ARTICLES

➤ *contre la violence et pour le respect* ([39]) : these are examples where the definite articles are used in French, but would not be used in English. The definite article conveys the idea of violence in general and is used with an abstract noun 'respect'. See **GS 5, §3.1.3**. Other examples of the definite article used to refer to something in general or to an abstract noun: *les symptômes* ([2]) ; *l'école* ([3]) ; *la société* ([3]). In most cases, but very clearly in the following examples, the definite article is used to link its noun with other known information: *le résultat* ([4]) ; *le débat* ([34]).

➤ *les institutions les plus aptes* ([16] – [17]) : the article is used in superlative forms of adjectives. See **GS 12, §1.3**.

➤ *Elsa, membre du groupe* ([21]) : the article is omitted when nouns are placed in apposition. See **GS 5, §4.3.1**.

➤ *des raisons d'espérer* ([5] – [6]) ; *des actions d'envergure nationale* ([17]) : the plural indefinite article is used to express an unspecified plural number – reasons and actions are things you can count. See **GS 5, §3.2.1**.

➤ *de l'autodestruction* ([33]) : the partitive article is used to express an unquantified and unquantifiable number – self-destruction, for example, cannot be counted. See **GS 5, §3.3**.

➤ *au lycée* ([38]) ; *du débat* ([34]) ; *auprès des jeunes* ([12]) ; etc.: these are contracted forms, *à + le → au, de + le → du, de + les → des*. See **GS 5, §2.1.2**. Note also the use of *de/d'* when an adjective precedes a noun:

d'horribles jeunes ([22]) ; *d'autres élèves* ([25]) ; *de nouveaux comités* ([34] – [35]). See **GS 5, §2.2.1**.

➤ *n'est pas une fatalité* ([5]) : in a negative sentence, the indefinite and partitive articles usually become *de/d'* (see **GS 5, §§2.2.1, 2.3.2**), but there are exceptions, notably with the verb *être*. For example, you would say: *Il n'est pas un imbécile* (**not** *Il n'est pas d'imbécile*). Phrases such as *n'est pas une fatalité* can imply that the speaker is about to state the opposite: something like *on peut trouver un remède*, although not stated, is definitely implied.

➤ *chômage, immigration, délinquance, violence en général* ([2] – [3]) : articles are usually omitted in lists. See **GS 5, §4.3.2**.

➤ *actions d'envergure nationale* ([17]) ; *campagne d'adultes bien-pensants* ([21] – [22]) : the construction NOUN + *de* + NOUN is used here; but if the second noun is functioning as an adjective the article becomes *de/d'*.

OTHER GRAMMAR POINTS

➤ *... et qui nous passe au-dessus de la tête »*, *souligne Elsa* ([20] – [21]) : an example of the inversion of subject and verb following direct speech. See **GS 7, §2.1.1**.

➤ *permet aussi de repérer et de déstabiliser* ([31] – [32]) ; *explique que la violence...*, *qu'elle...*, *que c'est....* ([32] – [33]) : in a series of dependent phrases the word introducing them (*de* or *que*) must be repeated.

➤ *les filles n'avaient jamais parlé à personne* ([29] – [30]) : certain negative adverbs can be used together: *plus jamais, jamais personne, jamais rien, plus jamais personne*, etc.

Another example: *Je ne le ferai plus jamais.*
See **GS 7, §2.4.**

➤*difficile de se confier* (12) ; *en les chargeant de diriger* (16) ; *aptes à les aider* (17) ; *encourager les lycéens à se mobiliser* (14) ; *pour se faire connaître* (19) ; *il faut déjà l'identifier* (8) : the infinitive is used after prepositions (here *de, à, pour*) and it may be followed by a preposition (here *de, à*) or followed directly by another infinitive. See **GS 9, §§2.4, 3** and **4.**

Compréhension du texte

❶ Selon l'auteur, quels sont les symptômes et quelles sont les causes de la violence à l'école ?

❷ Que veut dire la lycéenne par *ça nous aurait laissés froids* (22 – 23) ?

❸ L'auteur pose la question *A quoi servent ces débats* (28) ? Faites un résumé de sa réponse.

B   Exercices de renforcement

A l'oral

❶ Préparez des réponses orales aux questions suivantes :
(a) Quelle était l'attitude d'Elsa concernant la campagne contre le sida ? Comment l'explique-t-elle ?
(b) Donnez des exemples tirés du texte qui pourraient justifier le commentaire de l'auteur : *Il y a même des raisons d'espérer* (5 – 6).

❷ Expliquez en français la signification des mots suivants : *fatalité* (5) ; *tabou* (9) ; *charisme* (15) ; *diffusé* (19) ; *bien-pensants* (22) ; *étouffée* (31) ; *déstabiliser* (32) ; *autodestruction* (33).

Exercices lexicaux

❸ Complétez le tableau suivant :
Par exemple : mener ⇒ *mené*
(a) ____   conçu
(b) entendre   ____
(c) confier   ____
(d) ____   perverti
(e) décrire   ____
(f) ____   vécu
(g) permettre ____

❹ Traduisez en français les phrases suivantes en utilisant des mots ou expressions tirés du texte pour les mots imprimés en italique :
(a) *There is no point in denying* that training is important.
(b) *That's why* we need even more applied courses in schools and universities.
(c) *When they saw that and took it into account,* the government's popularity improved.
(d) We are making progress and *there are reasons for hope.*
(e) All of a sudden, things are taking off and *a growing number of young people are getting involved.*

Exercices grammaticaux et structuraux

❺ Dans le passage ci-dessous remplissez les blancs en utilisant *le, la, les, un, une, de, du, de la, des,* ou rien. Pour vous aider voir le **Commentaire grammatical**, p, 85, et aussi **GS 5.**

Dans ___ universités ___ France existent plus ___ 780 unités ___ formation et ___ recherche (UFR), qui s'appellent encore ___ facultés, ___ instituts ou ___ départements. Ce sont ___ cellules ___ base ___ enseignement universitaire. Elles disposent ___ quelques pouvoirs financiers et sont administrées par un conseil élu. Leur taille et leur fonction sont très variables. Il existe ___ UFR à vocation ___ formation générale, par exemple ___ UFR ___ premier cycle et ___ UFR orientés vers ___ formations spécialisées, en particulier celles qui ont repris ___ activités ___ anciennes facultés ou ___ instituts (comme ___ UFR ___ droit, ___ lettres ou ___ sciences). Enfin, les UFR sont spécialisées vers ___ études doctorales (troisième cycle universitaire) et ___ recherche.

❻ Même exercice, en utilisant aussi *à, au, à l'* ou *aux* si nécessaire.

___ engagement ___ Communauté européenne dans ___ questions ___ santé publique concernant ___ drogue remonte en réalité à ___ nombreuses années. ___ responsables politiques ont répondu ___ préoccupations croissantes ___ public en matière de drogue en incluant ___ clause spécifique sur ___ prévention ___ toxicomanie dans ___ traité de Maastricht, de 1992. ___ prévention peut couvrir toute activité de nature à réduire ___ demande ___ drogues, par exemple ___ éducation relative ___ drogues en milieu scolaire, ou ___ information ___ public.

L'Union européenne en action contre la drogue,
**Office des publications officielles des
Communautés européennes, 1998.**

C Exploitation du texte

A l'oral

❶ **Sujet de discussion** « La formation est inutile. »
(a) Vous rencontrez des étudiants français qui viennent de passer six mois dans votre université. Selon eux, l'enseignement ne sert qu'à former des chômeurs instruits. Ils s'expliquent : quels étaient leurs arguments ?
(b) Vous voulez marquer votre désaccord, en essayant de les convaincre que les étudiants chôment moins que les autres jeunes de leur âge. Donnez des arguments pour justifier votre position.
(c) En fin de compte, est-il facile d'être catégorique ?

❷ **Résumé oral du texte** Travail en groupe :
(a) Commencer par établir une liste des idées principales.
(b) Pour enchaîner les idées proposez et notez des mots comme *d'abord, puis, ensuite* ; *mais, pourtant* ; *aussi, et, en plus.*
(c) Ensuite, choisissez un de vos camarades qui fera un petit discours-résumé devant la classe.
(d) Enfin, faites un commentaire sur les autres orateurs !

A l'écrit

❸ Traduisez en anglais les lignes 1 – 6 .

4 Traduisez en français le texte suivant (voir le **Dossier**, pp. 95–97) :

> The fundamental aim of French schools is to develop and maintain the unity of the French people. One of the tasks of schools is, therefore, to integrate children of foreign parents into French schools and thus into French society. And there are four principles which assist in achieving the fundamental aim: equal access to education, non-discrimination, neutrality and secularity. Also, state education is free in France, except for nominal registration fees at university, whereas in Britain, as we know only too well, it is government policy to get students to contribute to the cost of their higher education.

Manifestation de lycéens à Paris (automne 1998)

L'ÉDUCATION NATIONALE

(Les mots-clés pour ce thème sont en caractères gras dans le texte.)

Les grands principes

● Coexistence d'un système public d'enseignement et d'établissements privés (soumis au contrôle de l'État).
● Gratuité de l'enseignement public pendant la scolarité obligatoire. Manuels scolaires fournis gratuitement dans écoles primaires et collèges.
● Neutralité philosophique et politique et **laïcité** en matière de religion en vertu du principe de l'égalité dans l'accueil et le traitement des élèves.
● L'enseignement est obligatoire de 6 à 16 ans.
● Seul l'État délivre les diplômes et grades universitaires. La réglementation des examens a un caractère national.

L'administration

Le ministère de l'Éducation nationale gère quelque 60 400 **écoles maternelles** et **primaires**, et 11 400 **lycées** et **collèges** (rentrée 1997), et plus d'une centaine d'universités, grands établissements et **grandes écoles**. Il y a environ 15 millions d'**élèves** et **étudiants** dans le système éducatif français, tous niveaux confondus. La France métropolitaine et les départements d'Outre-Mer sont divisés en 28 **académies**, administrations régionales de l'Éducation nationale. Le budget de l'EN s'élève à 20,8% du budget total de l'État, ce qui montre la priorité qui lui est donnée. Le ministre de l'Éducation a annoncé à la rentrée 1997 que « toutes les écoles, tous les collèges, tous les lycées » seront connectés à l'Internet.

L'enseignement privé dit « libre » scolarise 17% des élèves, dans le premier et le second degré, avec de fortes disparités régionales. Il est lié à 95% à l'Église catholique. La gestion des personnels et le fonctionnement des établissements n'obéissent pas aux mêmes règles que dans l'enseignement public.

L'enseignement primaire

L'école maternelle accueille les enfants entre deux et six ans. Ce cycle est optionnel, mais en fait 99,6% des petits Français vont à l'école à partir de trois ans. De six à onze ans, les enfants vont à l'école primaire, où il y a cinq niveaux : le cours préparatoire (CP), le cours élémentaire 1 (CE1), le cours élémentaire 2 (CE2), le cours moyen 1 (CM1), le cours moyen 2 (CM2). Les élèves ont 26 heures de cours par semaine. Le principal objectif est l'apprentissage et la consolidation des trois **compétences** de base (lecture, écriture et mathématiques). **L'éducation civique** vient d'être réintroduite, et ce dès la maternelle (les futurs professeurs devront passer une telle épreuve). L'initiation aux **langues vivantes** dans le primaire, expérimentale depuis 1989 et obligatoire depuis 1995, s'étend d'année en année. La première sensibilisation commence au CE1. Le ministère a conçu pour les enseignants du matériel audio-visuel, notamment vidéo.

L'enseignement secondaire

LE COLLÈGE

Les études secondaires durent un maximum de

sept ans et se répartissent entre le collège et le lycée. Au collège (de 11 à 14 ans environ), on étudie des **matières** « de base » et des matières « d'éveil ». Il y a d'abord un cycle d'orientation, en sixième et cinquième, comprenant 28 heures de cours par semaine. A l'issue du cycle d'orientation, en quatrième et troisième, les élèves devront choisir la direction qu'ils souhaitent prendre. Au début de la quatrième, ils auront choisi une deuxième langue vivante. Environ 80% des élèves fréquentent des collèges publics. A la rentrée 1997–98, 40 000 « aides-éducateurs » ont été embauchés pour assurer un « encadrement éducatif » dans des écoles primaires et collèges « sensibles », c'est-à-dire par exemple en proie à des problèmes de violence (voir **Texte deux**). Le **brevet des collèges** est un des examens avant le bac. On le passe en fin de troisième sous forme de trois épreuves auxquelles on ajoute les notes obtenues au contrôle continu dans toutes les matières en quatrième et en troisième.

LE LYCÉE

Pour la suite, il y a deux sortes de lycées : le lycée d'enseignement général et technologique, et le lycée professionnel. Ce dernier prépare à différents Brevets d'enseignement professionnel (BEP) ou Certificats d'aptitude professionnelle (CAP) mais aussi à un bac professionnel (créé en 1986), qui permet d'entrer immédiatement dans la **vie active**.

Le lycée d'enseignement général et technologique conduit, en trois années d'études (de 15 à 17/18 ans), au **baccalauréat**. D'abord, la classe de seconde est dite de « détermination ». On se spécialise ensuite, particulièrement en classe de **Terminale**. Depuis une réforme récente, le baccalauréat général distingue trois grandes séries : lettres (L), sciences (S), sciences économiques et sociales (ES). Il y a quatre séries pour le baccalauréat technologique : sciences médico-sociales (SMS), sciences et technologies industrielles (STI), sciences et technologies tertiaires (STT), sciences et techniques de laboratoire (STL).

Depuis 1989, la volonté politique est que 80% des jeunes de 18 ans atteignent le niveau du bac en l'an 2000 (en 1996, 76,2%). Tous les élèves doivent passer une épreuve en langue vivante (en général l'anglais), quel que soit le bac choisi. Seul le **coefficient** attribué à la note diffère selon la spécialité (coefficient plus élevé pour les langues pour un bac L par exemple).

Le recrutement des enseignants

Une fois reçus à la licence (voire à la maîtrise) dans leur discipline principale, instituteurs (appelés dorénavant « professeurs des écoles ») et professeurs du secondaire sont formés dans les instituts universitaires de formation des maîtres (**IUFM**). Le **CAPES** et l'**agrégation** sont deux **concours** qui sanctionnent la formation des professeurs du secondaire (un concours diffère d'un examen dans le sens qu'il n'y a qu'un nombre limité de places : il ne suffit pas d'être bon, il faut être parmi les meilleurs). Il y a environ 900 000 professeurs « des écoles » (primaires) et dans les collèges et lycées, ainsi que quelque 57 000 enseignants dans le supérieur.

L'enseignement supérieur

Environ 40% des jeunes ayant obtenu le bac entament des études supérieures. La grande majorité des étudiants fréquente les universités, 1 400 000 environ. L'obtention du bac (ou équivalent) suffit pour y entrer. Les universités n'imposent pas de système de « points » ou de note minimum pour y être accepté. Les droits annuels de scolarité s'élèvent actuellement à environ 800F par diplôme préparé (plus la cotisation à la Sécurité sociale). Cette faible participation aux frais explique en partie l'afflux d'étudiants dans le supérieur, ce qui rend difficile leur accueil.

Pour entrer dans un institut universitaire de technologie (IUT), la sélection se fait sur dossier. Les études courtes (dites « **bac + 2** ») mènent à un DUT (diplôme universitaire technologique). Autre **filière post-baccalauréat**, bien que suivie dans les lycées : le brevet de technicien supérieur (BTS) (deux ou trois ans d'études).

Les études universitaires dites longues se répartissent en trois cycles : le premier est sanctionné au bout de deux ans d'études par **le DEUG** (diplôme d'études universitaires générales), le deuxième par **la licence** puis **la maîtrise**. Le troisième conduit à un **DEA** (diplôme d'études approfondies) ou un **DESS** (diplôme d'études supérieures spécialisées) qui mènent à la préparation d'un **doctorat**.

« Exception française », les grandes écoles sont apparues au XVIIIe siècle pour pourvoir en **cadres supérieurs** les administrations ou les entreprises, ou, en d'autres termes, « former des élites ». Rattachées à différents ministères, ces écoles forment quelque 4% des étudiants et absorbent 30% du budget de l'État alloué au supérieur. Il y a 160 établissements dans la Conférence des grandes écoles. Muni d'un bac avec **mention**, il faut passer un concours d'accès qui est préparé dans les **classes préparatoires** existant dans certains lycées.

Trois bacheliers littéraires sur quatre vont à la fac. 70% des étudiants en « classe prépa » ont obtenu un bac scientifique. Ces chiffres prouvent la prééminence des filières scientifiques, et en particulier mathématiques, dans la sélection pour l'entrée dans les grandes écoles. Cinq ans après le bac, ces étudiants sont quasiment assurés d'un bon emploi.

Après le second degré, l'enseignement supérieur a été également soumis à des propositions de réforme à la fin des années 1990. Le but : s'adapter aux nouveaux « défis » des nouvelles technologies de l'information, au « bouleversement des savoirs » et à l'intégration européenne. Le système français en trois cycles (voir plus haut) serait remis en question en vue d'une harmonisation européenne et d'une professionnalisation des diplômes. Cela favoriserait aussi les « passerelles » entre les différentes formations, les universités et les grandes écoles.

RÉFÉRENCES

G. Mermet, *Francoscopie*, Larousse, 1997.

J.L. Auduc et J. Bayard-Pierlot, *Le système éducatif français*, CRDP, 1995.

Des étudiants, IUT2, Grenoble

Grammar section

The articles

§1 Types of articles

§2 Forms and meanings of the articles

§3 How the articles are used

§4 Omission of the article

§1 Types of articles

There are **three** types of articles in French: **definite** articles, **indefinite** articles and **partitive** articles. They are used with nouns and agree with the nouns in gender and number. Their usual function is to indicate:

● whether we are referring to a particular person, place, thing . . . (**definite** article);

● whether we are referring to an unspecified person, place, thing . . . (**indefinite** article);

● whether we are referring to a part of something (**partitive** article).

§2 Forms and meanings of the articles

2.1 Definite articles

The definite articles are *le, la, les* ('the'),

e.g.   *le livre, les livres, la femme, les femmes*
They usually introduce information which the listener knows about already,

e.g.   *J'ai vu **le** proviseur hier. (Le proviseur dont on vient de parler.)*
   I saw the headteacher yesterday.

2.1.1 *l'* is used when the singular noun, masculine or feminine, begins with a vowel or a silent, or mute, 'h',

e.g.   *l'étudiante, l'homme*
but note that 'h' is not always regarded as silent: *la Hollande.*

2.1.2 Contracted forms replace the articles *le* and *les* when they follow *de* and *à*:

   de + le ⇒ du and *de + les ⇒ des* : of the, from the
   à + le ⇒ au and *à + les ⇒ aux* : to the,

e.g.   *La salle **des** professeurs*
   The staff room (the room of the teachers)
   *Nous parlerons **au** propriétaire de la voiture.*
   We'll speak to the owner of the car.

2.2 Indefinite articles

The indefinite articles are *un, une, des*, or in English, 'a, an, some' – or no article at all. They are used to introduce something new into the conversation,

e.g. *Tu penseras à acheter **un** camembert pour le dîner, hein ?*

You'll remember to buy a camembert for dinner, won't you?

2.2.1 The indefinite article *des* becomes *de* (*d'* when the following word begins with a vowel or a silent 'h') when:

● expressions of quantity are followed by a noun (see §4.1.1),

e.g. *trop d'élèves*   too many pupils

● there is an adjective before the noun (see also *Texte deux*, 34 – 35),

e.g. ***des** questions intéressantes*

but:

d'intéressantes questions
interesting questions

● the verb is in the negative,

e.g. *Elle porte **des** gants.*

but:

*Elle ne porte jamais **de** gants.*
She never wears gloves.

Note that there are many exceptions to the rule about changing *des* to *de* when there is an adjective before the noun,

e.g. ***des** jeunes gens*   young people
***des** petits pains*   bread rolls

2.3 Partitive articles

In French, *du, de la, de l'*, in English 'some' or 'any',

e.g.   *du travail, de la soupe*

Like the indefinite article, the partitive article introduces something new into the conversation,

e.g. *J'ai assez bu de vin ! Donnez-moi maintenant **de** l'eau minérale, s'il vous plaît.*

I've had enough wine! Give me some mineral water now, please.

2.3.1 *de l'* is used when the singular noun, masculine or feminine, begins with a vowel or a silent 'h',

e.g. *de l'eau, de l'histoire*

2.3.2 Like the indefinite article *des*, all the partitive articles become *de, (d')*:

● when there is an adjective before the noun,

e.g. *Tu veux **des** trainers ?*

but:

*Tu veux **de** beaux trainers Adidas ?*
Do you want some fancy Adidas trainers?

● if the verb is in the negative,

e.g. *Elle prend **du** lait dans son café.*

but:

*Elle ne prend pas **de** lait dans son café.*
She doesn't take (any) milk in her coffee.

2.4

Some of the forms of the articles are identical: *du* may be a contracted definite article or a partitive article,

e.g. *J'ai bu le reste **du** vin.* (contracted definite article: *de + le*)

I've drunk the rest of the wine (I spoke to you about).

*J'ai bu **du** vin.* (partitive)

I've drunk some wine.

And *des* is the plural form for both *de* + the definite article and the indefinite article,

e.g. *Sers-toi **des** ciseaux pour le couper.* (contracted definite article: *se servir de + les*)

Use the scissors to cut it.

*Sers-toi **des** cerises.* (plural indefinite article: *se servir + des*)

Help yourself to some cherries.

§3 How the articles are used

3.1 The main uses of the definite article

3.1.1 One of the main uses of the definite article is to link a noun with information that is already known,

e.g. *J'ai dépensé l'argent.* (the listener knows that the speaker is referring to money they both already know about)

3.1.2 But French has many other uses for the definite article,

e.g. *J'adore le vin.*   I love wine. (a general fact)
Les étudiants adorent le travail.
Students love work. (a general fact)

and

. . . cette nouvelle attitude fera beaucoup plus pour la mobilité sociale. . . (Texte un, 6 – 7 *)*
. . . qui apprit à plusieurs générations. . . l'orthographe et le civisme. . . (Texte un, 8 – 9 *)*

English would not use an article in such examples.

The meaning of a sentence can change, depending on whether you use a definite or an indefinite article:

Nous allons aider les pauvres. (the intention is to help the poor in general)

but:

Nous allons aider des pauvres. (the intention is to help only some poor people)

3.1.3 The definite article is also used with abstract nouns,

e.g. *La patience a des limites.*
Patience has its limits.
Il nous a décrit les malheurs de la pauvreté.
He described to us the evils of poverty.

In these examples the abstract nouns are used in a general sense – 'patience' in general, 'poverty' in general (see also §3.1.6).

3.1.4 With names of parts of the body or faculties of the mind, the definite article is often used where English would have a possessive adjective (my, your, their . . .),

e.g. *Il a perdu la mémoire.*
He has lost his memory.
Nous avons les mains sales.
Our hands are dirty.

● Sometimes indirect object pronouns (*me, te, lui*. . .) and reflexive pronouns (*me, te, se*. . .) are needed to make the sentence clear,

e.g. *Il lui a lavé les mains.*
He washed his (someone else's) hands.
Il s'est lavé les mains.
He washed his (his own) hands.

● French uses a reflexive pronoun + the definite article in cases where English has a possessive adjective (his, our, your, . . .) if the part of the body belongs to the subject,

e.g. *Il se gratte la tête* rather than *Il gratte sa tête.*
He is scratching his head.

3.1.5 In French the definite article is normally used with names of countries, *départements*, mountains and other geographical names,

e.g. *la France, les Deux-Sèvres, le Mont Blanc*

For 'to', 'from' and 'in',

● with most masculine or plural names of countries, use *à* or *de* + the article,

e.g. *au Royaume-Uni, aux/des Etats-Unis, du Danemark*

but with names of countries beginning with a vowel, use *en*,

e.g. *Nous allons en Irak.*   We are going to Irak.
Elles viennent d'Irak.   They are coming from Irak.

● with feminine singular names of countries, use *en* and *de*,

e.g. *Elle va en France.* She is going to France.

Elles viennent de Belgique.

They come from Belgium.

● with towns there is normally no article: *à Paris*, *d'Édimbourg*. If the name of the town includes an article: *la Rochelle*, *le Havre*, the article is kept: *à la Rochelle*, *du Havre*. In expressions such as *les vins de France* the expression, *de France* is really adjectival and there is no need for an article (cp. §4).

3.1.6 The article in phrases with days and dates:

Elle va à la messe le dimanche matin.

She goes to church on Sunday mornings.

but:

Elle est allée à la messe dimanche matin.

She went to church on Sunday (last Sunday) morning.

le 8 avril the 8th of April

du mercredi au vendredi

from Wednesdays to Fridays

EXERCISE A Work out which section of the explanations above each sentence refers to and then translate it into French:

(a) Young people are not interested in conversation any longer.

(b) She broke her arm and her ankle.

(c) I'm off to France tomorrow. It's the 14th of July!

(d) Surgeons had to amputate his leg after the road accident.

(e) His eyes were hurting him.

(f) Real satisfaction comes only to students who work hard.

(g) She had badly bruised fingers.

3.2 The indefinite article

To present something new in a conversation, you choose between the indefinite articles *un*, *une*, *des* and the partitive articles *du*, *de la*.

3.2.1 One of the functions of the indefinite article is to present something as one type among several,

e.g. *J'ai mangé un fromage.* (France has over 350 different kinds of cheese.)

I've eaten one (type of) French cheese.

. . . il se retournerait vers une bureaucratie. . .

. . . he would go back to a type of bureaucracy . . . (*Texte un,* 35 – 36)

The plural indefinite article *des*, and *plusieurs* and *quelques*, all indicate an unspecified plural number:

des is the neutral one

quelques minimises the number (= a few)

plusieurs maximises the number (= several, quite a few)

e.g. *Nous avons trouvé des/quelques/plusieurs CD à la bibliothèque ce matin.*

We found some/a few/several CDs in the library this morning.

3.3 The partitive article

The basic function of the partitive article is to present things which are part of a whole, or which cannot be counted as single things,

e.g. *J'ai mangé du fromage.*

I've eaten some cheese.

In this case, the cheese is not a known piece of cheese (see §3.1.1), nor some special variety of cheese, but rather a lump of any old cheese.

3.3.1 The partitive article is also used with abstract nouns,

e.g. *Dans les circonstances, il lui fallait **de la** patience.*

Under the circumstances, he needed patience.

*Quand il s'est trouvé devant le chef de la Gestapo, il a montré **du** courage.*

Face to face with the head of the Gestapo, he showed courage.

In these examples, ***de la** patience, **du** courage* are not patience or courage in general (cp. §3.1.3), but are examples of these abstract qualities in particular circumstances. If the abstract quality is the subject of the verb, you use the definite article,

e.g. *Quand il s'est trouvé devant le prof d'allemand, **le** courage lui a manqué.*

EXERCISE B   Complete the following sentences by inserting the appropriate article in the gaps. Say what kind of article you are suggesting: definite, indefinite, or partitive.

(a) Mes couleurs préférées sont ___ bleu et ___ rouge.

(b) Tous mes étudiants auront ___ bonnes notes à l'examen.

(c) Il faut tenir compte ___ bonnes notes acquises pendant l'année.

(d) C'est un type courageux, mais il a ___ peur irraisonnée des souris.

(e) Il a mis ___ persévérance dans toutes ses entreprises.

(f) Ce qui lui fait défaut c'est ___ franchise.

(g) On ne peut pas appeler cela ___ misère.

§4 Omission of the article

There are several situations in French where the article is omitted and there are important differences between French and English. Omission of the article happens after some prepositions, in some verb constructions, and in some constructions with nouns.

4.1 After prepositions
(See also GS 11)

4.1.1 After expressions of quantity such as *beaucoup de, peu de, assez de, trop de, plus de, moins de*, articles are usually omitted (see §2.2.1),

e.g. *Beaucoup **d'**enfants sont malheureux à l'école.*

Many children are unhappy at school.

But, if we are referring to a known group, or if the noun is followed by an expression which describes it, the definite article is used,

e.g. *Beaucoup **des** (= de + les) enfants (dans cette école) sont malheureux.*

Some expressions of quantity are normally followed by a definite article:

*La plupart **des** gens. . .; Dans bien **des** cas. . .*

4.1.2 After *en* the article is almost always omitted,

e.g. *Nous sommes venus au débat **en** voiture.*

We came to the debate by car.

*On ne se marie plus **en** Suède.*

They don't get married any more in Sweden.

But, once again, if the noun is qualified or described in some way, not only is the article inserted, but *en* is replaced by *dans*,

e.g. *Nous sommes venus **dans la** voiture **de mon père**.*

*On ne se marie plus **dans la** Suède d'aujourd'hui.*

4.1.3 Adjectival phrases   There are many compound nouns in French made up of the combination NOUN + PREPOSITION + NOUN. In these constructions the PREPOSITION + NOUN combinations act as adjectives and the article is omitted, e.g.   *le chemin de fer; une chemise de nuit; un stage pour assistants; le train à grande vitesse...*

Cp. *le chien de berger* (the sheepdog) and *le chien du berger* (the dog belonging to the shepherd; the shepherd's dog).

4.1.4 Adverbial phrases Some of the many adverbial phrases which do not have an article are:

> *à genoux, à pied, entre camarades, contre terre, par terre, par mer, par avion*

The noun in such phrases can be qualified in some way and, if it is, an article is used,

e.g.   *Le petit garçon s'est battu avec **un** courage remarquable.*

The little boy fought with remarkable courage.

See §3.2.1.

4.1.5 *Sans* and *avec* After *sans* and *avec* articles are often omitted,

e.g.   *Elle est venue sans argent/sans partenaire/sans enthousiasme.*

She came without a partner...

Il a parlé avec enthousiasme/entrain/conviction.

He spoke with enthusiasm...

But, if the noun is qualified the article is used,

e.g.   *Elle est venue sans l'argent **que lui avait donné sa mère.***

*Il a parlé avec l'enthousiasme **qu'on lui connaît.***

4.1.6 *ne... ni... ni* Similarly, with *ne... ni... ni...,*

e.g.   *Elle n'a ni crayon ni stylo.*

She has neither a pencil nor a pen.

But when speaking about general categories or abstract qualities, an article is used,

e.g.   *Il n'aime ni **le** vin ni **la** bière, il préfère **le** rhum.*

He doesn't like wine or beer, he prefers rum.

4.2 In verb constructions

4.2.1 *Etre, devenir, rester* etc. With verbs such as *être, devenir, rester* a noun is often used without an article, particularly with professions and nationalities,

e.g.   *Il est médecin.* He's a doctor.

Elle est devenue chef de la section d'anglais.

She became head of the English department.

But, if the noun is qualified, an article is normally inserted,

e.g.   *C'est **un** Américain **formidable**.*

He's a super American.

4.3 In constructions with nouns

4.3.1 Nouns in apposition The article is normally omitted before nouns placed side by side,

e.g.   *Henri IV, roi de France*

The second noun provides something like a definition of the first one. Some other examples: *Passy, faubourg de Paris*; *HEC, Grande École de commerce*; *Le français en faculté, manuel de français.*

There is no article after *comme* and *en tant que,*

e.g.   *Je l'ai eu comme professeur.*

I had him as a teacher.

Il l'a embauchée en tant qu'ingénieur.

He took her on as an engineer.

4.3.2 Lists Articles are often omitted from lists,

e.g.   *Hommes politiques, professeurs, parents, étudiants, tous étaient satisfaits.*

Politicians, teachers, parents, students – all of them were satisfied.

4.3.3 And some proverbs These are expressions which come mainly from older periods of French,

e.g.   *Nécessité est mère d'invention.*

Necessity is the mother of invention.

Pierre qui roule n'amasse pas mousse.

A rolling stone gathers no moss.

EXERCISE C Complete the following sentences, by inserting the appropriate article, if necessary, in the gaps. Before you decide on your answer, check the sections given in brackets.

(a) J'ai ___ faim incroyable (**4.2**)

(b) Il me faut la carte de ___ identité de chacun des visiteurs. (**4.1.3**)

(c) Jean-Paul est ___ garçon intelligent. (**4.2.1**)

(d) Ma sœur est ___ infirmière (**4.2.1**)

(e) C'est un peintre de ___ paysages. (**4.1.3**)

(f) Sans ___ amitié de mon copain Laurent je n'aurais jamais réussi. (**4.1.5**)

(g) Nous n'avons jamais ___ fric. (**2.3.2**)

(h) C'est lui le peintre de ___ paysages suspendus dans cette salle. (**4.1.3**)

6

La vie à deux

Le désordre ... c'est le secret des couples unis

Il existe un vieux dicton dans la marine : un bateau a coulé parce que la boîte d'allumettes n'était pas à sa place. Cette notion d'ordre me rappelle certains amis.

Prenez les S..., par exemple. Vous arrivez chez eux pour dîner : « L'ouvre-bouteille de Perrier*, mon chéri », dit la maîtresse de maison à son mari. Et hop ! en un clin d'œil, l'ouvre-bouteille apparaît au bout des doigts du mari. Un peu plus tard : « Où donc ai-je mis le double de cette lettre de réclamation à la banque, en juin cinquante-quatre ? » – « Ici, mon chéri », répond Jacqueline en l'extrayant de sa manche ou de ce qui lui en tient lieu.

Voici maintenant comment se passe, à peu près, une soirée semblable chez nous.

Moi : C'est quand même formidable ! Je suis sûr d'avoir mis l'ouvre-bouteille dans le troisième tiroir.

Mylène : La dernière fois que je l'ai aperçu, il était sous le lit.

Moi : Et, évidemment, tu l'as changé de place !

Mylène : Regarde, à tout hasard, sur le dessus du compteur à gaz.

Un quart d'heure plus tard, ayant vidé sur le carrelage de la cuisine le contenu des quatre tiroirs du buffet, et n'ayant toujours pas trouvé l'ouvre-bouteille, nous nous avisons, Mylène et moi, qu'il doit être (comment n'y avons-nous pas pensé plus tôt !) dans le tiroir aux outils.

Le tiroir aux outils est un vaste tiroir extrêmement pratique qui contient tous les outils de la maison. Il en contient même tellement qu'il est coincé en permanence, et comme, pour l'ouvrir, nous avons besoin des outils qui se trouvent à l'intérieur, cela nous ramène au point de départ. Je connais des alpinistes qui ont abandonné l'ascension de l'Everest à trois mètres du sommet pour moins que ça.

Mais, avec Mylène, nous ne perdons jamais tout espoir. C'est ainsi qu'après le départ des S..., nous avons trouvé – sans le chercher – l'ouvre-bouteille : il était tout simplement pendu au crochet de l'entrée, là où nous mettons les clefs de l'appartement. En principe, car, en réalité, elles sont dans le tiroir aux outils.

D'après cet exemple, le lecteur va s'imaginer que Mylène et moi vivons un cauchemar. Je tiens tout de suite à le rassurer : il n'en est rien. Au contraire. Nous prétendons, en effet, qu'un

28 des secrets du bonheur d'un couple est de prendre, systématiquement, le contre-pied des grands principes qui font la prospérité de toutes les autres formes d'entreprises.

Voici, par exemple, le principe numéro un : il faut résoudre les difficultés au fur et à mesure qu*'elles se présentent. Je répondrai à cette affirmation gratuite* par une simple anecdote.

32 Un soir que nous avions rapporté pour dîner deux douzaines de superbes belons*, j'ai voulu les ouvrir sitôt arrivé à la maison. Comme, par malheur, ce soir-là nous n'avions pas égaré le couteau à huîtres, je me suis tailladé le pouce sur une profondeur de trois centimètres dès ma première tentative. Après quoi, j'ai remis toute l'opération à une autre fois.

36 Or – c'est là que j'attire votre attention – en retrouvant les huîtres, par hasard, un mois plus tard, dans le placard à chaussures, que vis-je ? Elles s'étaient ouvertes toutes seules. Preuve que ma précipitation n'était pas seulement dangereuse : elle était inutile.

Un couple qui adopte ces principes raisonnables est un couple où l'on ne s'ennuie jamais. Et
40 je m'étonne qu'aucun conseiller conjugal n'en ait encore préconisé l'application systématique à la crise du mariage.

P. Andréota, *Marie-Claire*, novembre 1969.

A   Préparation du texte

Notes

➤*Perrier* (4) : eau minérale gazeuse qui se vend surtout en petites bouteilles.

➤*au fur et à mesure qu'* (30 – 31) : « as, as and when ». Cette expression est utilisée pour exprimer un développement graduel. On trouve également *à mesure que*. Cp. *au fur et à mesure de* (+ SUBSTANTIF) : *au fur et à mesure de la montée de la marée*, « with the gradual rise of the tide ».

➤*gratuite* (31) : « gratuitous, groundless ».

➤*belons* (*m*) (32) : une espèce d'huître.

Vocabulaire

❶ Traduisez en anglais les mots suivants :
dicton (1), *coulé* (1), *double* (5), *formidable* (9), *carrelage* (14), *buffet* (15), *D'après* (26), *égaré* (33), *tailladé* (34), *remis* (35), *préconisé* (40).

❷ Traduisez en anglais les expressions suivantes dans leur contexte :
Et hop ! en un clin d'œil (4)
ou de ce qui lui en tient lieu (7)
tu l'as changé de place (12)
nous nous avisons (15)
comment n'y avons-nous pas pensé plus tôt (16)
coincé en permanence (18)
En principe (24)
Je tiens tout de suite à (26 – 27)
il n'en est rien (27)
prendre... le contre-pied de (28 – 29)

❸ Quelquefois l'ordre des mots est le même dans les deux langues et quelquefois non. Par exemple, *lettre de réclamation* (6) : letter of complaint ; *compteur à gaz* (13) : gas-meter.

Traduisez les expressions suivantes :
boîte d'allumettes (1)
notion d'ordre (2)

maîtresse de maison (4)
quart d'heure (14)
tiroir aux outils (16)
point de départ (19 – 20)
placard à chaussures (37)

Commentaire grammatical

USES OF THE RELATIVE PRONOUN

➤*ce qui lui en tient lieu* (7) : *ce qui* (subject) and *ce que* (object) are both used for the English 'what'. They also appear in indirect questions, as in *Je lui ai demandé ce qu'il voulait*, and are frequently used to give emphasis, e.g. *Ce qui... c'est...* See GS 6, §3.2.1 and GS 10, §4.2.

➤*La dernière fois que* (11) ; *Un soir que* (32) : *que* is frequently used in such time expressions. *Où* is also used in some cases, e.g. *un jour que/le jour où*. See GS 6, §§3.5 and 3.5.1.

➤*Après quoi* (35) : both this expression and *sur quoi* are used to mean 'after which', 'whereupon'. *Quoi* as a relative is only used after a preposition. See GS 6, §3.3.

OTHER GRAMMAR POINTS

Uses of the colon (*deux points*) :
● before speech: *Un peu plus tard* : « *Où donc ai-je mis. . . ?* » (5)
● reinforcing or explaining an idea: *Je tiens tout de suite à le rassurer : il n'en est rien.* (27)
● introducing an example: *Voici, par exemple, le principe numéro un* : *il faut. . .* (30)

➤*donc* (5) : *donc, quand même* and *toujours* tend not to occur as first word in a sentence, e.g. *Où donc ai-je mis* (5) ; *C'est quand même*

formidable (9) ; *n'ayant toujours pas trouvé* (15).

➤*tellement qu'* (18) : *tellement* can be used with nouns as an alternative to *tant* (e.g. *tellement d'argent*), and with adjectives and adverbs as an alternative to *si* (e.g. *tellement intelligent, tellement souvent*).

➤*moins que ça* (21) : *moins que* is used as a 'true' comparative to denote inferiority, e.g. *J'ai moins que vous* ; *moins que jamais. Moins de* is used with quantities and measurements, e.g. *en moins de deux heures, moins de vingt francs*. See GS 12, §§4.1 and 4.2.

➤*Mylène et moi vivons* (26) : where there is a multiple subject (of which any or all may be personal pronouns) the verb agrees with the whole subject which is plural, e.g. *Toi et Louis partirez. Toi et moi, nous irons voir. Avec Mylène, nous ne perdons. . .* (22) : another way of saying, *Mylène et moi, nous ne perdons. . .* See GS 1, §2.2.

Compréhension du texte

❶ A quoi se réduit la différence entre la famille d'Andréota et leurs amis les S. . . ?

❷ Quels aspects de la vie conjugale des S. . . sont susceptibles de créer l'ennui, à en croire l'auteur ?

❸ Expliquez ce que sont les *grands principes qui font la prospérité de toutes les autres formes d'entreprises* (29).

❹ Quelle est *la crise du mariage* (41) dont parle l'auteur ?

B Exercices de renforcement

A l'oral

❶ Préparez des réponses orales aux questions suivantes :

(a) Quels arguments Andréota donne-t-il pour justifier le désordre dans sa vie familiale ?

(b) Dans quels endroits les Andréota cherchent-ils l'ouvre-bouteille ?

(c) Pourquoi le tiroir aux outils des Andréota n'est-il pas réellement *pratique* (17) ?

(d) Quel est, selon l'auteur, *un des secrets du bonheur d'un couple* (27 – 28) ? Donnez un exemple tiré du texte.

(e) Qu'est-ce qui a fourni la preuve qu'il était inutile d'avoir pu trouver tout de suite le couteau à huîtres ?

Exercices lexicaux

❷ *le carrelage* (14) : Voici quelques autres expressions pour parler de la matière qui peut recouvrir un sol : *la carpette, le lino(léum), la moquette, le parquet, le tapis.* Vérifiez le sens de ces expressions dans un dictionnaire français, et dites de quoi le sol des différentes pièces de votre maison est fait ou recouvert.

❸ *ramène* (19) : Employez les verbes *ramener* et *rapporter* dans une phrase de façon à en montrer la différence de sens. Faites-en de même pour *mener* et *porter* ; *amener* et *apporter*.

❹ *crochet* (24) : *accrocher, s'accrocher* sont des verbes formés à partir du même radical que le substantif *crochet* (*m*). Quels sont les verbes dérivés des substantifs suivants ? Donnez-en aussi la traduction en anglais : *clou* (*m*), *écrou* (*m*), *vis* (*f*), *agrafe* (*f*).

❺ Ecrivez des phrases qui utilisent les expressions suivantes :

quand même (9), *sûr d'avoir mis* (9), *à tout hasard* (13), *tellement que* (18), *d'après* (26), *un soir que* (32), *après quoi* (35)

Exercices grammaticaux et structuraux

❻ Remplacez les formes courtes *qui* et *que* par les formes longues qui y correspondent, *qui est-ce qui, qu'est-ce qui* etc.

Par exemple :   Qu'a-t-il dit ?

                Qu'est-ce qu'il a dit ?

N'oubliez pas de changer l'ordre des mots là où il le faut.

(a) Que vous a-t-il fait ?

(b) Qui veut cette orange ?

(c) Que s'est-il passé ?

(d) Qui ont-ils nommé ?

(e) A qui s'est-elle adressée ?

(f) Que te faut-il encore ?

(g) Qui a changé cette chaise de place ?

(h) Qui a-t-on désigné comme représentant ?

(i) Que t'en a-t-elle dit ?

❼ Voici quelques questions indirectes. Reconstituez les questions directes qui y correspondent.

Par exemple :

Il me demande où j'habite.

(Il me demande :) « Où habitez-vous ? » *(ou « Où habites-tu ? » ou « Où est-ce que tu habites ? », etc.)*

N'oubliez pas de changer l'ordre des mots et la personne du sujet du verbe là où il le faut.

(a) Il me demande qui je suis.

(b) Elle me demande ce que je fais.

(c)   Ils demandèrent ce qui s'était passé.

(d)   Elle a demandé quand nous partirions.

(e)   Il me demande qui j'ai rencontré hier.

(f)   Elle nous demande combien il y a de personnes dans la salle.

(g)   Il demande à sa femme ce qu'elle veut s'acheter.

(h)   Elle demandait qui ne connaissait pas déjà cet hôtel.

(i)   Elles nous demandent ce qui s'est cassé.

C   Exploitation du texte

A l'oral

❶ **Exposé** Décrivez une soirée pareille à celle décrite dans le texte (8 – 21) chez des personnes de votre connaissance.

❷ **Exposé** Êtes-vous une personne ordonnée ou au contraire facilement distraite et désorganisée ? Racontez des incidents qui le prouvent.

❸ **Sujet de discussion** Un ménage désordonné est un ménage uni. Êtes-vous d'accord ?

A l'écrit

❹ **Rédaction dirigée** (250 mots)

(a)   Si vous êtes étudiant, prenez comme point de départ un couple où le jeune mari plutôt méticuleux découvre que sa jeune épouse manque d'ordre à tel point qu'ils se querellent, et rédigez la lettre qu'il écrit à sa mère.

(b)   Si vous êtes étudiante, mettez-vous dans la peau d'une épouse méticuleuse qui se plaint d'un mari désordonné.

Modèle a suivre :

● *Chère maman* : s'enquérir de sa santé à elle.

● Raconter ce qui vous plaît dans la vie à deux : votre femme/mari est un ange, vous l'aimez beaucoup etc.

● Expliquer ce qui vous a déplu : désordre, poussière, malpropreté ; les discussions et les disputes provoquées par cette situation.

● Demander des conseils ; peut-être avez-vous déjà des idées.

● Lui recommander le plus grand secret.

● Conclusion : *ton fils/ta fille qui t'aime* etc. (Pour les formules de la lettre en français, voir le **Module 12**.)

❺ **Rédaction** Comment un bateau aurait-il pu couler parce que la boîte d'allumettes n'était pas à sa place ? (250–300 mots)

❻ **Rédaction** Commentez cette phrase d'André Gide : « Le désordre de ma pensée reflète le désordre de ma maison ». (200 mots)

❼ **Version** Traduisez en anglais les lignes 30 – 38 .

8 **Thème** Traduisez en français :

What we all need, some say, is order and stability in our lives, but there are many who would think differently. The British have a low opinion of countries where the trains always run on time, and the streets are always clean. The French despise the over-zealous and the English the over-meticulous. A totally clean street is somehow inhuman. Who ever saw a home in which there are children where there are no dirty finger-marks, newspaper-racks crushed under the weight of books that should have been put away upstairs, shoes, toys left lying about? Compromise, tolerance, that is what is really important in life. The partner you are going to share your life and home with is someone you must come to some sort of agreement with, so that you can both face problems with a smile. For whatever your partner does, and even though your friends may do things differently, that's the person you'll be spending the rest of your life with – not some perfect, idealised pin-up.

Catherine

Catherine Simonidzé est l'une des trois femmes autour desquelles Aragon construit son roman
Les Cloches de Bâle. L'ouvrage doit son titre au fameux congrès socialiste à la veille de la guerre
de 1914–18 : Catherine se laisse attirer par les milieux anarchistes et socialistes du jour.

Mais elle aurait voulu dominer les hommes, et non pas que leurs épaules retinssent ses yeux,
leur aisance*. Elle aurait voulu se comporter avec les hommes comme il est entendu qu'un
homme se comporte avec les femmes. Un homme n'est pas défini par les femmes avec
4   lesquelles il a couché.

La situation des femmes dans la société, voilà ce qui révoltait surtout Catherine. L'exemple de
sa mère, cette déchéance sensible, dont elle avait devant elle le spectacle, ces vies finies à l'âge
où l'homme est à son apogée, l'absurde jugement social qui ferme aux femmes dont la vie n'est
8   pas régulière tant de possibilités que Catherine n'enviait pas, mais qui étaient pour elle comme
ces robes atroces et chères aux étalages, dont on se demande quel corps dément va s'en vêtir et
qui pourtant vous font sentir votre pauvreté. Vierge, Catherine se sentait déjà déclassée
comme une cocotte*.

12   Toute l'énorme littérature sociale qu'elle avait dévorée avait essentiellement atteint Catherine
par ce côté-là de ses pensées. Il est certain qu'elle brûlait les pages* quand son problème, le
problème de la libération de la femme, de l'égalité de l'homme et de la femme, n'était pas, au
moins indirectement, en jeu. L'opposition fondamentale dans la société, la contradiction
16   criarde n'était-ce pas entre l'homme et la femme qu'elle se trouvait ?... La révolution c'était sa
place enfin faite à la femme. Les premières mesures révolutionnaires seraient l'abolition du
mariage, l'avortement légal, le droit de vote* aux femmes. Oui, même le droit de vote, bien
que peut-être on ne voterait plus...

20   Catherine, à dix-sept ans, se mettait tout le fard qu'elle pouvait, parce que c'était afficher sa
liberté et son dédain des hommes, et les provoquer, et rentrer dans cette atmosphère
romantique où les femmes de demain retrouvent le souvenir des héroïnes antiques comme
Théroigne de Méricourt*.

24   Que pensait-elle de l'amour ? C'est ce que lui demanda le jeune Devèze, qui était aux Langues

Orientales* et avec lequel elle était allée trois ou quatre fois, avenue du Bois*... « Est-ce que je vous demande ce que vous pensez de la police ? » Il rougit terriblement, et l'interrogea avec amertume. Qu'est-ce qu'elle voulait dire par là ? Mais c'était toujours ainsi quand on mettait

28   l'amour en cause*... Elle parla très amèrement de la fidélité des femmes, du mariage, cette honte, ce marché. Devèze, soudain, lui proposa de l'épouser. Cela fit très bizarre dans la tête de Catherine à qui personne n'avait encore jamais... mais elle vit bien dans les yeux de l'apprenti diplomate cette lueur du désir qu'elle avait une sorte de fureur d'allumer. Tant pis pour les

32   passants ! Elle s'approcha de lui, qui n'osait bouger, et comme il était très grand, elle se haussa sur la pointe des pieds pour atteindre ses lèvres... soudain Catherine s'écarta, et dit avec une simplicité d'assassin : « Non, mon cher, je ne serai pas votre femme à cause de ce tic que vous avez dans la figure. »

L. Aragon, *Les Cloches de Bâle*, Denoël, 1934.

A   Préparation du texte

Notes

➤ *aisance* (*f*) (2) : « ease of manner ». C'est à contre-cœur que cette féministe se sent attirée par la carrure masculine et par l'air dégagé des hommes.

➤ *cocotte* (*f*) (11) : « tart ».

➤ *elle brûlait les pages* (13) : elle les lisait très rapidement, elle les lisait à peine. Cp. *brûler les feux* (« drive through red traffic-lights »).

➤ *droit de vote* (18) : en France, le droit de vote ne fut accordé aux femmes qu'après la fin de la Deuxième Guerre mondiale.

➤ *Théroigne de Méricourt* (23) : héroïne de la Révolution française, surnommée « l'Amazone de la liberté » (1762–1817).

➤ *(les) Langues Orientales* (24 – 25) : école supérieure à Paris où l'on étudie ces langues. Parmi ceux qui y font leurs études on compte des jeunes qui se destinent à une carrière diplomatique, autrement dit des *apprentis diplomates* (30 – 31).

➤ *avenue du Bois* (25) : le Bois de Boulogne, à l'ouest de Paris, est un lieu de promenade et aussi, entre autres, un lieu de rencontre pour les amoureux.

➤ *quand on mettait l'amour en cause* (27 – 28) : Catherine répond à la question de Devèze sur l'amour (24) en lui en posant une autre sur la police (25 – 26). La réaction choquée et pleine d'amertume que cela provoque chez Devèze (26 – 27) est, selon Catherine, précisément celle qu'on attendrait de quelqu'un ayant une idée tout à fait conventionnelle de l'amour – c'était toujours ainsi, pensait-elle, « quand on s'attaquait à l'idée courante de l'amour ». *Mettre en cause* = « call into question ».

Vocabulaire

❶ Vérifiez le sens de tous les mots que vous ne connaissez pas et surtout des mots suivants : *se comporter* (2), *spectacle* (6), *apogée* (7), *dément* (9), *criarde* (16), *avortement* (18), *fard* (20), *amertume* (27), *marché* (29), *tic* (34).

❷ Donnez une traduction anglaise des expressions suivantes dans leur contexte :

il est entendu qu' (2)

cette déchéance sensible (6)

l'énorme littérature sociale (12)

n'était pas... en jeu (14 – 15)

afficher sa liberté (20 – 21)

Cela fit très bizarre (29)

lueur du désir qu'elle avait une sorte de fureur d'allumer (31)

Tant pis pour les passants (31 – 32)

simplicité d'assassin (34)

mon cher (34)

Commentaire grammatical

USES OF RELATIVE PRONOUNS

➤*lesquelles* (4), *lequel* (25) : as a relative *lequel*, etc., is normally used only after prepositions. When used to designate persons as here, it is interchangeable with *qui*. When things (not persons) are referred to, only *lequel* etc. is possible, not *qui*. See **GS 6, §3.3.**

➤*dont* (6 , 9) : note the word order here. The word following *dont* is always the subject of the verb in the relative clause. See **GS 6, §3.4.1.**

➤*où* (7) : for the use of *où* in time expressions cp. **Commentaire grammatical**, p. 107.

OTHER GRAMMAR POINTS

➤*vous font sentir* (10) : *faire sentir qch à qn.* *Vous* is used here as the object pronoun corresponding to *on.* Cp. **On a beau ne pas aimer le menu fixe, ils vous l'offrent tout de même.** *Se* is the reflexive object form of *on*, e.g. *on se défend*, *on se bat*, and *son* etc., is the corresponding possessive adjective, e.g. *On fait son possible.* (See **GS 1, §3.5.**)

➤*Vierge* (10) : note the omission of the article with nouns in apposition ('As a virgin . . .'). Cp. *En tant que vierge.* See **GS 5, §4.3.**

➤*bien que peut-être on ne voterait plus* (18 – 19) : *bien que* normally takes the subjunctive, but can, as here, take the conditional when future rather than past or present time is involved.

➤*Qu'est-ce qu'elle voulait dire par là ?* (27) : this sentence is written in 'style indirect libre'. We can compare this to:

● *style direct :* (*Il lui demanda :*) *Qu'est-ce que vous voulez dire par là ?*
● *style indirect : Il lui demanda ce qu'elle voulait dire par là.*
● *style indirect libre :* omits any verb of saying, but uses the indirect tense sequence. See **GS 2, §3.2.2.**
See the **Thème**, p. 116, for a parallel style in English.

➤*lui proposa de l'épouser* (29) : to mean *il lui demanda de l'épouser. Proposer* is used to suggest that **someone else** do something, so that *Il me proposa de faire des traductions* means 'He suggested that I should do some translations'.

Compréhension du texte

❶ Que représentent pour Catherine *ces robes atroces et chères aux étalages* (9) ?

❷ Qu'est-ce que Catherine reproche à la situation des femmes dans la société ?

❸ Pourquoi Catherine répond-elle à la question de Devèze sur l'amour (24) en lui en posant une autre sur la police (25 – 26) ?

❹ Par quels moyens Catherine pense-t-elle s'imposer dans un monde injustement subordonné aux désirs des hommes ?

❺ L'auteur présente-t-il Catherine sous un jour favorable ou défavorable ? Justifiez votre réponse à partir du texte.

B   Exercices de renforcement

A l'oral

❶ Préparez des réponses orales aux questions suivantes :

(a) Quels aspects du rôle masculin Catherine voudrait-elle adopter ?

(b) Que ferait Catherine si elle se trouvait à la tête d'un gouvernement révolutionnaire ?

(c) Pourquoi Catherine met-elle tant de fard ?

(d) Comment Catherine conçoit-elle le mariage ?

(e) Est-ce que Catherine embrasse Devèze ? Pourquoi l'insulte-t-elle ?

Exercices lexicaux

❷ Certaines formules reviennent souvent en français. En voici quelques-unes ; utilisez-les dans des phrases convenables :

. . . *voilà ce qui. . .* (5)

. . . *vous fait/font sentir. . .* (10)

. . . *n'était-ce pas. . . ?* (16)

. . . *c'est ce que. . .* (24)

. . . *c'était toujours ainsi quand. . .* (27)

❸ Cherchez des substantifs (différents de ceux du texte) qui peuvent se combiner avec les adjectifs suivants ; utilisez ces expressions dans une phrase de votre invention. L'adjectif doit garder le sens qu'il a dans le texte : *sensible* (6), *absurde* (7), *régulière* (8), *atroces* (9), *dément* (9), *romantique* (22), *bizarre* (29).

❹ Trouvez les verbes formés à partir du même radical que les mots suivants.

Par exemple : épaule – *épauler.*

jugement (7), *régulière* (8), *libération* (14), *opposition* (15), *contradiction* (15), *révolution* (16), *abolition* (17), *avortement* (18), *fard* (20), *liberté* (21), *dédain* (21), *simplicité* (34)

Exercices grammaticaux et structuraux

❺ Dans le deuxième paragraphe du texte, trouvez tous les pronoms relatifs, et donnez pour chacun son antécédent.

Par exemple : *dont* (6) – *déchéance.*

❻ Faites des phrases complexes en reliant les éléments donnés ci-dessous par des pronoms relatifs.

Par exemple :

> Elle haïssait ces robes chères.
>
> Les robes se trouvaient à la vitrine.
>
> Elle avait le spectacle de cette vitrine devant elle.
>
> *Elle haïssait ces robes chères **qui** se trouvaient à la vitrine **dont** elle avait devant elle le spectacle.*

(a) Elle m'a annoncé l'arrivée de la lettre.
  La lettre ne m'est pas parvenue.
  Cela me gêne beaucoup.

(b) Le jeune homme m'a donné la boîte.
  Il suit des cours à l'université.
  Des papillons se trouvaient dans la boîte.

(c) Ils sont venus me voir.
  Ce jour-là j'avais quatre cours.
  Je ne pouvais pas les annuler.

(d) Le professeur d'université parlait mal l'anglais.
  Il donnait des conférences sur la littérature anglaise.
  Au cours de ces conférences il parlait français.

❼ Dans les phrases suivantes, l'ordre des mots a été brouillé. Écrivez-les dans un ordre correct.

Par exemple : vous que ? faites-

> *Que faites-vous?*

(a) *caché est-ce Jean ? où que s'est*

(b) *demande ce demain arriver me va il qui*

(c) *c'est ça que que ? qu'est-ce*

(d) *ce est-ce n'a papier ? qui encore qui signé pas*

(e) *d'elle elle pensez savoir que vous ce aimerait*

❽ Traduisez les phrases suivantes en français :

(a) **What**

What did he ask you?

What a lovely hat you're wearing!

What did he hit you with?

What I need is a hot shower.

What will you suggest to him?

Look what I've found!

I want to know what he'll do now.

What annoyed me was your stupidity.

She asked me what would make me change my mind.

(b) **Which**

She told me the truth, which surprised me.

He told me which one to buy.

Which author do you prefer?

They informed him which of the cars would go faster.

He has hired a boat, which he has been doing for years.

Which of the candidates will you vote for?

I was told which shop sold them.

We'd like to know which of the rooms has the best view.

C Exploitation du texte

A l'oral

1 **Récit oral** Vous êtes Devèze. Racontez la scène du baiser à un camarade.

2 **Sujet de discussion** Aimeriez-vous être/épouser une fille comme Catherine ?

A l'écrit

3 **Rédaction dirigée** Vous êtes Devèze, vous écrivez votre journal intime : vous y racontez ce qui s'est passé entre vous et Catherine et ce que vous pensez d'elle. (250 mots)

Modèle à suivre :

● La façon dont vous avez fixé le rendez-vous avec Catherine et la façon dont vous vous êtes rendus au Bois.

● Vos intentions : ce que vous aviez dans la tête en l'invitant.

● Quelles remarques de Catherine vous ont frappé ou surpris ? Pourquoi ? En avait-elle fait de semblables les fois précédentes ?

● Ce qui vous a poussé à lui proposer de vous épouser. Y pensiez-vous déjà ? Comment voyez-vous votre vie privée et votre carrière avec une femme comme Catherine ?

● Ce qu'elle a fait et ce qu'elle vous a dit. Votre réaction.

● Que pensez-vous d'elle maintenant ? Allez-vous chercher à la revoir ?

4 **Rédaction** Que pensez-vous de l'attitude d'une féministe comme Catherine ? (300 mots)

5 **Version** Traduisez en anglais les lignes `1` – `11` et `29` – `35` .

6 **Thème** Traduisez en français, après avoir étudié **GS 6**.

At the meeting on the 21st March Ms Smyth, the Chairwoman, had to answer a number of polite but searching questions. Why hadn't the demonstration been a success? What changes in plans were proposed? Who was responsible for overspending the budget? When would new proposals be made which would bring the ideas of the local Women's Liberation Committee to the notice of the public? None of the questioners mentioned any names, but everyone knew what everyone else was thinking and who would eventually have to resign if matters did not improve.

Ms Smyth, whose experience of the Women's Liberation movement went back fifteen years, knew what needed to be done. What she had to do was to persuade the members to give her another month, after which she would be able[1], she hoped, to announce reassuring news. Otherwise, what she would do would be to arrange a long tour abroad.

Note [1] : *être en mesure de.*

6

Grammar section

Relative and interrogative pronouns

§1 Definitions

§2 *Qui* and *que* as relative or interrogative pronouns

§3 Relative pronouns

§4 Interrogative pronouns

§1 Definitions

A **relative** is used to relate two parts of a sentence. The commonest relatives in French are *qui* and *que*; the main ones in English are 'who(m)', 'which' and 'that'.

An **interrogative** asks questions. In French *qui ?*, *que ?* and *quoi ?* are common interrogatives; English ones include 'who(m)?', 'what?' and 'which?'.

This section considers **relative** and **interrogative pronouns**. Pronouns are used in place of nouns. The other main type of pronouns is **personal pronouns** (*je/me/moi, lui, nous, elles* etc.). See **GS 1**.

§2 *Qui* and *que* as relative or interrogative pronouns

Qui and *que* have different functions, depending whether they are relative or interrogative pronouns:

As a **relative** pronoun	QUI is **subject** QUE is **object**
As an **interrogative** pronoun (used to ask questions)	QUI ? is for **people** QUE ? is for **things, ideas** etc.

Relatives

L'homme qui est là...
La chose qui est là... } *subject*

L'homme que je vois...
La chose que je vois... } *object*

Questions

Qui est là ?
Qui voyez-vous ? } *people*

Qu'est-ce qui est là ?
Que voyez-vous ? } *things*

EXERCISE A   Identify the subjects and objects in the italicised passages in each of the following sentences:

(a) *Ce papier peint coûte une fortune.*

(b) C'est à ce moment-là *que j'ai compris son problème.*

(c) Impossible de savoir *lequel l'avait étonné* le plus.

(d) Voilà le faux billet *qu'a présenté le fraudeur.*

(e) *La collection de statues a été vendue* en moins d'une heure.

§3 Relative pronouns

Relative pronouns allow a single, complex sentence to be constructed from two or more simple sentences,

e.g.   *Mon fiancé n'aime pas la mer.*
Je vous ai parlé de lui auparavant.
Son aversion pour la mer me déplaît.

becomes:

*Mon fiancé, **dont** je vous ai parlé auparavant, n'aime pas la mer, **ce qui** me déplaît.*

The relative pronoun is sometimes omitted from relative clauses in English: 'The woman (whom) you love'. It is **never** omitted in French: *La femme **que** vous aimez.*

3.1 *Qui, que* ('that', 'which', 'who')

QUI is the **subject** pronoun
QUE is the **object** pronoun

Subjects

*Catherine, **qui** avait dix-sept ans, aimait provoquer les hommes.*
*La rue **qui** menait au centre-ville était encombrée de voitures.*

The subject of *avait/aimait* is *qui = Catherine*; the subject of *menait/était* is *qui = la rue.*

Objects

*Cette jeune femme, **que** j'ai aimée autrefois, s'est mariée récemment.*

*Cet immeuble, **qu**'on a construit en six mois, va bientôt être démoli.*

The object of *ai aimée* is *que = Cette jeune femme*; the object of *a construit* is *que = Cet immeuble.*

The same word may sometimes be referred to both by subject and by object pronouns:

e.g.   *Nous parlons de Catherine, **que** (object) j'aime mais **qui** (subject) ne m'aime pas.*

Note that the word order after *que* sometimes allows for inversion:

e.g.   *J'ai racheté le tableau que mon oncle avait vendu*

or:

J'ai racheté le tableau qu'avait vendu mon oncle.

In general, remember what was said in §2: French relative pronouns *qui* and *que* are used for both human ('who') and for non-human ('which') subjects and objects. Make sure you have done and understood exercise A before you go any further.

EXERCISE B   Put *qui* or *que* into the following sentences and explain your reasons for each choice:

(a) Voilà l'homme ____ m'a conseillé de changer de métier.

(b) C'est sa femme ____ vous voyez là-bas.

(c) Voici la même édition que celle ____ Jean vient d'acheter.

(d) Ils étaient quatre amis ____ voulaient partir ensemble en vacances.

(e) Hier, Ginette, ___ ses amis appellent « Gigi », a essayé de me téléphoner.

(f) Il manque une page au dossier ___ vous avez préparé.

(g) C'est un vaste tiroir ___ contient tous les outils de la maison.

(h) Le logiciel ___ j'utilise est sans aucun doute celui ___ marche le mieux.

(i) Nous avons remplacé les verres ___ avait cassés votre collègue.

(j) C'est donc ton cousin ___ a épousé ta sœur ?

3.2 *Ce qui, ce que* ('what')

Ce qui and *ce que* are compound pronoun forms meaning 'what' (literally 'that which'); they refer to **things** only.

> CE QUI acts as **subject**
> CE QUE acts as **object**

3.2.1 *Ce qui* is the subject and *ce que* is the object of a relative clause,

e.g. After what has happened, I do not trust you.
Après ce qui vient d'arriver, je me méfie de toi. (subject)
I know what you like.
Je sais ce que tu aimes. (object)
See also below §4.5.2.

In sentences based on the pattern *Ce qui/que...c'est...*, notice how *ce* is used in both halves of the sentence,

e.g. *Ce qui me plaît, c'est un bon vin d'Alsace* (What I like is ...)
Ce que je déteste, c'est un Côtes du Rhône bien lourd (What I hate is ...)

3.2.2 After *tout*, *ce qui/que* rather than simply *qui/que* is used,

e.g. *Je ferai tout ce qui vous plaira et tout ce que je peux.*

3.2.3 Whereas *qui* and *que* usually relate to individual nouns or pronouns, *ce qui* and *ce que* are often used to relate to whole clauses, i.e. a whole idea,

e.g. *Nous habitons un appartement qui nous plaît.* (i.e. we like the flat)
Nous habitons un appartement, ce qui nous plaît. (i.e. we like living in a flat)

Son mari, qui me paraît bizarre, est parti en Suisse. (i.e. her husband is odd)
Son mari est parti en Suisse, ce qui me paraît bizarre. (i.e. the fact of his going to Switzerland is odd)

3.2.4 *Ce que* is used to introduce a clause (i.e. a group of words including a verb) after a preposition or a verb constructed with *à* or *de*,

e.g. *Nous attendrons jusqu'à ce qu'il vienne.*
Je tiens à ce qu'il vienne. (tenir à = to be anxious for)
Il riait de ce qu'elle était tombée. (rire de = to laugh about)

EXERCISE C Insert *qui, que, ce qui, ce que* into the following sentences at the places left blank and explain your reasons for each choice:

(a) C'est sa manche ou ___ lui en tient lieu.

(b) Quelques trucs ___ ne coûtent pas cher sont en vente ici.

(c) Un ami, ___ il croyait disparu à jamais, est revenu.

(d) ___ vous pensez de la police m'est indifférent.

(e) Racontez-moi tout ___ vous avez vu.

(f) Il est entré, son chapeau sur la tête, ___ n'est pas habituel chez lui.

(g) Ses camarades ne lui en avaient pas parlé, ___ elle a trouvé très curieux de leur part.

(h) Je sais très bien ___ vous tient à cœur.

(i) Il s'est plaint de ___ son frère l'avait volé.

(j) Comment s'assurer de ___ lui plaît ?

(k) L'incendie s'est répandu, ___ a obligé les autorités à évacuer l'immeuble.

3.3 After prepositions: *qui, lequel, quoi*

Forms of *lequel*:

	singular	plural
m	*lequel*	*lesquels*
f	*laquelle*	*lesquelles*

Remember that *lequel/laquelle/lesquel(le)s* combine with *à* to form *auquel* etc., and with *de* to form *duquel* etc. See GS 5, §2.4.

3.3.1 When you are referring to a person, you may use either *qui* or one of the forms of *lequel*,

e.g. *Le jeune homme avec qui/lequel elle était sortie.*

Qui is probably more normal, except after *parmi* and *entre*,

e.g. *Les gens parmi lesquels je me trouvais...*

See §3.4 for the use of *dont* and questions of word order involving *lequel*.

3.3.2 If you are referring to something (not a person), you must use *lequel*,

e.g. *La compagnie pour laquelle je travaille...*

3.3.3 When you refer to something indefinite or consisting of a whole clause, *quoi* is used,

e.g. *Il y a de quoi manger dans la cuisine.*
There is something to eat in the kitchen.
Il arriva, sur quoi nous nous mîmes à table.
He arrived, whereupon we sat down at table.
Je me suis tailladé le pouce, après quoi j'ai remis toute l'opération à une autre fois. (*Texte un,* 34 – 35)

3.4 *Dont* ('whose', 'of whom', 'of which')

3.4.1 *Dont* and *de qui* (rare) are interchangeable when referring to a person, but not when referring to a thing. *De qui* can only be used to refer to persons.

Word order After *dont*:

dont + SUBJECT + VERB + COMPLEMENT:

Cette déchéance sensible, dont elle avait devant elle le spectacle, révoltait Catherine. (Texte deux, 6)

Mon voisin, dont la femme est à l'hôpital, est malheureux.

3.4.2 In French, you use *dont* more often than *duquel* etc., except where two prepositions are involved. In such cases you should use *lequel* etc. Note the word order:

Mon voisin, à la femme duquel je me suis adressé...

My neighbour, to whose wife I turned for help...

3.4.3 When *dont* stands for one of a number, meaning 'among which', 'including' (like *y compris*), it may occur without a verb:

Il cita plusieurs exemples, dont celui de sa femme.
He quoted several examples, including that of his wife.

EXERCISE D Combine these sentences, using *dont* if possible, *duquel* etc. if not. If you use *duquel* etc., explain why *dont* is not possible:

(a) Le directeur va nous envoyer les détails.
J'ai parlé avec un collègue du directeur.

(b) L'article me paraît un peu long.
Le titre de l'article est « La Normandie de nos jours ».

(c) Les clés ont été laissées sur la porte.
J'ai constamment besoin des clés.

(d) Le général a refusé de parler aux journalistes.
Ma femme travaille pour le frère du général.

(e) Elle a vendu sa voiture.
Elle venait de changer ses pneus.

(f) L'étudiant a raté ses examens.
Ma sœur joue au tennis avec la fiancée de l'étudiant.

(g) Nous allons acheter de nouveaux ordinateurs.
Ma mère travaille au perfectionnement des ordinateurs.

3.5 *Où* ('where', 'to where', 'in which', 'at which')

Place

*Un vaste endroit **où** enfouir tout...* (... in which to cram/stuff everything...)

Time

*Les vies finies à l'âge **où** l'homme est à son apogée...* (... age at which...) (*Texte deux,* 6 – 7)

Other

*Cette atmosphère romantique **où** les femmes de demain retrouvent le souvenir...* (... romantic atmosphere in which...) (*Texte deux,* 21 – 22)

3.5.1 *Que* is used rather than *où* in time phrases with an indefinite article:

*Le soir **où** il est arrivé...* (The evening (when) he arrived...)

but

*Un soir **que** nous mangions des huîtres...* (One evening when we were...)

EXERCISE E To practise *où*, *dont* and *lequel*, combine the following sentences,

e.g.　L'idéologie s'est montrée défectueuse.
Ils ont combattu pour cette idéologie.
L'idéologie pour laquelle ils ont combattu s'est montrée défectueuse.

(a) C'était un jeune diplomate.
Elle était allée plusieurs fois au Bois de Boulogne avec ce diplomate.

(b) C'est une villa au bord de la mer.
Nous espérons passer un mois dans cette villa.

(c) Ma voisine est une femme d'un certain âge.
La vie de cette voisine est plutôt sédentaire.

(d) C'est un journal où paraissent grand nombre de petites annonces.
C'est au moyen de ces petites annonces que j'ai trouvé mon studio.

(e) Ils habitent un appartement au 20ᵉ étage.
On ne s'ennuie jamais dans leur appartement.

(f) Le marteau se trouvait sur la table.
Elle s'est emparée du marteau.

(g) Elles sont parties un matin.
Il pleuvait ce matin-là.

§4 Interrogative pronouns

Interrogative pronouns are used to ask questions. We shall look at them in:

● direct questions with *qui?*, *que?*, *quel?*, *lequel?*, *quoi?*

● indirect questions with *qui, ce qui, ce que, ce dont, ce à quoi* etc.

Direct questions are exactly that – one person asks another a direct question. In indirect questions, the question comes after another expression, which may or may not report another person's question directly, and there is no question mark.

Direct:

Qu'est-ce que vous faites?; Comment va-t-il?

Indirect:

Dites-moi ce que vous faites; Elle veut savoir comment il va.

4.1 Direct questions

Qui? and *que?* meaning 'who?', 'whom?', 'what?'

People	Subject:	QUI?	or	QUI est-ce qui?
	Object:	QUI?	or	QUI est-ce que?
Things	Subject:	–		QU'est-ce qui?
	Object:	QUE?	or	QU'est-ce que?

If you use *qui ?* to ask questions, it can only be for people (as either subject or object). *Que ?* (alone or as first element) is used only for things.

You may choose between the short and the longer forms above: the first element (capitalised *Qui/Qu' ?*) asks the question and the second (lower case *qui/que*) is a relative pronoun (as in §3).

Note that *que ?* is not used alone as subject – only the longer form can be used (*Qu'est-ce que ?*). See also §3.1. Note also the change in word order between the short and the long forms when the relative *que* (object) is used:

> *Qu'**avez-vous** fait ?*
> *Qu'est-ce que **vous avez** fait ?*
> *Qui **a-t-elle** invité ?*
> *Qui est-ce qu'**elle a** invité ?*

EXERCISE F   Use the appropriate question form. If more than one form may be used, give them all. Change the word order where necessary.

(a) ____ vous avez rencontré hier ?

(b) ____ s'est passé ?

(c) ____ vis-je ?

(d) ____ pensait-elle de l'amour ?

(e) ____ est venu vous dire cela ?

(f) ____ c'est ?

(g) ____ ils ont pu vous dire ?

(h) ____ votre collègue a-t-il blâmé ?

4.2 *Quel ?* ('which?', 'what?')

Forms of *quel*:

	singular	**plural**
m	*quel*	*quels*
f	*quelle*	*quelles*

Quel is an **adjective**: it is usually followed by a noun and must agree with it,

e.g.   ***Quelle** heure est-il ?*
   ***Quels** livres choisirais-tu ?*

But the adjective may be separated from the noun,

e.g.   ***Quel** est ton **nom** ?*
   ***Quelle** est la raison pour cette **décision** ?*

Quel is also used in indirect questions, but note that the word order does not change (no inversion),

e.g.   *Elle voulait savoir quelle heure **il était**.*
   *Il me demanda quels livres **je choisirais**.*

4.3 *Quoi ?*

4.3.1   *Quoi ?* by itself, meaning 'what?'   *Il m'a dit beaucoup de choses intéressantes* can lead to two possible questions:

> *Mais **quoi** exactement ?*
> *Mais **qu'est-ce qu'**il t'a dit exactement ?*

So *quoi* is used by itself, with no verb phrase.

Likewise, we can use *Quoi de ?* so that:

> *Qu'est-ce qui pourrait être plus simple que de lui téléphoner ?*

can be expressed as:

> *Quoi de plus simple que de lui téléphoner ?*

4.3.2   *Quoi* **after a preposition** After a preposition, *quoi* must be used (= 'what?') and not any form involving *que*:

> *Avec quoi compte-t-il payer son loyer ?*
> *Derrière quoi a-t-elle pu le cacher ?*

Note that *en quoi ?* usually means 'in what way?'

e.g.   *En quoi est-elle plus habile que son frère ?*
   En quoi puis-je vous être utile ?

4.4 Indirect questions

4.4.1   In forming indirect questions with *qui ?* (= 'who?') remember:

● that the order of the subject and the verb does not change;

● that the long forms (see §4.1) are **not** used in indirect questions;

● that there are some tense changes, see **GS 2**, §3.2.2.

Direct: « *Qui voyez-vous ?* » *me demanda-t-il*
           (or: *Qui est-ce que vous voyez ?*).

Indirect: *Il demanda qui je voyais.*

Direct: « *Qui (est-ce qui) peut me le dire ?* »
           demanda-t-il.

Indirect: *Il demanda qui pouvait le lui dire.*

4.4.2 Direct questions with *que* (+ *est-ce qui/que*) (= 'what') are changed into indirect questions with *ce qui/ce que*, again with normal (not inverted) word order:

Direct: « *Qu'est-ce qui se passe ?* » *demanda-t-il.*

Indirect: *Il demanda ce qui se passait.*

Direct: « *Que voyez-vous ?* » *demanda-t-il.*

Indirect: *Il demanda ce que je voyais.*

Direct: « *Qu'est-ce que tu espères faire ?* »
           demanda-t-il.

Indirect: *Il demanda ce que j'espérais faire.*

EXERCISE G Change the following sentences from direct into indirect speech:

(a) Le jeune Devèze lui demanda : « Que pensez-vous de l'amour ? »

(b) « Qui pourra m'aider ? » se demanda-t-il.

(c) « Qu'est-ce qui se passerait alors ? » demanda-t-elle.

(d) « Qu'est-ce que vous voulez dire par là ? » Il voulait le savoir.

(e) « Qui est-ce que vous connaissez parmi ces gens ? » me demanda-t-elle.

(f) « Qui est-ce qui vous semble le mieux adapté à ce genre de travail ? » lui demanda-t-il.

(g) « Qu'est-ce que vous faites jeudi ? » me demandèrent-elles.

(h) Il leur demanda : « Qui pourriez-vous me recommander ? »

(i) « Chez qui habitez-vous ? » me demandèrent-ils.

(j) « Que faites-vous dans la vie ? » voulait-elle savoir.

EXERCISE H This exercise practises various points studied in this Grammar section and asks you to look at problems from the point of view of someone translating from English into French. For each answer, identify the section where the point was studied then translate the sentence into French:

(a) Who was that woman I saw you with last night?

(b) The man you are speaking of is dead, which is a pity.

(c) Which of the tools you often use can you lend me?

(d) I know what I want – a bag to put my tools in.

(e) Who was it that asked you what book I was reading?

(f) What has she dropped?

(g) They want to identify the car you parked beside.

(h) What does it matter?

(i) What are you thinking about?

(j) I wanted to know what he was thinking about.

– Qui est-ce qui a chipé ma pomme ?

La publicité 7

La « star stratégie* »

Aujourd'hui les annonceurs attendent d'une agence une valeur ajoutée stratégique* avant toute valeur ajoutée* créative. La pub*, qui hier lavait plus blanc, se doit de laver plus intelligent. C'est ainsi qu'est née la « star stratégie* », mon acte de foi des années 70, et qui n'a jamais été autant d'actualité.

Lorsque le doigt montre la lune, l'imbécile regarde le doigt.

La « copy strategy* »

Cette autre « stratégie de création » procède de quatre questions :

1 A quelle concurrence s'attaque la publicité ?
2 Quel est le « bénéfice consommateur » retenu pour construire la pub ?
3 Quels supports permettront de soutenir ce « bénéfice consommateur* » ?
4 Quel ton doit avoir le message ?

Vers une autre valeur ajoutée

La « copy strategy* » américaine, presque centenaire, est maintenant dépassée, plus carte routière désuète* que guide des sentiers malins. Les consommateurs sont devenus adultes et exigeants dans le même temps où la concurrence se faisait sans pitié. La troisième guerre mondiale est commencée et c'est celle des marques. La gagneront celles qui sauront se doter des* armes les plus perfectionnées, exister au-dessus des autres, communiquer mieux qu'eux. Bref, devenir la star* de la consommation.

Du borborygme* à la pub*

Il y a trois millions d'années un chimpanzé s'est redressé et a fait le premier pas vers l'humanité. Deux millions d'années plus tard le pithécanthrope* parla, mais il fallut attendre 10 000 ans av. J.-C.* pour qu'enfin il écrivît. La communication était née et avec elle l'âme. Cette aura magique, source de tous les progrès et de toutes les conquêtes, nous la conférons à

24 nos marques. Elles l'exprimeront en affiches, en annonces ou en spots*. Ainsi peut-on parler de « marque-personne ». Je fis cette analogie voici vingt ans et elle permit d'élaborer une méthode utilisée depuis dans toutes les agences RSCG, puis EURO RSCG* de par le monde. Un mode de réflexion qui s'applique de concert à l'institution, à l'entreprise, à la marque et

28 aux produits. Et donc aussi bien à la publicité qu'à tous les métiers de la communication.

La marque est une personne

La méthode est simple, elle consiste à attribuer à la marque les cinq attributs qui font la personnalité de tout être :

32 • son nom : qui elle est ;
  • son physique : ce qu'elle fait (sa valeur objective) ;
  • son caractère : ses attributs psychologiques, ce qui la fait aimer (sa valeur ajoutée*) ;
  • son style : ce qu'elle paraît (ses modes d'expression préférés) ;
36 • son âme : ce qu'elle croit, ses valeurs, la vision, le rôle qu'elle veut jouer dans la société.

Le nom, l'âme, le caractère, sont durables et constants. Le physique et le style se renouvellent et évoluent selon les modes et l'humeur du temps. Axiome de base : une totale cohérence entre physique, caractère, style et âme. Par le style, la « star stratégie* » s'efforce d'exprimer le

40 caractère et l'âme. Il est donc fondamental qu'ils découlent en droite ligne du physique.

Le choix des priorités

Selon que la priorité sera mise sur l'un ou l'autre des items*, on influera différemment sur la marque. Si la priorité est donnée au nom, on orchestrera une campagne de « top of mind »

44 (objectif : que le nom de la marque vienne en premier à l'esprit du consommateur). Si la priorité est donnée au physique, elle conduira à une campagne compétitive, une campagne d'affrontement. Si la priorité est donnée au caractère, il s'agira d'une campagne de territoire, articulée sur l'expérience, la connivence* et la proximité. Enfin, accordée à l'âme, la priorité

48 débouchera sur une campagne charismatique, construite sur les valeurs ou la « vision » (savoir-faire ou avenir) de la marque.

Le plan de travail créatif

Plus moderne que la « copy strategy* », le « PTC » passe par cinq points :

52 1 fait principal (diagnostic de la situation) ;
  2 problème à résoudre par la pub ;
  3 objectif de la pub ;
  4 stratégie créative (cible, concurrents, promesse, support*) ;
56 5 instructions et contraintes.

La « star stratégie* » est une méthode à la fois de stratégie et de création publicitaires.

Jacques Séguéla, *La Publicité*, ÉDITIONS Milan, 1997.

A Préparation du texte

Notes

➤*la valeur ajoutée* (1 , 2 , 34) : comparez l'expression : la taxe sur la valeur ajoutée (TVA) (= « VAT »).

➤*la pub* (2 , 19) : contraction familière du mot *publicité*.

➤*La star stratégie* (titre , 3 , 39 , 57) ; *la copy strategy* (6 , 13 , 51) ; *la star* (18) ; *items* (42) ; *top of mind* (43) : bon nombre de termes de la publicité sont en anglais, ou calqués sur l'anglais, parce que les premiers grands publicitaires étaient américains.

➤*désuet/désuète* (14) : abandonné depuis longtemps puisque la chose a cessé d'être utile.

➤*se doter de* (16 – 17) : se munir de, s'offrir, se donner quelque chose.

➤*(un) borborygme* (19) : parole incompréhensible (sens littéral : bruit des gaz ou des liquides se déplaçant dans le tube digestif).

➤*le pithécanthrope* (21) : dans l'évolution du singe vers l'espèce humaine, une forme primitive d'homo sapiens.

➤*av. J.-C.* (22) : avant Jésus-Christ (= « B.C. »).

➤*spots (m)* (24) : passages, généralement brefs, d'une publicité à la télévision.

➤*RSCG, EURO RSCG* (26) : Agences de publicité et de communication fondées par J. Séguéla.

➤*la connivence* (47) : (faux ami) le partage de sentiments, une entente secrète, un clin d'œil.

➤*(le) support* (55) : le média où paraît la publicité : journal, affiche, radio, télévision ou cinéma.

Vocabulaire

❶ Traduisez en anglais les mots et expressions suivants : *centenaire* (13), *désuète* (14), *guide des sentiers malins* (14), *se doter de* (16 – 17), *de concert* (27), *la marque* (29), *une campagne d'affrontement* (45 – 46), *une cible* (55), *des concurrents* (55).

❷ Faites la liste de tous les mots techniques se rapportant à la publicité et cherchez leur sens dans le dictionnaire.

Commentaire grammatical

WORD ORDER

➤*les annonceurs attendent d'une agence une valeur ajoutée stratégique avant toute valeur ajoutée créative* (1 – 2) : note that the direct object phrase (*une valeur ajoutée stratégique avant toute valeur ajoutée créative*) follows the short adverbial phrase (*d'une agence* : **from an** agency). Here the respective length of the phrases decides their position.

➤*La pub, qui hier lavait plus blanc* (2) : the adverb *hier* is placed before the verb for reasons of emphasis, to stress the contrast between the situation in the past (*hier*) and in the present.

➤*C'est ainsi qu'est née la « star stratégie », mon acte de foi...* (3) : here a framing structure (*C'est ainsi que*) is used for emphasis. It is followed by an example of optional inversion of the subject and the verb in a clause introduced by *que*. Because the verb *est née*, which has no complement (object), is short and the subject phrase *la « star stratégie », mon acte de foi* is considerably longer, it is more dramatic to invert them. See **GS 7**, §2.1.1.

➤*A quelle concurrence s'attaque la publicité ?* (8) ; *Quel ton doit avoir le message ?* (11) : in short questions beginning with a question word (or preposition with question word) it is usual to invert the order of subject and verb, as is done here. (See **GS 7**, §4.4.2.) It would be possible to use complex inversion (see **GS 7**, §4.5) – thus making the sentence considerably more formal – as in: *Quel ton le message doit-il avoir ?*

➤*plus carte routière désuète que guide des sentiers malins* (13 – 14) ; *aussi bien à la publicité qu'à tous les métiers de la communication* (28) : note the word order of the phrases *plus... que* and *aussi bien... que* to set up a clear comparison between the phrases they co-ordinate.

➤*Ainsi peut-on parler de « marque-personne »* (24 – 25) : inversion is obligatory in careful French when *ainsi* (or various other adverbial expressions like *peut-être, encore, à peine*) begin a statement. See **GS 7**, §2.1.1.

➤*Par le style, la « star stratégie » s'efforce d'exprimer le caractère...* (39 – 40) : an example of giving prominence to an idea by placing it in the initial position in a sentence ('fronting'). See **GS 10**, §2.

➤*La gagneront celles qui sauront se doter des armes les plus perfectionnées, exister au-dessus des autres, communiquer mieux qu'eux* (16 – 17) : this unusual inversion of subject and verb (found especially in formal legal French) is caused by the length of the subject phrase *celles qui sauront... mieux qu'eux* and the shortness of the single word verb *gagneront* and object pronoun *La.*

➤*Cette aura magique,... nous la conférons à nos marques* (23 – 24) : this is an example of emphasis by placing a phrase that is in fact the grammatical object of the verb at the beginning of the sentence. Its grammatical function in the sentence is indicated by using an object pronoun (*la*) in the usual position – between the subject and the verb. See **GS 10**, §3.2.

OTHER GRAMMAR POINTS

➤*lavait plus blanc,... laver plus intelligent* (2 – 3) : Cp. *chanter faux* : sing out of tune; *parler bas* : speak in a low voice; *sentir bon* : smell good; *voir clair* : see clearly; *aller tout droit* : to go straight on; *couper court à* : put a stop to; *tourner court* : come to an abrupt end. Adjectives used as adverbs like those in these examples do not agree in gender or number. See **B2**, p. 67.

➤*il fallut attendre 10 000 ans av. J.-C. pour qu'enfin il écrivît* (21 – 22) : the action (of waiting, shown by *il fallut*) is seen as having been completed at a point in past time, so the amount of time it took to complete the action is irrelevant to the choice of tense (the past historic as opposed to the imperfect). See **GS 2**, §3.4.1.

➤*Selon que la priorité sera mise sur l'un ou l'autre des items, on influera différemment* (42) : ('According to whether priority is given ...') in some adverbial clauses of time, while English prefers the present or perfect tenses, French uses what is described as a 'logical tense', future or future perfect, *Je viendrai quand tu voudras* : I'll come when you like. But note the sequence of tenses in *Si* clauses explained below. See **GS 8**, §2.3.

➤*Si la priorité est donnée au nom, on orchestrera une campagne* (43) : as in English, where the verb in the main clause is in the future tense, the verb in the *Si* clause is in the present tense. See **GS 8**, §4.1.

Compréhension du texte

❶ Quelle est la différence entre *valeur ajoutée stratégique* (1) et *valeur ajoutée créative* (2) ?

❷ Quelle fut la grande découverte de J. Séguéla en matière de communication (1 – 4 , 20 – 28) ?

❸ Dans quel sens peut-on comparer une marque à une personne (24 – 25) ?

❹ Expliquez comment la priorité donnée à tel attribut de la marque donnera lieu à une campagne de publicité différente (41 – 49).

B   Exercices de renforcement

A l'oral

❶ Préparez des réponses orales aux questions suivantes:

(a) Comparez la « copy strategy » à la « star stratégie ».

(b) Quelles activités sont comprises dans *les métiers de la communication* (28) ?

(c) Dans quel sens le mode de réflexion utilisé pour communiquer l'image d'une institution (comme une université ou une ville) est-il le même (selon la démarche de J. Séguéla) que pour créer une publicité pour une marque de savon ?

(d) Expliquez à votre professeur comment vous pouvez appliquer le plan de travail créatif (50 – 56) à une nouvelle édition du manuel *Le français en faculté*.

Exercices lexicaux

❷ Complétez les phrases suivantes en utilisant un des verbes indiqués :
se devoir (2), *se faire* (15), *se doter* (16), *se redresser* (20), *s'appliquer* (27), *se renouveler* (37), *s'efforcer de* (39

(a) En 1969 l'usine Renault ____ d'un équipement tout neuf.

(b) En 1944, à la Libération, la France ____ et commença le long travail de reconstruction de son économie dévastée par la guerre et l'Occupation.

(c) Avec l'invention de l'imprimerie, c'est le mode d'expression de l'humanité qui ____ totalement.

(d) La reine donne l'exemple, comme il ____ .

(e) L'idée de la « star stratégie » ____ aussi bien au domaine du marketing qu'à celui de la politique.

(f) L'agence de publicité ____ garder une totale cohérence entre tous les aspects d'une campagne.

(g) C'est toujours autour de cette table que ____ les dernières opérations de mise au point de nos slogans publicitaires.

❸ Construisez des phrases pour faire ressortir le sens des expressions suivantes tirées du texte : *attendre quelque chose de quelqu'un* (1), *dépassée* (13), *exigeants* (15), *de concert* (27), *consister à* (30), *attributs* (30), *en droite ligne de* (40), *en premier* (44).

Exercices grammaticaux et structuraux

4 Selon le modèle des lignes 32 – 36, utilisez les mots/expressions *qui, que, ce qui, ce que, ce dont* (chacun/e au moins une fois) pour compléter les phrases suivantes :

(a) Sa personnalité :

(b) Son intelligence :

(c) Ses vêtements :

(d) Son parfum :

(e) Le ton de sa voix :

(f) Son humeur :

(g) Sa force :

5 Traduisez en français :

(a) The flowers smelled good.

(b) She could see more clearly than I.

(c) The car went straight on.

(d) Queen Victoria put a quick stop to his effusive words.

(e) The conversation came to an abrupt end.

(f) This washing powder washes whiter.

(g) How dare you suggest Patricia Kaas was singing out of tune!

(h) The girls were speaking in very low voices.

6 Mettez les verbes donnés au temps approprié (voir lignes 42 – 49) :

(a) Si la priorité ___ (donner) à l'oral, vous ne ferez pas les progrès qu'il faut en grammaire.

(b) Selon que l'accent ___ (mettre) sur l'oral ou l'écrit, on influera différemment sur vos connaissances.

(c) S'il ___ (faire) beau demain, j'irai faire un tour en bateau.

(d) Je ne sais pas quand je ferai mes devoirs de français. Je déciderai selon le temps qu'il ___ (faire) demain.

(e) Il viendra quand tu le lui ___ (demander).

(f) Si la priorité est donnée aux valeurs implicites de la marque, il ___ (s'agir) de construire une campagne qui privilégie l'avenir.

C Exploitation du texte

A l'oral

1 Le portrait chinois est une méthode qui contribue à la mise au point d'une stratégie publicitaire, d'après un questionnaire qui permet de mieux cerner la « marque personne » à qui l'on a affaire. Il s'agit d'imaginer ce que serait une marque si c'était autre chose. Voici un exemple tiré du livre de J. Séguéla :

Portrait chinois d'Air France (si c'était. . .)

	Aujourd'hui	Demain
une voiture	R19 (voiture Renault)	Mercedes
un magazine	*Le Point*	*Newsweek*
un pays	la France	l'Europe
un animal	un cygne	une panthère
un végétal	un edelweiss	un lis
une star	Catherine Deneuve	Isabelle Adjani

Échangez oralement des portraits chinois d'une ou de plusieurs des marques suivantes : Perrier, Orangina, Peugeot, Citroën, le TGV, Bic, Paris-Match, une région touristique française, British Airways, McDonald's, Guinness, Danone, ou d'autres marques françaises dont vous vous conviendrez avec votre professeur.

❷ Jeu de rôles à deux

Personne A : Vous voulez lancer un nouveau produit, et vous allez en parler dans une agence de pub pour discuter de la campagne publicitaire.

Personne B : Vous êtes le/la publicitaire ; vous avez des questions à poser avant de concevoir les annonces de la campagne.

Comme produit, choisissez par exemple un magazine pour les jeunes, un après-rasage, un parfum, une chaîne de restaurants fast-food, une bière non-alcoolisée... ou tout ce que vous voudriez.

A l'écrit

❸ Prenez une publicité française (dans un magazine, dans un journal ou à la télévision) et analysez-la en termes de la stratégie publicitaire expliquée ci-dessus par M. Séguéla. (300–500 mots)

❹ Appliquez la star stratégie et le plan de travail créatif (50 – 56) à la situation suivante : en tant que spécialiste *freelance* de la publicité, vous êtes engagé/e par la maison d'édition Hodder & Stoughton qui veut lancer sur le marché français le nouveau manuel *L'anglais en faculté*. Composez la lettre à la société *Euro RSCG* dans laquelle vous élaborerez le plan de travail sur la base duquel vous proposez de l'engager pour le lancement d'une campagne de publicité pour cette nouvelle édition. (200–350 mots, une feuille)

❺ Version Traduisez en anglais les lignes 19 – 28 .

❻ Thème Traduisez en français le texte ci-dessous :

Posters as street art

When Jacques Séguéla asked him one day how he created a poster, Savignac, the greatest of French poster-makers, replied: 'By little touches of unreality.' When he was called in to help the 'Save *Notre Dame* Committee', his first impulse was to portray an endless stream of cars driving through the cathedral. It had no poetry. Then he had the idea of tilting the cathedral as if it was being carried away by the torrent of cars. It was a better image but still not imaginative enough. Finally he changed the towers of the basilica into sleeves with hands sticking out calling for help. He had done it.

Très pub.

Les annonces

Practically all French newspapers and magazines take paid advertisements. Some papers have no advertising (*Le Canard enchaîné*); others are totally devoted to advertising (*L'Argus, De particulier à particulier*). In order to qualify for certain state subsidies for newspapers, no issue may devote more than two-thirds of its space to paid advertising. Most publications are heavily dependent on income from advertising and few could survive without it. The dailies receive between 30% and 60% of their income from advertising.

A publication's readership profile (as much as its total circulation) determines how attractive it is to advertisers. *Le Quotidien du médecin* is very attractive to drug companies since its modest circulation nonetheless includes a large proportion of France's doctors. Non-specialist news magazines like *L'Express* attract upmarket (*haut de gamme*) consumer advertising for their middle-class *cadres* readers.

There are various common categories of advertisement: mass **consumer advertising** of goods and services (cars, alcohol, holidays) in newspapers often takes a shape similar to television advertising, relying on colour pictures and short catchy slogans. Some are international (*Cartier l'art d'être unique*), some are specifically French, either in formulation (*Shell que j'aime*), or in terms of the product (*France Inter : Écoutez la différence*). The language of consumer advertising is highly specialised, relying heavily on connotation, suggestion, and evocative imagery, as well as the poetic (memorable) qualities of the slogan or catch phrase.

Another category of advertisement is 'Classified ads' and these are examined in more detail in this section.

Classified ads (*les annonces classées* or *les petites annonces*) are inserted by individuals as well as small and large companies, and cover a similar range to those found in British newspapers. The ones featured on the following pages are:

- **Property** (*L'immobilier*) Most regional and Parisian dailies have adverts from people seeking accommodation. *Le Monde, Le Figaro,* and *Le Parisien* (less upmarket) are good for Paris, as are *De particulier à particulier* and free-sheets like *Paris Paname*.
- **Personal** (*Rencontres entre particuliers/mariages*) It is not only the liberated young Parisian

readers of *Libération* who read the lonely-hearts column. The personal encounter ads have spread, especially since the social and sexual revolution of May 1968, to respectable weeklies and to the regional press. Whereas the casual sexual encounter seems to be most often on offer in *Libé*, there is a long-standing need in the isolated farming community, from the time of the *exode rural*, which especially affected young women, to use marriage bureaux or personal ads in such publications as *La France agricole* (the French equivalent of *Farmers Weekly*), and *Le Chasseur français*. While the ads in *Libé* or the *Nouvel Obs* are often inserted and read for entertainment, the ones in *La France agricole* could not be more serious.

• **Employment** (*Carrières et emplois*) Different newspapers, reaching different groups of readers (by region or socio-economic group), attract different types of job advertisement. Local papers will have a mixture of locally based jobs. *La France agricole* specialises in its own field. *Le Monde* is the place to look for highly-paid managerial, engineering and administrative posts for *cadres* and graduates of the *grandes écoles*, especially jobs based in Paris. *France-Soir* has many unskilled and semi-skilled jobs. Some firms combine their job advertisements with institutional publicity for their company or product.

• **Service industries** We have added a selection of advertisements for various products in this area.

The communicative and linguistic characteristics of classified ads in most languages may be examined under three headings: **layout, conventions and formulae**, and **abbreviations**.

The most noticeable feature of small ads is the **layout**. Since each one is competing with every other for the reader's attention, advertisers use multiple variations of format, type face, type size, bold type, capitals, white on black, and, of course, size of advertisement. Generally speaking, the more prestigious the job the larger (and more costly) the advertisement. In our examples a Barman/Barmaid gets three lines, Sinclair's Head of Operations in France gets 20 cm over two columns. In the smaller *annonces*, where formatting is subsidiary to economical use of space, key words are made to stand out in bold type or capitals. For *l'immobilier* it is often the location that is emphasised, for *rencontres* some special characteristic (*blonde, épicurien*), or age, or region (for the *mariages*). *Demandes d'emploi* bring out some characteristic or qualification of the job seeker, and *offres d'emploi* pick out keywords describing the job (*barmen/serveuses topless*).

Small ads rely on **conventions and formulae**. First of all the ads appear in the same part of the paper in every issue, and are classified into categories. There is often a set order of detail within the ad. The conventional order under *l'immobilier* seems to be: location, type of accommodation, number of rooms, special characteristics, price, telephone number or address for contact. The typical *demande d'emploi* gives a description of the job seeker (in terms of sex, age, qualifications), type of job sought, telephone or address. The conventional order for the *mariage* ads is: description of advertiser, *DCVM* (see *Notes*), description of partner sought. Set phrases and formulae like *TCC* and *Pas sér. s'abst.* are common too (see *Abréviations courantes*).

Because there is, in these advertisements, a conventional order and phraseology, this allows the reader to anticipate what is coming, and so to understand, even though the sentences or words used may be incomplete, i.e. established conventions and the use of formulae permit **abbreviation** and note form, which save space and therefore cost.

The conventions of abbreviation in French ads are to omit most verbs and determiners (except numbers), leaving mainly nouns, adjectives and punctuation (*âge, milieu indifférent, si pas stupide*). As regards individual words, the more commonly they appear in a given type of advertisement, the more they can be abbreviated, even to a single (initial) letter (*P : pièce* ; *T : téléphone*). Other recurrent words can be shortened to the three or four initial letters (*asc. : ascenseur*; *env. : environ*), or by omitting vowels (*gd. : grand*; *bcp : beaucoup*), but often retaining final vowels of short words (*dble : double*), especially where the ending indicates gender or number agreement (*gde : grande*; *tts : toutes*; *mms : mêmes*).

1 L'immobilier

See advertisements on p. 134.

Notes

➤*Paris intra muros* (15) : la ville de Paris, sans la proche banlieue. Une *studette* est un très petit studio (une pièce). La superficie de l'appartement est souvent mentionnée, étant donné que les agences ont l'habitude de calculer les prix, pour tel ou tel quartier, en mètres carrés (m^2).

➤Les numéros de téléphone se disent ainsi : *01.65.11.58.58 poste* (« extension ») *3745* : zéro un, soixante-cinq, onze, cinquante-huit deux fois, poste trente-sept, quarante-cinq. Depuis 1997 les numéros sont à 10 chiffres. Il y a cinq zones téléphoniques en France, désignées par les deux premiers chiffres : 01 la région parisienne, 02 le nord-ouest, 03 le nord-est, 04 le sud-est, 05 le sud-ouest. Pour téléphoner en France – que ce soit dans une même ville ou entre deux zones différentes – on compose le numéro entier.

D'autres chiffres au début d'un numéro signifient, par exemple, un numéro vert (gratuit) 08, ou un numéro de téléphone mobile. Pour téléphoner de France à l'étranger on compose le 00 suivi de l'indicatif du pays (44 désignant le Royaume-Uni), et puis le numéro de la région (131 pour Édimbourg) et le numéro de l'abonné.

➤Noms de lieu : *Saint-Germain* et *Montmartre* sont des quartiers de Paris ; *Seine-Saint-Denis* : département de la proche banlieue parisienne au nord-est de Paris ; *Villemomble* : commune de la Seine-Saint-Denis ; *Val-d'Oise* : département de la région parisienne au nord-ouest de Paris ; *Pertuis, Manosque, Aubagne, Apt* et *la vallée du Lubéron* sont en Provence.

➤*digicode* (22) : dispositif codé à l'entrée d'un immeuble.

➤*RER* (26 , 27) : (Réseau Express Régional) Service de trains desservant la région parisienne.

appartements ventes

6e arrdt

1 **ST-GERMAIN**
RUE DU CHERCHE-MIDI
Beau 5 P. 125 m² env., très calme,
3 chbres + dble liv., parfait état,
5 ét., asc., park.
Téléphone: 01.46.27.89.39

2 RUE DU DRAGON, beau 2
P. de caractère en r.-de-ch. sur
jolie cour privée.
52m² – 622 000 F.
NOTAIRE 01.43.01.54.30
LE MATIN.

Villas Vente

3 Pertuis 5 km - A saisir
maison village, 80 m² habitable
sur 2 niveaux. Cuisine, séjour, 2
ch, s d'eau, chauffage central,
vue magnifique sur Lubéron. Prix
245 000 F.
PERTUIS
le 04.90.69.32.98
TUC 04.90.69.14.20

4 9 km Manosque part vd villa
récente 6 P 2 sdb 160 m² habit
terrasses terrain 880 m² garage
T 04.92.72.19.28 HR

Demandes de locations

5 Urg jeune cp T ser cherc loc
à an pet mais avc jard jusq 30
km Aubagne Écr PH N 29

6 Militaire marié 2 enf ch
location villa F5 Apt ou environs
à partir août T 04.90.36.12.76

11e arrdt

7 Bel immeuble récent, 2 p.
cuis., s. de bns, w.-c., séparés,
moquette et peinture neuves, sur
jardin et rue, parking, cave, 550
000 PATIMO 01.42.02.33.26

13e

8 PLACE D'ITALIE (près)
4 p., cuis., bns + s. eau, asc.,
parkg, qualité. 01.46.31.89.46

9 GOBELINS - ARAGON
2 pces. 51 m². tr. gd. confort
PLEIN SUD. park. 01.45.44.98.07

18e arrdt

10 **MONTMARTRE**
SUPERBE VUE sur tout PARIS
7e ét., asc., balc., pl. soleil 3p. tt
cft, 860 000 F, 01.41.54.71.93.

PARTAGE

Propositions

11 PARIS 12ÈME. Je propose
pour cet été à personne seule,
de préférence calme et/ou
travaillant, une chambre dans
grand appartement avec tél,
5ème étage, près piscine et bois
de Vincennes, 1300 F/moisCC,
800 F caution. Possibilité de rester
plus longtemps si affinités.
D e m a n d e r   F a b i e n
01.49.58.11.98. Poste 4757
(H.D.N.) ou 01.47.40.01.41

Recherches

12 TOIT ACCUEILLANT sur
Paris. Si vous êtes sympas et
qu'en plus vous avez, chez vous,
une pièce inoccupée (et un loyer
un peu lourd): on pourrait
s'arranger car justement, je
cherche sur Paris ou proche
banlieue est. Cette annonce est
sérieuse mais pas désespérée!
Si elle vous intéresse. Tél
01.46.05.15.80 ou 01.48.40.73.02.

locations non meublées demandes

Paris

13 J.F. 23 ans. sérieuse cherche
chambre, petit loyer ou baby sitter
Écr. s/n° 4.499 Le Monde Pub.,
service   A N N O N C E S
CLASSÉES, 5, rue des Italiens,
75009 Paris.

14 Journaliste avec garanties
cherche appt 2–3 pièce Paris
Confort. Tél.: 01.42.87.12.58

15 URGENT. Journaliste
Libération recherche 3 pièces au
plus. Prix maxi. 3500FTCC. Paris
intra muros. Tél J. Perrin.
01.49.62.34.33

MEUBLÉS OFFRES

16 PARIS 19ÈME. A louer
métro Crimée du 13 août au 30
sept.: grand appartement 56 m²
tout équipé avec hall cuis., WC,
SDB, chbre, gde salle à manger,
terrasse. 3200 FTCC (pour
période complète). A personne(s)
sérieuse(s) avec garanties à
l'appui. Tél après 20 H
01.49.31.70.61.

17 STUDIO MEUBLE, août
éventuellement sept., oct.,
Moquette, kitchenette, bain, 3ème
étage sur cour. Métro Brochant
ou Guy Moquet. Paris 17ème.
1450 FCC. Tél H.D.B.
01.42.46.84.19

LOCATIONS OFFRES PARIS 10e

18 Chambre service vide ou
meublée 9 m² rue Paradis soleil
1 200 F 01.42.43.15.63

**Particuliers, bénéficiez chaque
semaine de nos PROMOTIONS
à - 50% dans certaines
rubriques. Voir grille d'annonce.**

19 République appart. 3 P. 57
m², dble expo. 6e ét. sans asc.
parquet charme belle vue sur
Sacé Cœur. 4.307F/mois cc.
01.48.05.53.63

LOCATIONS OFFRES PARIS 11e

20 Hôtel au mois 2.400F, 1
personne, 6 impasse Truillot, Paris
75011, 01.47.54.34.63

21 Stud. meub. renov. kitchen.
amén. clair, calme, 2.350 F cc.
Tél. 01.45.22.19.75

LOCATIONS OFFRES PARIS 13e

22 Loue studette pl. Italie,
douche, digicode, asc., lib. 1/01.
2.500 F cc. 01.48.34.21.12

23 Chambre meublée, 1.800 F
cc. possible de cuisiner, douche
et wc communs, libre
i m m é d i a t e m e n t .   T é l .
01 45 41 72 57.

93 SEINE-ST-DENIS

24 Villemomble. Mignon F1,
clair et ensoleillé, très propre,
près SNCF bien aménagé,
chauffage électrique. Tél.
01.41.26.95.37.

25 Vrai F3, 3.800 F clair et
ensolleillé, entrée, séjour, 2
chambres, cuisine, SdB, wc. Tél.
01.49.82.37.22

26 F2 duplex, 2.500 F cc. très
calme séjour, chambre, SdB,
chauffage gaz, 10 mn RER. Tél.
au 01.46.39.21.36

27 Studio, 1.900 F. double
isolation, entrée, séjour, kitch.,
SdB, wc, proche RER et accès
3 mn centre-ville. Tél.
01.43.57.43.45

28 F2, 2.800 F. ensoleillé, tout
confort, plus cave. Tél.
01.49.37.54.26

95 VAL D'OISE

29 Chambre meublée, 1 500 F,
16 m² micro-ondes, frigo, accès
SdB wc. libre en janvier. Tél.
01.43.25.63.25

ABRÉVIATIONS COURANTES

6ᵉ arrdt : sixième arrondissement

à an : à l'année

Ag : agence

app : appartement

asc : ascenseur

avc : avec

cc ou *CC* : voir *TCC*

cces : commerces, magasins

ch ou *chbres* : chambres

ch ou *cherc* : cherche

chauff : chauffage

cp : couple

cuis : cuisine

dble expo : double exposition (fenêtre sur deux côtés)

Ecr : écrire ou écrivez

env : environ

éq : équipé

ét : étage

F1, F2, F5 : différents modèles d'appartements (avec nombre de pièces)

F : francs

gar : garage

habit : habitable

HDB : heures de bureau

HR : heures de repos

jard : jardin

liv : living (-room)

loc : location (« rented accommodation »)

meub : meublé

mn : minutes

P ou *p* : pièces

park : parking

part : particulier (« private individual »)

pl Italie : place d'Italie

réf : références

sdb, SdB ou *s de bns* : salle de bains

SdE, s eau : salle d'eau (douche + WC)

sér : sérieux

stud : studio

T ou *tél* : téléphone

T1, T.5 : voir *F1*

TCC : toutes charges comprises

urg : urgent

vd. : vend

WC : les vécés ou toilettes

Exercice de compréhension à l'oral

Quelle annonce répondrait le mieux aux besoins des annonceurs suivants :

(a) Vieux monsieur cherchant logement tranquille de plain-pied/au rez-de-chaussée en plein centre de Paris.

(b) Famille de quatre personnes cherchant résidence secondaire/maison de vacances dans le sud de la France.

(c) Veuve désirant se retirer à la campagne dans un lieu pas trop isolé.

(d) Famille offrant chambre de bonne pour jeune fille au pair.

(e) Propriétaire cherchant locataire(s) fiable(s) pour un deux-pièces à Paris.

(f) Étudiant(e) voulant passer trois mois à Paris.

(g) Couple cherchant à louer un appartement à Paris pour 4–5 semaines pendant les vacances d'été.

(h) Assistant(e) d'anglais d'un lycée de la proche banlieue au nord de Paris.

2   Rencontres entre particuliers et mariages

Rencontres particuliers

(1) 35 ans div rech JF ou F sympa pour sorties ou autre si affinités. Écrire le 04 N 1243

(2) Mr cinquantaine div grd prof retr ens sec aimt arts nat voyag franchise dialogue souh renc sans agee dame 52/55 a grde mms gouts libre bon éduc pour créer liens profonds durables

RELATIONS

(3) 75. Étud. 22 a. BCBG b. phys. ch. JF m profil 18–26 a. pr moments tendres. Écrire journal, réf. 111 108

(4) 75. Épicurien, 43 ans, disciple Gault et Millau, cherche JF, agréable convive pour petites bouffes sympas au restau. Écrire journal, réf 110 10Q

(5) JH 18 a. ch. JF 23–27 a. cultivée, sensible, intelligente pr part. loisirs, sports, musique, discussions et échanges enrichissants. Pas sérieuse s'abst. Tél.:01.41.23.62.96 à part. de 20 h.

(6) 75. Affreux phallo 43 a. libre ni futé ni bcbg aimant la vie cherche nana marrante féminine. Age milieu indif. si pas stupide. Écrire journal, réf 117 9Y.

(7) 75. H cinq. mar. m. insatisf. ch. F. même sit. p. renc. discr. ap-midi Écrire journal, réf 117 9W

(8) H. 50 ans, PDG légèrement bedonnant dist. sportif sur retour offre séj. 10–17 mai Club Méd. Djerba la Belle JF 20–25 ans blde sensuelle aimant beaux échanges amusement gaîté assurés. Tél 01.41.23.40.49 Dem José

(9) 75. F. médecin, 40 a., charme, ht niveau cœur, corps, esprit, 2 enf. (5–12 ans) ch. H. viril, aisé, gde val. humaine, décidé à s'engag. total. pr bâtir mariage-amour profd. authentique Écrire journal, réf 109 6X

(10) JF 18 a. sensuelle, mystérieuse voyageant bcp, ch. pygmalion mûr très ht niveau, liberté récipr., totale. Tél. indisp. Écrire journal, réf 116 10C

(11) 75. Vraie blonde, 42 a. grande, jolie, sens., mariée, prof. libér., renc. M. 50, marié, très discr., aisé, pour se faire gâter. Écrire journal, réf. 109 7S

(12) Boule d'amour 42 a. div. nat. indép. ch. Grand cœur, esprit ouver., affectueux, généreux. Écrire au journal, réf. 117 9U.

(13) 75. « Innocente ». 90-60-95. ch. belle hétéro pour drague internationale tour du monde. Tél., photo. Écrire journal, réf 109 8Y.

MARIAGES VIE COMMUNE

(14) 60 - J H 32 a. agr., 1,80 m. sér. DCVM av. JF simple, sympa., sér., aim., vie camp., ay. expl. à repr ou autre prof. phot. souh., rép. ass., pas sér s'abs. Écr. FA 559

(15) 56 JH 25 a. cél. sérieux agr. ch. JF 18/25 a. aim. la camp. photo souh. avec détail dans 1ère lettre région Ouest. Écr. FA 567 qui transmettra

(16) Sud Ouest. vve 37 a., élev. expl., 3 enf. 12–18 a., ch. comp. route, mil. agric., vétérinaire, commerçant en bestiaux, veuf de préf. Écr FA 622

(17) JF asia. bien, cél. 28 a., 1m60 50 kg rech. H 28/45 a. bon niv. p mariage annc sér. Écrire au journal sous réf. 23877

(18) Franco-tunisien, 41 a., sincère, romant., ch. JF orig. indif. 35/40 a. sér., honnête. Pas sinc. s'abst. Tél. 01.43.42.35.64

(19) JH, 34 a., calme et sérieux, bon job, petit, phys. correct, ch. JF 20/35 a., douce, un peu ronde, enfants acc. Écrire au journal sous réf. 236465

(20) JF kabyle 33 a. + bébé cherche homme même origine 35/40 a. grand, sérieux, cultivé, vue mariage. Écrire au journal sous réf. 245260

Notes

➤Les chiffres, par exemple 75 (**3**), correspondent au numéro du département, (qui figure également sur la plaque minéralogique des voitures et qui sert aussi à établir le code postal) : 56 : Le Morbihan ; 60 : L'Oise ; 75 : Paris/Seine. (Dans l'une des annonces, exceptionnellement, ils désignent les mensurations (« vital statistics ») d'une femme, en centimètres (cm) : 90-60-95.)

➤Épicurien (**4**) : aimant les plaisirs des sens.

➤Gault et Millau (**4**) : auteurs d'un guide célèbre des meilleurs restaurants français.

➤Club Méd(-iterranée) (**8**) : club de vacances.

➤Djerba-la-Belle (**8**) : station balnéaire et île de Tunisie.

➤*Pygmalion* (10) : sculpteur légendaire qui est tombé amoureux de la statue de femme qu'il a sculptée (voir aussi la pièce de G. B. Shaw).

➤Termes familiers : *bouffes* (4) : repas ; *futé* (6) intelligent ; *nana* (6) : jeune femme/fille ; *sympa* (1 , 4) : sympathique ; *drague* (13) : recherche d'un partenaire sexuel ; *marrante* (6) : amusante.

ABRÉVIATIONS COURANTES

1,80 m, 1m 60 : taille

a : ans

acc, accep : accepté(s)

affect : affectueux

agee : agence

agr : agriculteur

aimt : aimant

annc : annonce

à part. de : à partir de

à repr : à reprendre

asia : asiatique

av : avec

ay : ayant

b : bon, bien

BCBG : bon chic bon genre (« Sloane Ranger »), de bonne famille

bcp : beaucoup

blde : blonde

camp : campagne

cél : célibataire

ch : cherche

cinq : la cinquantaine (âge)

comp : compagnon

DCVM : désire correspondre en vue de mariage

Dem : demandez

de préf : de préférence

discr : discret/discrète

dist : distingué

div : divorcé(e)

élev : éleveur (« stock breeder »)

enf : enfant(s)

ens sec : enseignement secondaire

Etud : étudiant

expl : exploitation (ferme) ou exploitant (agriculteur)

F ou JF : (jeune) femme

FA : La France Agricole (hebdomadaire)

gde val : de grande valeur

grd(e) : grand(e)

H : homme

hétéro : hétérosexuel(le)

ht : haut

indif : indifférent (sans importance)

JF : jeune femme

m : mais

m ou mms : même(s)

mar : marié ou mariage

mil : milieu

Mr : monsieur

nat : naturel(le)

niv : niveau (d'éducation)

orig. indif. : origine (ethnique ?) indifférente (pas importante)

p/pr : pour

part : partager

Pas sér s'abst. : pas sérieux s'abstenir

phallo : phallocrate (« male chauvinist »)

phys correct : physiquement OK

pr : pour

profd : profond

prof libér : profession libérale

prof retr : professeur retraité

rech : recherche

renc : rencontrerait ou rencontrer

sens : sensuel(le)

sinc : sincère

sit : situation

souh : souhaite ou souhaité(e)

vve : veuve

Exercice de compréhension à l'oral

A votre avis qui, dans les annonces **Rencontres entre particuliers et mariages**, répondrait le mieux à l'attente des annonceurs suivants :

(a) 75 Épicurien (4)

(b) JF 18a (10)

(c) 75 Vraie blonde (11)

(d) Jeune citadine DCVM jeune agriculteur région ouest.

(e) Franco-tunisien (18)

(f) Vous-même

(g) Votre professeur de français

3   Carrières et emplois

Carrières et emplois

Demandes d'emplois

① J coiffeuse mixte cherche emploi T 04.78.47.91.91

② J femme 31 ans ch emploi secrétariat Pertuis ou environs T soir 19 h   04.75.64.30.94

GENS DE MAISON

gardes d'enfants

③ Jne fille 21 ans, ch. garde enfant ou ménage chez part. ou commerce, sur Toulouse. – Tél. 04.61.65.31.08

④ Jne fle garderait enfants ou ferait petit ménage, sur Tse. Étudie ttes propos., pas sér. s'abst. – Tél. 05.62.69.76.02

⑤ Jne fille anglaise cherche EMPLOI AU PAIR 15/8 à 30/9, garde enfants + cours anglais Tél. 05.54.43.24.21.

Emplois-demandes

⑥ F. 27 a. licence lettr. modernes cherche poste enseign. second. en Seine-Maritime, Eure, DUBONNET,133 rue César-Franck, ROUEN 76000.

⑦ JH sér 26a ch. poste de gardien d'immeuble ou autres propo 01.49.23.64.23

⑧ Jeune fille 23 ans SECRÉTAIRE DOCUMENTALISTE diplômée BILINGUE ANGLAIS Bagage universitaire. Initiative Ch. emploi LYON ou région Écrire au journal N° 7409, 5, rue des Italiens 75427 PARIS

LANGUES

⑨ Anglais à Montrouge ou chez vous tout niveau en individuel. 01.47.32.64.97

⑩ Prof expert en assist scol. offre cours alle, angl, franç, réussite exam sér 01.45.62.13.67

HOTELLERIE RESTAURATION

⑪ Restaurant bar spectacles recherche SERVEUSES TOPLESS Bonne rémunérat. Se prés. 147 r. Fontaine, Paris 7e à partir de 16 h 30

⑫ HÔTEL *** recherche FEMME DE CHAMBRE sérieuses réf. Place à l'ann. 30 ans min. Se prés à partir de 10 h au 136, rue Bonaparte M° Saint-Germain-des-Prés

⑬ CLUB av. Champs-Elysées ch. HÔTESSES Excell. présent. Fixe 500 F + % Se prés ce jour à partir de 14 h 159, r. de Ponthieu - 8e Métro : George-V

GENS DE MAISON

employés de maison

⑭ Urgent ch. employée de maison, nourrie, logée sérieuses réf. – Tél: 05.69.23.27.64

aides familiales

⑮ Ch. pour Blagnac. femme de ménage. 4 fois 3 h le matin. – Tél. 05.41.79.43.90

⑯ Cherche baby-sitters étudiantes, occasionnelles ou régulières. 34 F/H. Au Paradis des Petits 01.46.95.62.23

commerce

⑰ IMPORTANTE SOCIÉTÉ EN PLEINE EXPANSION recherche VENDEURS VENDEUSES
• Libre de suite
• Excellente présentation
• Bon niveau culture générale
• Débutants acceptés
• Formation assurée
• 20 ans minimum SALAIRE IMPORTANT Tél. ce jour de 10 h à 12 h et de 14 h à 18 h au 02.11.41.67.74

hôtels-restaurants

⑱ Pub café concert « Le Yoyo », rech. BARMAN ou BARMAID. – Tél. 05.91.94.13.14

Offres de stages

⑲ Rech. JF stage longue durée. rémun. vaches laitières. élevage Charolais, élev. caprins, fabrication fromage. Tél.: 02.73.66.22.92

⑳ Recherche stagiaire G. ou F. élevage ovin long durée, rémunéré.Tél.: 02.45.65.60.71

㉑ 23-Ch. stagiaire pour st. long. durée, 450 brebis + chevaux, poss. équitation. Tél.: 02.40.55.03.01

㉒ Élevage bovins - Charolais cherche J. H. stagiaire pour période vélage. Tél.: 02.40.55.03.01

㉓ Rech. main d'œuvre pr soins animaux, restaurer vieilles pierres, nourrie, logée, vie famille; argent de poche Tél.: 02.52.03.36.06

㉔ Rech. pour exploitation polyc. élev. de région parisienne, un jeune ménage, fils d'agric. ayant sérieuse formation, titulaire BEPA-BTS méc. agric., poss. permis VL très sérieuses réf. exigées. Pour 1er février. Écr avec CV à FA 1911 qui transmettra

Offres d'emplois

㉕ Pour Apt recherche garde pour dame âgée invalide. HR T. 04.94.24.03.20

㉖ Sté isolation recrute technico-social pr 04 et limit véhic indisp 05.40.29.61.72

㉗ Photographe prof cherche pour poses nues académiques jeunes filles même inexpér T Rabelais à Roussillon T 05.22.76.62.43

divers

㉘ Sté de construction rech. secrétaire, emploi mi-tps, débu. acceptée; dessinateur (trice) bât à mi-tps; commercial V.r.p. sur zone est Gers et ouest Tse. – Env C.V. + photo et prét ou se prés. l'après-midi: Sté Bâtiment Gascon, 2, bd A.-Praline, 32601 L'Isle Jourdain.

ORGANISATION INTERNATIONALE - PARIS 15e recherche pour la préparation d'un congrès, sous CDD d'un an

UN(E) SECRÉTAIRE TRILINGUE
(français – anglais – allemand)   ㉙
pour des travaux de secrétariat, de traduction et frappe de lettres du français vers l'allemand, de gestion de fichiers adresses des congressistes et de l'envoi des documents de promotion du congrès.

UN(E) ASSISTANT(E) TRILINGUE
(français – anglais – allemand)
pour la préparation et la planification des conférences et des tables rondes, la gestion des conférenciers, les relations avec l'organisateur chargé de la gestion des congressistes, le suivi des inscriptions et la gestion des communications et des actes du congrès.
De formation supérieure et possédant une bonne connaissance des langues et de l'outil informatique, ils ou elles devront avoir le sens du travail en équipe et un bon contact relationnel. Une première expérience dans la préparation d'un congrès serait souhaitable.

Ces postes sont à pourvoir très rapidement.

Merci d'adresser votre candidature, CV et prétentions en précisant sur l'enveloppe la réf. C6398 au journal PA, 66, avenue Marceau 75398 PARIS CEDEX 08 qui transmettra

Notes

➤*Sur Tse* (4) : dans la région de Toulouse.

➤*Montrouge* (9) : commune de la proche banlieue parisienne

➤*Charolais* (19) : race de bétail.

➤*caprins* (19) : chèvres ; *ovins* (20) : moutons ; *bovins* (22) : bœufs.

➤*stagiaire* (20 , 21) : « trainee ».

➤*vêlage* (22) : période où les vaches donnent naissance aux veaux.

➤*BEPA-BTS méc. agric* (24) : Brevet d'études professionnelles agricoles – Brevet de technicien supérieur en mécanique agricole.

➤*VL* (24) : véhicule lourd.

➤*04 et limit* (26) : département des Alpes-de-Haute-Provence et les alentours. (Voir **Note 1, Rencontres entre particuliers et mariages.**)

➤*CDD* 29 : contrat à durée déterminée.

➤*fichiers* : « files » ou bases de données.

➤*le suivi* : le fait de suivre ou de prendre la responsabilité d'une tâche.

➤*les actes du congrès* : la publication des interventions des conférenciers.

➤*CV ou curriculum vitae* : description de la carrière d'une personne, de ses qualifications, qui accompagne une demande d'emploi.

➤*prétentions* : le salaire qu'on souhaite lors d'une demande d'emploi.

Abréviations courantes

alle : allemand

assist scol. : assistance scolaire

av. : avenue

CV : curriculum vitae

de suite : tout de suite

élev. : élevage

excell. prés. : excellente présentation

FA : le journal *La France Agricole*

mi-tps : mi-temps

polyc : polyculture

prét : prétentions

propo : proposition

rémun. : rémunéré/e

Se prés. : se présenter

St. : stage (voir **Notes**)

technico cial : ingénieur technique et commercial (technicien vendeur)

ttes propos : toutes propositions

V.r.p. : Voyageur-représentant professionnel (« rep », « travelling salesman »)

Séjours Linguistiques

Fondé en Suède en 1965, EF Education est devenu le leader mondial des séjours éducatifs à l'étranger. Chaque année plus nombreux, des milliers de participants choisissent le dynamisme et la qualité des prestations EF pour vivre, étudier et voyager dans plus de 40 pays. Un nombre croissant de Français – scolaires, étudiants et professionnels – vont participer à nos programmes à travers le monde.

**Rejoignez une équipe jeune, dynamique, motivée, très disponible,
toujours soucieuse de servir au mieux une clientèle exigeante, en tant que :**

Attaché (e) Commercial (e) – Paris ————————— **Réf. LT3**

Vous êtes une personne de talent, entre 20 et 25 ans, bac + 2 commercial ou tourisme, débutant ou première expérience. Ayant séjourné dans un pays anglophone, vous êtes bilingue anglais (une autre langue serait un atout) et vous souhaitez une carrière hors du commun.

Représentants Régionaux ————————————— **Réf. DR**

Bien introduit dans les milieux scolaires, associatifs et universitaires de votre région, vous souhaitez promouvoir les séjours linguistiques EF. Particulièrement disponible, mobile, dynamique et de tempérament commercial, votre maturité vous met en phase avec notre clientèle familiale. Activité souple idéale à partir de votre domicile, autour des villes de :
Nantes – Tours – Lyon – Metz / Nancy – Toulouse – Montpellier – Clermont-Ferrand.

Merci d'envoyer votre dossier complet avec référence (CV, lettre, photo et prétentions) à
EF Education – 4, rue Duphot 75001 PARIS – Fax 01 42 61 75 44.

Exercices pratiques

L'IMMOBILIER

A l'oral

❶ Jeu de rôles Vous téléphonez en réponse à une des annonces. Un autre étudiant joue le rôle de l'employé de l'agence immobilière ou du vendeur/propriétaire selon le cas.

A l'écrit

❷ Vous cherchez un logement en France. Rédigez le texte d'une annonce qui paraîtra dans un journal.

RENCONTRES

A l'oral

3 **Jeu de rôles** Un étudiant joue le rôle de l'homme qui a répondu à l'annonce ci-contre et qui reçoit un coup de téléphone de la dame dont il est question, dont le rôle est joué par une étudiante. Il s'agit pour la dame de savoir dans quelle mesure l'aspirant correspond à ses souhaits, et éventuellement de fixer un rendez-vous. De son côté l'homme veut vérifier les détails de l'annonce et en découvrir d'autres, avant de proposer une rencontre.

4 **Jeu de rôles** Jouez la première rencontre de ces deux personnes.

5 **Jeu de rôles** Vous téléphonez en réponse à l'une des annonces et vous tombez sur un répondeur automatique. Laissez un message : dites qui vous êtes, quelles sont vos intentions.

A l'écrit

6 Écrivez une lettre de réponse à l'*Allemande francophile* ou à une autre des annonces de votre choix (Pas sér. s'abst).

Allemande francophile de très bonne famille, divorcée, 4 enf. sérieux, épanouis (8, 13, 15 et 17 ans dont l'avenir est financièrement assuré) vivant en partie sur son domaine en Côte d'Or (cultures céréalières, élevage) **cherche compagnon** (éventuellement veuf avec enfants) d'une quarantaine d'années, agric. exploitant, actif, dynamique, bon caractère, formation supérieure, intelligent, chaleureux, spirituel pour futur mariage et qui verrait la vie au sein d'une famille sympathique non pas uniquement comme un défi, mais comme un enrichissement. Il pourrait le cas échéant assurer la direction ou l'exploitation du domaine tout en continuant d'exercer sa profession ou d'exploiter sa propre ferme.
Elle 39 ans, 1,65m, mince, yeux bleus, allure jeune, mère modèle, bonne maîtresse de maison, parlant bien le français, goûts variés, n'a pas perdu l'espoir d'une affection sincère, d'un amour véritablement partagé. Prière d'envoyer lettre détaillée avec photo à FA 1824 qui transmettra.

DEMANDES D'EMPLOI

A l'oral

7 **Jeu de rôles** L'entretien d'embauche. Vous êtes employeur et vous avez un poste à offrir à l'un/e des demandeurs d'emploi. Interviewez-le/la.

A l'écrit

8 Vous cherchez un travail en France pendant les grandes vacances. Rédigez le texte de la demande d'emploi qui paraîtra dans un journal approprié.

OFFRES D'EMPLOI

A l'oral

9 Téléphonez pour un des stages à la ferme (p. 138, 19 , 20 , 21 , 22).

10 Jeu de rôles L'entretien d'embauche. Vous vous présentez comme candidat à l'un des postes annoncés ci-dessus, pp. 138–140.

A l'écrit

11 Écrivez une lettre de candidature à l'un des postes annoncés (pp. 138–140). N'oubliez pas de joindre votre C.V. (Voir Module 12, pp. 231, 236–238.)

12 Rédigez le texte français des offres d'emploi qui suivent :

Richmond upon Thames

ADMINISTRATIVE SECRETARY

for Britain's most modern cooking school

A vacancy exists for someone who loves French cuisine and fine wines and would like a key position in a young growing company. As well as excellent secretarial skills, proven efficiency, literacy, a meticulous eye for detail, and experience in word-processing (Windows), the applicant needs to be numerate and must enjoy working with people.

Responsibilities include creating course programme leaflets and booking famous international chefs for lectures, running a very busy office and acting as Personal Assistant to the Principal, Jan Long. Experienced support available.

Salary £18,000+ pa depending on age and experience. 5 weeks holiday, gourmet lunches, no smoking offices.

This is a challenging, rewarding position of responsibility, with occasionally extended hours.

Send full CV within the week to: La Bonne École, 32 Yule Road, Richmond TW14 5AD with the names of two referees. Tel. 0181 640 7353.

Head of Operations – France

In less than 4 years over 3.5 million Sinclair designed computers have been sold, making it Europe's leading home computer supplier by volume. Sinclair is now poised to enhance dramatically this already impressive performance.

We are seeking an exceptionally talented person who will make a significant contribution to the marketing of Sinclair products in France. With an existing growth rate of over 100% per annum, this is quite a challenge.

You will be responsible for developing the marketing strategy and for ensuring its implementation. Working alongside the existing distributor you will ensure the optimum development of Sinclair's business interests in France.

The successful candidate is likely to be in the 30–40 age range, totally fluent in French and English and have an outstanding record of success in his/her career to date. Personal qualities and skills are far more important than industry background. Attributes called for include considerable flair and flexibility, a high level of energy and drive, as well as highly developed intellectual and business skills.

Please send personal and career details, written in English, to Bill Govern at Graduate Executive Search, 52 Haze Crescent, Montridge MR5 3LH, England. Alternatively telephone (00 44) 1335 255257 for an application form. Initial interviews will be held in Paris.

4 La consommation des biens et services

paco rabanne crée *Soin pour Homme*

Faites aujourd'hui pour votre visage ce que tous feront demain. Les rasages répétés, les efforts violents, les activités intenses et toutes les agressions subies par la peau d'un homme, c'est un fait. Mais que les hommes oublient de prendre soin d'eux-mêmes quand cela leur prend du temps, c'en est un autre.

Paco Rabanne l'a bien compris. Et il apporte la réponse : *Soin pour Homme.*

Calmante et adoucissante, la **Crème Protectrice Après Rasage** éteint le feu du rasoir et hydrate la peau. La Crème Hydro-Biologique, encore plus active, repose la peau, la rééquilibre et l'assouplit.

Il y a quatre autres produits, tout aussi simples, tout aussi utiles. Mais faites déjà pour votre visage ce que tous feront demain : l'essentiel avec un minimum.

Paco Rabanne/Paris.

Les essuies Santens. Symphonie de couleurs pour salles de bain. Si Mozart avait composé des couleurs, voilà comment se serait présentée sa gamme de serviettes éponges. Parfaitement harmonieuse. Avec des tonalités douces, fraîches. Une structure caressante. Des motifs de grand style. Des mouvements simples. Sa musique, Mozart l'aurait vue dans la gamme des couleurs Santens. Et comme il aurait eu raison ! SANTENS : Côté passion, la douceur. Côté raison, le prix.

Il y a un peu plus dans cette bouteille qu'un grand whisky. Il a la transparente blondeur d'un crépuscule sur la lande. Il a la force et le caractère sauvage de son pays. Race pure depuis cinq générations, ce n'est pas un whisky comme les autres. C'est **Glenfiddich**. Le seul pur malt des Hautes Terres d'Écosse à être mis en bouteille à l'endroit même où il est né. Une distinction naturelle qui ne s'adresse qu'aux véritables amateurs de whisky. **Glenfiddich**. Le boire est un art. « Sachez apprécier et consommer avec modération. »

Conférence Téléphone
On se comprend mieux parce qu'on s'écoute.

C'est bien connu : en réunion, on parle souvent tous en même temps ; on se coupe la parole. . . et finalement on n'arrive pas à se mettre d'accord. Avec le service **Conférence Téléphone** de France Télécom, les réunions sont beaucoup plus efficaces parce qu'on s'écoute mieux et qu'on est plus organisé. **Conférence Téléphone** est aussi très simple à utiliser, sans réservation, sans limitation de temps, immédiatement, depuis n'importe quel téléphone, fixe ou mobile. Découvrez vite **Conférence Téléphone** : contactez votre Ingénieur Commercial France Télécom ou consultez notre site Internet http://teleconferences.fth.net

Pour bénéficier d'un mois d'essai gratuit, appelez le N° Vert 0800.83.83.83 France Télécom.

Nous allons vous faire aimer l'an 2000.

Exercices pratiques

A l'oral

Utilisez le texte ci-dessous pour faire les exercices 1 et 2.

> Le consommateur obéit à diverses motivations quand il achète. Les annonces, par l'image et par la parole, font appel à des motivations multiples que les publicitaires devinent ou suscitent chez le consommateur cible. Ces mobiles peuvent être de nature économique (le rapport qualité-prix), égoïste (santé, propreté, confort, efficacité, plaisir, gourmandise, vanité, sécurité, snobisme, instinct de domination, instinct sexuel), ou altruiste (désir de protéger ou de se dévouer).

(Voir R. Leduc, *La Publicité, une force au service de l'entreprise*, Dunod, 1969.)

❶ Pour les publicités de la catégorie **Consommation des biens et services**, quelles motivations sont mises en jeu ?

❷ Recensez les publicités d'un hebdomadaire français du point de vue des motivations que vous jugez intervenir et confrontez vos constatations avec ce que vous savez des lecteurs du même « support ».

A l'écrit

❸ **Rédaction** En vous inspirant des annonces ci-dessus, rédigez un court texte publicitaire pour l'un des biens de consommation ou services suivants :

(a) un yaourt parfumé pour enfants ;

(b) cours d'été : l'anglais langue étrangère, cours assurés par des professeurs de votre université ou institut ;

(c) un service de téléphone portable ;

(d) une nouvelle gamme de chemises ou de chemisiers ;

(e) un abonnement à la télévision par câble ou satellite ;

(f) un nouvel apéritif sans alcool, bien de chez vous.

❹ **Rédaction** Commentez la psychologie du consommateur tel qu'il se révèle dans deux ou trois annonces que vous aurez relevées dans la presse française ou à la télévision française ou dans votre pays. A quelles motivations les publicitaires font-ils appel chez le consommateur ? (300–600 mots)

LES MOTS DE LA PUB

accroche : élément (énoncé ou visuel) de l'annonce publicitaire destiné à « accrocher » (attirer) l'attention.

audience : nombre de lecteurs, auditeurs, téléspectateurs touchés par un média.

cible : partie de la population que l'on souhaite tout particulièrement toucher à l'aide de la campagne.

concept : idée créative d'une campagne.

concepteur-rédacteur : « rédac », créatif chargé du concept et des « mots » d'une campagne.

diffusion : nombre d'exemplaires, payés ou non, « entre les mains » de lecteurs.

directeur artistique : « DA » ou graphiste, créatif chargé des images.

Évin (loi) : la loi Évin interdit depuis 1990 pratiquement toute publicité ou tout sponsoring aux marques d'alcool et de tabac.

GMS : grandes et moyennes surfaces de distribution (hyper ou supermarchés).

GRP : « *gross rating point* », indicateur de la puissance d'audience d'une campagne, tous médias confondus.

hors-média : « *below the line* », techniques de communication sans achat d'espace (PLV (publicité sur lieu de vente), événements, relations publiques, promotion, marketing direct, sponsoring, mécénat...). Le in-média est « above the line ».

identité graphique : ensemble des éléments du code visuel d'une marque (logo, couleurs, mise en page des documents à en-tête...).

jingle : signature sonore d'une marque ou d'un produit. Aussi dit « *sonal* ».

mailing : publipostage, message publicitaire « personnalisé », adressé par la poste à un public défini selon des critères de ciblage.

marketing direct : prospection directe et « personnalisé » au moyen du phoning, du mailing, du bus-mailing...

média planning : choix et recommandations en matière d'achat d'espace (médias, supports, formats, dates préconisées).

mix marketing : données marketing essentielles sur un produit, son prix, sa distribution, sa promotion, sa publicité.

ODV : occasion de voir, nombre d'expositions du message.

packaging : conditionnement, emballage, caractéristiques, graphiques d'un produit.

pack shot : photo du produit en signature d'une annonce ou à la fin d'un spot.

part de marché : pourcentage du chiffre d'affaires d'un produit sur son marché.

planning stratégique : analyse des modes, des modes de vie, des comportements du consommateur, en vue d'orienter les créatifs dans leur travail.

spot : message radio ou TV.

teasing : aguichage, action publicitaire en deux phases, une phase de suspens (provocation, mystère...), une phase de révélation.

testimonial : procédé créatif consistant à faire s'exprimer des consommateurs sur les avantages du produit.

tête de gondole : partie située en bout de linéaire dans les GMS, pour recevoir les promotions.

Adapté de : Jacques Séguéla, *La Publicité*, Éditions Milan 1997.

7

Grammar section
Word order

§1 Defining terms

§4 Questions

§2 Declarative sentences

§5 Word groups

§3 Exclamations

§1 Defining terms

1.1 Normal word order

Normal word order is SUBJECT + VERB (+ other items if any),

e.g.   (SUBJECT + VERB)

Ta grand-mère dort.

(SUBJECT + VERB + DIRECT OBJECT)

Cette étudiante cherche une chambre.

(SUBJECT + VERB + INDIRECT OBJECT)

Les militants répondent à l'appel.

(SUBJECT + VERB + COMPLEMENT)

Sa famille arrive demain.

A direct object is directly linked to the verb, whereas an indirect object is preceded in French by *à* (the most common) or *de, en* etc. And note that *lui, leur, y, en* are indirect object pronouns (see **GS 1**).

A complement is typically an expression of time (*demain*), place (*en France*) or manner (*lentement*).

1.2 Inversion

There are two types of inversion, simple and complex:

● Simple inversion involves placing the verb before the subject,

e.g. *Pensez-vous (partir) ? ; (Où) mène ce chemin ?*

● Complex inversion keeps the noun subject before the verb and 'repeats' it using *il(s)/elle(s)* after the verb,

e.g. **La directrice** *peut-elle nous recevoir ?*

Comment **le gouvernement** *va-t-il réagir ?*

Complex inversion is widely used in questions. See §4.5 below.

§2 Declarative sentences

These are sentences which make a statement, as opposed to those which ask questions (interrogative) or give commands (imperative).

2.1 Position of the subject

The commonest word order in declarative sentences is normal word order (see §1.1). But inversion is also used.

2.1.1 Inversion of subject and verb in declarative sentences In written French, inversion occurs when verbs of saying or thinking are used to present the actual words of a character,

e.g. *Sire, **dit le renard**, vous êtes trop bon roi.* (La Fontaine)

*Et de toute manière, **pensa-t-il**, je n'en sais rien.*

But inversion is not used for the following phrases when they are used within what people are saying or writing themselves: *je pense, je suppose, je crois, je l'avoue, j'en conviens,*

e.g. *Nous allons assister, je pense, à une soirée intéressante.*

Inversion is a marker of careful, formal style and should be used when a sentence begins with one of the following: *ainsi, à peine, aussi* ('so'), *aussi bien, du moins, en vain, encore, peut-être, quel que* ('whatever'), *tel, sans doute,*

e.g. *Sans doute **l'aurait-on fusillé**, s'il n'avait pas été Anglais.*

*Ainsi **peut-on** parler de...* (Texte un, 24)

Note that when *aussi* begins a sentence and the subject and verb are inverted, it does not mean 'also', but 'and so',

e.g. *Aussi les hôteliers **ont-ils** protesté.*

And so the hoteliers protested.

After the above expressions, complex inversion is used. The exceptions to this rule are *quel que* and *tel,*

e.g. *Quel que **soit le prix** de ce voyage...*

*Tels **sont les résultats** de notre sondage.*

Inversion of noun subjects and verbs is optional in relative clauses introduced by *que* or *où,*

e.g. *Les livres que m'a donnés mon père/que mon père m'a donnés.*

Un entrepôt où étaient stockés des milliers de paquets de cocaïne/où des milliers de paquets de cocaïne étaient stockés.

C'est ainsi qu'est née la « star stratégie » (Texte un, 3)/*que la « star stratégie » est née.*

2.1.2 Inversion of subject and verb in set phrases Inversion is found in certain set phrases containing the subjunctive expressing a wish,

e.g. *Vive la France ! Périssent les tyrans !*

Inversion may also be used for emphasis:

e.g. *La (= la troisième guerre mondiale) gagneront celles qui sauront se doter des...* (Texte un, 16 – 17)

See also GS 10, §2.

EXERCISE A Translate the following into French, inverting subject and verb or using complex inversion wherever you can:

(a) I opened the cupboard where the cakes and sweets were to be found.

(b) So the students went home.

(c) Perhaps he'll come tomorrow.

(d) No doubt the ecologists are right.

(e) Whatever be the truth in the matter, I must say no.

(f) Vainly the population of the village fought against the building of the new motorway.

2.2 Position of direct and indirect object

2.2.1 Direct objects, other than personal pronouns (see **GS 1**, §3.1), follow the verb, but may be separated from it,

e.g.   *Ces pancartes **répandent*** (VERB), *chez ceux qui les voient,* ***un sentiment de responsabilité*** (DIRECT OBJECT).

2.2.2 Certain verbs (e.g. *donner, envoyer, payer, écrire*) may be followed both by a direct object and by an indirect object. Usually, the direct precedes the indirect object,

e.g.   *On a accordé **une permission*** (DIRECT OBJECT) ***aux troupes*** (INDIRECT OBJECT).
     The troops were given leave.

But, in many cases, the length of the objects decides their position. The shorter object usually precedes the longer,

e.g.   *On a accordé **aux troupes*** (INDIRECT OBJECT) ***une permission de 48 heures*** (DIRECT OBJECT).

For the order of direct and indirect objects when these are pronouns, see **GS 1**, §3.3.

2.3 Complements such as adverbs and adverbial phrases

In written French these phrases are usually arranged in order of increasing length,

e.g.   *Par le style, la « star stratégie » s'efforce d'exprimer le caractère et l'âme...* (Texte un, 39 – 40)
     *Ce jour-là, au bois de Chaville, une famille pique-nique **dans la mousse des sous-bois**.*

The longest adverbial phrase (in bold above) is placed at the end.

There is a tendency to delay essential new information, even if it is contained in the main subject-verb group, until the end of the sentence, in order to highlight it,

e.g.   *Chaque fois que le général passe la porte sur son cheval,* ***la garde lui rend les honneurs**.*

EXERCISE B   Construct sentences by rearranging the groups of words given in brackets. More than one arrangement may be possible. Explain why you have chosen your particular order in each sentence.

(a) (**1** une centaine de bateaux attendent) (**2** que leurs 500 000 tonnes de marchandises soient déchargées) (**3** en rade depuis deux mois) (**4** dans les principaux ports iraniens)

(b) (**1** des hauts-parleurs installés dans toutes les rues) (**2** hurlent des slogans) (**3** et déversent les flots de la nouvelle musique populaire) (**4** de six heures du matin à neuf heures du soir) (**5** à longueur de journée)

(c) (**1** à la presse) (**2** une divergence de vues si considérable) (**3** avant la fin du Congrès) (**4** qu'on a promis aux délégués) (**5** les débats ont fait apparaître) (**6** de ne rien divulguer)

(d) (**1** l'instituteur laïque) (**2** dans de nombreuses communes) (**3** de sonner la cloche et de chanter au lutrin) (**4** était obligé) (**5** trop parcimonieusement rétribué par l'État) (**6** pour ajouter quelques pauvres sous à son budget annuel)

(e) (**1** la France a misé à fond sur le nucléaire) (**2** sous la pression des pays arabes) (**3** au cours des années 70)

2.4 Negatives

Ne... pas are usually placed on either side of the verb,

e.g.   *Je **ne** sais **pas**.*

or, in a compound tense, around the auxiliary verb (*avoir/être*),

e.g.   *Il **n'**a **rien** envoyé.*

If two negatives are required in the same sentence, there is a fixed order,

e.g. *Il ne dit **jamais rien**. (plus rien, plus jamais)*
     Cp. *Il ne dit **plus jamais rien à personne**.*

If the negative applies to an infinitive, both parts of the negative come before the infinitive,

e.g. *Elle m'a conseillé de **ne plus** venir.*

Personne, aucun, nulle part are always placed at the end of a phrase or clause,

e.g. *Elle m'a conseillé de **ne voir personne**.*
    *Je n'en ai vu **aucun**.*
    *On **ne** l'a retrouvé **nulle part**.*

The *que* of the pair *ne... que* (= 'only') varies in position according to the intended meaning,

e.g. *Je **ne** l'ai **qu'**aperçue.*
    I only caught a glimpse of her.
    *Je **n'**ai aperçu **qu'**elle.*
    I saw only her/she was the only person I noticed.

§3 Exclamations

Exclamations in French usually follow the normal subject-verb order, but are introduced by words like *Comme, Que, Qu'est-ce que* and *Quel*,

e.g. *Comme les gens sont devenus égoïstes !*
    Qu'elle est belle !
    Qu'est-ce qu'il est bête !
    Quelle surprise de te revoir ici !

For greater emphasis, a noun subject may occur at the end of a sentence, with its normal slot being taken by the corresponding pronoun,

e.g. *Qu'il est sale, ce gosse !*
See also GS 10, §3.

EXERCISE C Make exclamations from the following sentences. The exclamation should concern the word or phrase printed in italics.

(a) On a eu *une surprise*.
(b) Nous avons été *surpris*.
(c) C'est *une belle forêt*.
(d) Elle a *de très grands arbres*.
(e) C'est *vilain*.

§4 Questions

4.1 General principles

If the subject of the sentence is *Qui ?* or a subject noun accompanied by a question-word, normal subject-verb order is observed,

e.g. *Qui est là ?*
    Combien de personnes attendent à la porte ?
But note the use of inversion in sentences using impersonal *il*,

e.g. *Quelle heure est-il ?*

In other interrogative (question) sentences, French has three principal constructions:

1 Least formal: normal subject-verb order but with rising intonation, *Tu viens ?*
2 Neutral: use of *est-ce que* + normal word order, *Est-ce que tu viens ?*
3 Most formal: inversion (simple and complex) of subject and verb, *Viens-tu ?*

4.2 Retention of normal subject-verb order

In informal style, particularly in speaking, normal subject-verb word order is retained and the question is expressed by a variety of other devices. With questions requiring a yes/no answer, a rising intonation is given to what would otherwise be a declarative statement,

e.g. *Tu viens ?*

Tu as eu du courrier ?

For questions referring only to part of the sentence, the normal subject-verb order is retained and the question word placed either at the beginning or at the end of the sentence,

e.g. *Comment tu t'appelles ?*

Tu viens quand ?

4.3 Addition of *est-ce que*

When the question concerns the whole sentence and calls for a yes/no answer, *Est-ce que* is placed at the start of the sentence,

e.g. *Tu viendras* ⇒ *Est-ce que tu viendras ?*

When the question concerns only part of the sentence *est-ce que* is inserted between the question word and the subject,

e.g. *Quand est-ce que tu viendras ?*

A quelle heure est-ce que le monsieur est passé ?

4.4 Simple inversion

In using inversion to ask a question it is important to note whether the subject is a pronoun or whether it is a noun.

4.4.1 If the subject is a **pronoun**, simple inversion can be used without restrictions,

e.g. *Vient-elle ?*

A-t-il mangé ?

Pourra-t-elle venir ?

Comment vient-elle ?

Quand a-t-il mangé ?

Pourquoi veut-elle venir ?

Note:

● a hyphen **must** be inserted between the verb and its subject pronoun;

● all third person verbs ending in a **vowel** require the insertion of *-t-* between the verb and the subject.

4.4.2 If the subject is a **noun**, use of simple inversion is necessary after *Que*,

e.g. *Que veut cet homme ?*

Qu'a dit l'écologiste ?

It is possible to use simple inversion after the question words *quand, combien, comment, où, qui* and *quoi* (preceded by a preposition),

e.g. *De quoi ont parlé les ministres ?*

Où conduit cette route ?

In written French complex inversion may also be used after all these words except *Que* (see §4.5 below). It is **not** possible to use simple inversion with noun subjects in the cases listed below under §4.5.

4.5 Complex inversion

As defined in §1.2, this involves 'repeating' a noun subject by placing *il(s)/elle(s)* after the verb:

(QUESTION WORD +) SUBJECT NOUN + VERB + SUBJECT PRONOUN,

Quand (QUESTION WORD) *le gouvernement* (SUBJECT NOUN) *se décidera* (VERB)-*t-il* (SUBJECT PRONOUN) ?

You must use complex (as opposed to simple) inversion in the following cases:

● in questions calling for a yes/no answer,

e.g. *Ce tissu se vend-il partout ?*

● when the direct object of the verb is also a noun,

e.g. *Quand le mécanicien réparera-t-il **la voiture** ?*

● when the verb is *être* or *devenir* with a noun or adjective as complement,

e.g. *Quand Louis XIV est-il **devenu** roi ?*

● after *Pourquoi ?*

e.g. ***Pourquoi** mon fils est-il mauvais élève ?*

Complex inversion is optional with noun subjects after question words other than *Que*,

e.g. *De quoi les ministres ont-ils parlé ?*
Où cette route conduit-elle ?

EXERCISE D   Compose the questions which gave rise to the following answers and which refer to the italicised words. Give the appropriate form using inversion (giving both simple and complex if both are correct) then the form resulting from the insertion of *est-ce que.*

Example:

Mon père s'en va *demain :*
⇒ *Quand s'en va votre père ?*
or *Quand votre père s'en va-t-il ?*
or *Quand est-ce que votre père s'en va ?*

(a) Le chargé d'affaires a porté la lettre *à son ambassadeur.*

(b) Elle regarde *son frère.*

(c) Cela s'apprend *en Angleterre.*

(d) Giraudoux a publié la plupart de ses pièces *avant la guerre.*

(e) Ces gens dépendent *de leur consulat.*

(f) J'ai appris la nouvelle *par quelqu'un au ministère.*

§5 Word groups

5.1 Word groups involving numbers

Word order is generally the same as in English,

e.g. *Les trois voitures*

but note the following pattern, which is the reverse of the English order,

DEFINITE ARTICLE +   CARDINAL NUMBER +
ORDINAL NUMBER +   NOUN

e.g. *Les* (DEFINITE ARTICLE) *deux* (CARDINAL NUMBER) *premiers* (ORDINAL NUMBER) *jours* (NOUN).
The **first two** days.

5.2 Word groups involving an adjective

5.2.1   Most adjectives follow the noun,

e.g. *une culotte bleue; une voiture neuve*

However, some of these may precede for reasons of emphasis. See **GS 10, §2.2.**

5.2.2   The following very common adjectives normally precede the noun: *autre, beau, bon, gentil,*

grand, haut, jeune, joli, mauvais, petit, tel, tout, vaste, vieux, vrai.

However, they may follow the noun in the following circumstances:

● when the adjective is followed by a qualifying phrase,

e.g. *du vin **bon à mettre en bouteilles***

● when the adjective is preceded by an adverb (especially adverbs ending in *-ment*),

e.g. *une musique **étonnamment belle***
*une décision **presque intelligente***

● in comparisons, such adjectives may precede or follow the noun,

e.g. *J'ai un gâteau **aussi gros** que celui de ma sœur.*
*J'ai un **aussi gros** gâteau que celui de ma sœur.*

5.2.3   There is also a group of adjectives that may either precede or follow a noun. Their meaning changes according to their position: *ancien, brave, certain, cher, dernier, différent, digne, divers, faux, honnête, même, nouveau, nul, pauvre, propre, pur, sacré, seul, simple,* e.g. *une église ancienne*   an old church

une ancienne église   a building that once was a church, a former church

une certaine date   a certain (= unspecified) date

une date certaine   a fixed date

EXERCISE E   Use a dictionary to find the different meaning of each of the adjectives in §5.2.3 and make up phrases and sentences which show their different senses.

5.2.4   Some adjectives have strong emotive force when they are placed before the noun,

e.g. *un **merveilleux** repas*
a quite stupendous meal
*un **remarquable** effort*
a most impressive effort
*un **horrible** chapeau*   a really horrendous hat
*un **dur** moment*   a particularly difficult time

The above phrases would not be grammatically wrong if the adjectives were placed after the nouns, but they would be rather bland and ordinary. Placing the adjective in front obliges anyone **speaking** to give it greater ('emphatic') stress. See also **GS 10**, §2.2.

5.2.5   When two or more adjectives qualify a noun, there are two possibilities:

1 Each adjective may relate independently to the noun,

e.g. *les espèces animales et végétales*
un homme doux, aimable, persuasif et par conséquent suspect aux femmes.

Note how **two** adjectives are separated by *et*; **more than two** adjectives are separated by commas **and** *et*.

2 The second or later adjective may qualify not merely the noun, but the unit formed by the noun and the first adjective together. In such cases *et* is not usual,

e.g. *l'esprit national **français***
French national character
*le bulletin météorologique **national***
the national weather forecast

Sometimes one of the adjectives figures before the noun to improve the balance or alter the emphasis,

e.g. *un continuel effort physique*
See **GS 10**, §2.2.

EXERCISE F   Complete the sentences by arranging the words given in brackets around the noun printed in italics. If necessary, add punctuation and link by using *et*. More than one answer is often possible.

Example:

On n'a pas encore trouvé de (artificiels ; bénéfiques ; *pesticides*)
⇒ *On n'a pas encore trouvé de pesticides artificiels bénéfiques.*

(a) On risquait de détruire l'un de(s) (naturels ; fragiles ; *équilibres*).

(b) Un contrôle qui repose sur une (intelligente ; étroite ; *coopération*)...

(c) Les (démocratiques ; politiques ; *institutions*) ne fonctionnent que dans les pays techniquement développés.

(d) Il se sentait mordu d'un (vague ; de fuite ; *désir*).

(e) Elle le fixait de ses (petits ; étonnamment ; *yeux*).

(f) La (jaune ; vaste ; au portique grec ; *maison*) lui revenait à l'esprit.

(g) Elle savait qu'elle était arrivée au terme d'un (long ; pénible ; *voyage*).

(h) Les (premiers ; douze ; *hommes*) purent débarquer sans difficulté.

(i) L'an dernier nous avons eu (de plus ; trois ; *jours de vacances*).

Other aspects of word order are dealt with in **GS 1**, **GS 4** and **GS 10**.

Aspects de la littérature 8

TEXTE UN

Françoise Sagan

Quelques semaines ont suffi pour assurer au premier roman de Françoise Sagan : *Bonjour Tristesse* (1954), le plus grand succès de librairie connu depuis la guerre et une célébrité internationale. Ce court récit, écrit d'un trait par une jeune fille de dix-huit ans, a été depuis suivi de romans et de plusieurs pièces de théâtre. Le succès ne s'est pas démenti. Faut-il saluer le génie ? Faut-il admirer le lancement publicitaire d'un éditeur particulièrement avisé ? La vérité, semble-t-il, est ailleurs : dans la conjonction d'une certaine sensibilité d'observation chez l'auteur et d'un certain style. Un visage d'adolescente où l'attention, la méfiance, l'ironie, l'indifférence se découvrent tour à tour dans le regard, a été reproduit par les journaux en tous les lieux du monde. Plus indiscrets, des photographes ont révélé les attaches féminines d'un corps frêle*. Et nul ne s'étonnerait, dans ce siècle du mythe, si cette jeune femme avait conquis sa gloire et sa légende sur les écrans de cinéma. Mais Françoise Sagan n'est pas une star comme les autres. Et l'auteur de *Bonjour Tristesse* fut la première à condamner la curiosité qui traînait, derrière ses blue-jeans, les échotiers en mal de copie* : « Le seul miroir possible*, déclarait-elle dans une interview, c'est ce qu'on a écrit... »

L'essentiel, donc, est dans ces minces ouvrages, de longueur égale, qui, sous leur couverture blanche et verte, relatent les premiers affrontements d'un jeune être avec la vie et le destin. Et pourtant, quoi de plus ténu que la matière de ces romans ? Dans le premier, une fille de dix-sept ans défend sa liberté et ses plaisirs – favorisés par un père léger, aux faciles et nombreuses aventures – contre qui les menace* ; la rupture provoquée par Cécile entre son père et Anne, la gêneuse, entraîne la catastrophe : Anne se suicide sur la route de l'Estérel. Dans *Un certain Sourire* (1956), Dominique, lasse de la mollesse d'un premier amant, se donne à Luc, quadragénaire, vit quelques semaines avec lui, puis se sépare de lui. Plus embrouillée, l'intrigue de *Dans un Mois, dans un an* (1957) revêt un caractère insignifiant : Josée passe du lit de Jacques à celui de Bernard, Béatrice chasse du sien le jeune Édouard pour y accueillir Jolyet, son directeur de théâtre, Alain se console d'un grand amour déçu dans les bras d'une jeune fille et cherche son dernier secours dans l'ivrognerie... Un machiavélisme, à la fois pervers et innocent, des chassés-croisés de lit, tels sont les ressorts d'une œuvre qu'un lecteur pressé et grognon pourrait comparer à certains romans du début du siècle.

Seule, ajouterait-il, l'atmosphère a changé : la voiture de sport a remplacé le fiacre trottinant*, le whisky a succédé au champagne, le jazz a relégué la valse aux oubliettes, les déshabillés vaporeux et les corsets sifflants se sont retirés devant le maillot deux pièces et le linge de nylon. Pourtant, si Françoise Sagan appartient à son temps et s'en révèle ainsi le témoin, la description attentive et lucide de ce petit univers clos où la fortune favorise une existence aisée, confortable, et où le travail n'apparaît que très rarement, nous retient moins que la peinture des luttes et des déchirements du cœur humain.

J. Majault, J. M. Nivat, C. Geronimi, *Littérature de notre temps*, Castermann, 1966.

A   Préparation du texte

Notes

➤*les attaches féminines d'un corps frêle* (9 – 10) : certains photographes ont révélé non seulement le visage de Sagan, mais aussi son *corps frêle* pour montrer qu'il s'agissait bien d'une femme jeune.

➤*les échotiers en mal de copie* (13) : « gossip columnists short of copy ».

➤*Le seul miroir possible* (13) : la seule image véridique de l'auteur.

➤*contre qui les menace* (19) : *qui* a ici le sens de « whoever, anyone who ».

➤*le fiacre trottinant* (29 – 30) : peut-être une allusion à une célèbre chanson interprétée par Charles Trenet aux années 30 intitulée *Le Fiacre* (« The Hansom Cab »). Le premier vers en est *Un fiacre allait trottinant*. Au *début du siècle* (28) on employait souvent un fiacre pour des rencontres ou promenades amoureuses.

Vocabulaire

❶ Traduisez en anglais les mots et expressions suivants : *succès de librairie* (2), *d'un trait* (3), *éditeur* (5), *conjonction* (6), *sensibilité* (6), *photographes* (9), *quoi de plus ténu* (17), *matière* (17), *aventures* (19), *intrigue* (22), *revêt* (23), *déçu* (25), *ressorts* (27), *succédé* (30), *relégué aux oubliettes* (30).

❷ Expliquez en français le sens des expressions suivantes dans leur contexte :
Le succès ne s'est pas démenti (4)
le lancement publicitaire (5)
son directeur de théâtre (25)
des chassés-croisés de lit (27)
les corsets sifflants (31)
la fortune favorise une existence aisée (33 – 34)

Commentaire grammatical

USE OF THE CONDITIONAL

➤*s'étonnerait. . . si. . . avait conquis. . .* (10) : several combinations of tenses are possible in French conditional sentences, see **GS 8**, §4.1. Each has a different meaning, but remember that in such sentences the conditional verb never occurs in the *si*-clause itself.

➤*pourrait* (28) ; *ajouterait* (29) : uses of the conditional in sentences where the **if**-clause is not even implied. Such sentences are as common in French as they are in English. See **GS 8**, §4.

➤*si* (32) : this word is not used here to

introduce a condition. It serves to produce a contrast between the idea in the *si*-clause (Françoise Sagan belongs to her time, etc.) and the one in the main clause (the external details in her stories, which have a tendency to date, are less important than her portrayal of human emotion). English might well use **while**... for this contrast of ideas. See **GS 8, §4.3**.

OTHER GRAMMAR POINTS

➤*Quelques semaines* (1) : English speakers have a tendency to confuse the uses of *quelques* and *quelques-uns*, no doubt because English **some** functions both as an adjective (e.g. **some** weeks) and as a pronoun (e.g. I saw **some**). French *quelques* acts only as an adjective (e.g. *quelques semaines*), while *quelques-uns/unes* is a pronoun (e.g. *J'en ai vu quelques-uns*). The French frequently use *certains* in a similar sense. It is usually an adjective, but it can be used as a pronoun (e.g. *Certains disent...*) to mean 'Some people'.

➤*les autres* (12) : when *autre(s)* occurs without a noun it may be difficult to choose the appropriate article: *l'autre* (the other one) *les autres* (the others); *un autre* (another); *d'autres* (others). This latter pair breaks with the usual pattern of articles *un*

garçon – des garçons. *Des* never occurs before *autres* except when the prepositional *de* combines with the definite article, e.g. *les livres des autres*. See **GS 5, §2.4**.

➤*quoi de plus ténu* (17) : cp. the common expression *Quoi de neuf ?* (What's new?). See **GS 6, §4.4.1**.

➤*aux faciles et nombreuses aventures* (18 – 19) : emphasis is achieved by placing before a noun adjectives which usually follow it. See **GS 10, §2.2**.

Compréhension du texte

❶ Comment les auteurs expliquent-ils le succès de *Bonjour Tristesse* ? Quelles sont les deux explications qu'ils rejettent ?

❷ Expliquez le sens de l'expression *dans ce siècle du mythe* (10). Une simple traduction ne suffira pas.

❸ En quoi Françoise Sagan n'est-elle pas *une star comme les autres* (11 – 12) ?

❹ Expliquez l'emploi de l'expression *Un machiavélisme, à la fois pervers et innocent* (26 – 27) à propos des amants (hommes et femmes) dans les romans de Françoise Sagan.

B   Exercices de renforcement

A l'oral

❶ Préparez des réponses orales aux questions suivantes :

(a) Comment Françoise Sagan a-t-elle écrit son premier roman ?

(b) Décrivez le visage de Sagan reproduit dans

les journaux du monde entier.

(c) D'après le résumé de *Bonjour Tristesse* (17 – 20) qui est *Cécile* (19) ? Justifiez votre réponse.

(d) Qu'est-ce qui distingue les romans de Sagan de *certains romans* du début du siècle (29) ?

Exercices lexicaux

❷ Trouvez dans le texte dix exemples de « faux amis » – mots français dont la forme est semblable à celle de mots anglais mais dont le sens usuel est différent. Traduisez-les en anglais dans le sens qu'ils ont dans le texte, puis donnez une traduction française du mot anglais de forme semblable.

Par exemple :   *lecture* = reading
                lecture = *conférence*

❸ Utilisez chacune des expressions suivantes dans une phrase de votre invention pour illustrer le sens qu'elle a dans le texte : *tour à tour* (8), *nul* (10), *en mal de* (13), *quoi de. . . ?* (17), *à la fois* (26).

Exercices grammaticaux et structuraux

❹ Mettez les verbes entre parenthèses au temps et au mode appropriés en changeant l'ordre des mots là où il le faut :

(a) Voici un livre qui n(e) (*devoir*) jamais être écrit.

(b) Si Jane Austen (*vivre*) à Paris au milieu du XXᵉ siècle elle (*écrire*) comme Françoise Sagan.

(c) Son premier roman est plein de fautes d'orthographe. Avant de le publier elle (*pouvoir*) les corriger.

(d) Maintenant je ne (*lire*) plus Sagan même si on me (*payer*).

(e) Si les romans de Sagan (*valoir*) la peine d'être lus je les (*acheter*) déjà.

❺ Réécrivez les phrases suivantes en exprimant les conditions par *si* sans en changer le sens. Pour vous aider, consultez **GS 8, §§4.1, 4.2 et 4.4.**

(a) Sans la censure de leur publication la maison d'édition serait la plus puissante du monde.

(b) Je vais lui faire remarquer les défauts de son style, ne serait-ce que pour le rendre moins orgueilleux.

(c) Mariée elle n'aurait pas eu le temps de poursuivre sa carrière d'écrivain.

(d) N'eût-il pas renoncé à ce projet, son élection à l'Académie française eût été assurée.

❻ Traduisez en français les phrases suivantes :

(a) Some people like Sagan's novels, others hate them.

(b) I know some of them and have heard of the others.

(c) I have read some of the other novels of Sagan.

(d) 'Hell is other people.'

(e) Give me some other books to read.

(f) I have already been here for some weeks and am getting impatient.

(g) After only a few weeks she was an international celebrity.

(h) I saw a few of his friends in the library.

C   Exploitation du texte

A l'oral

❶ **Récit oral** Racontez l'intrigue d'un roman d'amour que vous avez lu.

❷ **Sujet de discussion** Lequel vaut mieux – l'écrivain qui se révèle le témoin de son temps ou celui qui peint les *luttes et déchirements du cœur humain* (35) ?

A l'écrit

❸ Résumé Résumez ce texte en 150 mots en faisant ressortir les idées principales de ses auteurs sur Françoise Sagan.

❹ Rédaction dirigée « Une fille de dix-sept ans défend sa liberté et ses plaisirs – favorisés par un père léger, aux faciles et nombreuses aventures – contre qui les menace ; la rupture provoquée par Cécile entre son père et Anne, la gêneuse, entraîne la catastrophe : Anne se suicide sur la route de l'Estérel. » Racontez cette histoire en 300 mots en imaginant les détails. Utilisez le passé simple.

❺ Rédaction « L'étude de la littérature contemporaine est pour nous la seule valable. » Discutez. (200 mots)

❻ Version Traduisez en anglais les lignes `21` – `35`, y compris les titres des ouvrages.

❼ Thème Traduisez en français le texte ci-dessous en vous servant le plus possible d'expressions tirées du texte :

A quick glance was sufficient to make her realise that the salesgirl had seen her putting Françoise Sagan's latest novel into her handbag. She rushed out of the bookshop and unfortunately ran into M. Pontier, the unsavoury forty-year-old from the flat next door. He greeted her in a very friendly way: 'If I were you I wouldn't run about like that,' he said, 'You could have an accident.'

'Oh hello,' she replied – her thoughts were all mixed up – 'I'm in a bit of a hurry, would you mind if I didn't stop to chat?'

M. Pontier looked rather disappointed, but too bad, she had to get away from that shop. She dodged aside and ran as fast as she could to the end of the street. She did not feel safe until she had got round the corner. Would the salesgirl report the matter to the police? Would M. Pontier act as a witness and identify her? The incident was beginning to take on an unpleasant form. M. Pontier would certainly exploit any power he had over her. Others would be sympathetic, but not him. He was well known for his affairs with women and she would not be surprised if he tried to blackmail her.

Françoise Sagan

Le roman réaliste

Le romancier qui transforme la vérité constante*, brutale et déplaisante, pour en tirer une aventure exceptionnelle et séduisante, doit, sans souci exagéré de la vraisemblance, manipuler les événements à son gré, les préparer et les arranger pour plaire au lecteur, l'émouvoir ou **4** l'attendrir. Le plan de son roman n'est qu'une série de combinaisons ingénieuses conduisant avec adresse au dénouement. Les incidents sont disposés et gradués vers le point culminant et l'effet de la fin, qui est un événement capital et décisif, satisfaisant toutes les curiosités éveillées au début, mettant une barrière à l'intérêt, et terminant si complètement l'histoire racontée **8** qu'on ne désire plus savoir ce que deviendront, le lendemain, les personnages les plus attachants.

Le romancier, au contraire, qui prétend nous donner une image exacte de la vie, doit éviter avec soin tout enchaînement d'événements qui paraîtrait exceptionnel. Son but n'est point de **12** nous raconter une histoire, de nous amuser ou de nous attendrir, mais de nous forcer à penser, à comprendre le sens profond et caché des événements. A force d'avoir vu et médité, il regarde l'univers, les choses, les faits et les hommes d'une certaine façon qui lui est propre et qui résulte de l'ensemble de ses observations réfléchies. C'est cette vision personnelle du monde **16** qu'il cherche à nous communiquer en la reproduisant dans un livre. Pour nous émouvoir, comme il l'a été lui-même par le spectacle de la vie, il doit la reproduire devant nos yeux avec une scrupuleuse ressemblance. Il devra donc composer son œuvre d'une manière si adroite, si dissimulée, et d'apparence si simple, qu'il soit impossible d'en apercevoir et d'en indiquer le **20** plan, de découvrir ses intentions.

Au lieu de machiner une aventure et de la dérouler de façon à la rendre intéressante jusqu'au dénouement, il prendra son ou ses personnages à une certaine période de leur existence et les conduira, par des transitions naturelles, jusqu'à la période suivante. Il montrera de cette façon, **24** tantôt comment les esprits se modifient sous l'influence des circonstances environnantes, tantôt comment se développent les sentiments et les passions, comment on s'aime, comment on se hait, comment on se combat dans tous les milieux sociaux, comment luttent les intérêts bourgeois, les intérêts d'argent, les intérêts de famille, les intérêts politiques.

28 L'habileté de son plan ne consistera donc point dans l'émotion ou dans le charme, dans un début attachant ou dans une catastrophe émouvante, mais dans le groupement adroit de petits faits constants* d'où se dégagera le sens définitif de l'œuvre...

G. de Maupassant, « Le Roman » dans *Pierre et Jean*, Ollendorff, 1888.

A Préparation du texte

Notes

➤*Le roman réaliste* : le réalisme est une « doctrine d'après laquelle l'écrivain ou l'artiste vise à peindre la nature et la vie telles qu'elles sont, sans les embellir » (*DFC*). Guy de Maupassant (1850–93) fut un des plus grands écrivains réalistes.

➤*vérité constante* (*f*) (1) : « everyday reality », voir aussi *faits constants* (30) : « everyday events ». Il s'agit de la matière brute de l'expérience humaine utilisée par un auteur pour en faire une histoire.

Vocabulaire

1 Dressez une liste de dix substantifs tirés du texte qui ont un rapport direct avec le roman, par exemple *romancier* (1), *vraisemblance* (2). Notez leur sens en anglais.

2 Trouvez une traduction anglaise des mots suivants qui convienne au contexte : *exceptionnel(le)* (2 , 11), *séduisante* (2), *sans souci exagéré de* (2), *émouvoir* (3 , 16 , cp. 29), *attendrir* (4 , 12), *avec adresse* (5), *disposés et gradués* (5), *attachant(s)* (9 , 29), *amuser* (12), *réfléchies* (15), *machiner* (21), *dérouler* (21), *les esprits* (24), *circonstances environnantes* (24), *d'où se dégagera* (30).

Commentaire grammatical

USE OF THE FUTURE

➤*deviendront* (8) : this is the normal use of the future tense locating the action at some point in future time (here *le lendemain*) without relating that action to the present. The construction *vont devenir* would have related the future action more closely with the present. See **GS 8, §§2.1 and 2.2.**

➤*devra* (18), *prendra* (22), *conduira* (23), *montrera* (23), *consistera* (28), *se dégagera* (30) : in these cases the future is used not to indicate future time but to express Maupassant's suppositions about what those who aspire to writing a *roman réaliste* would do. See **GS 8, §§3.1.**

OTHER GRAMMAR POINTS

➤*conduisant* (4), *en la reproduisant* (16) : when the present participle is used as a verb, the speaker must choose between using it with or without *en*. In both cases, the *-ant* form of the verb indicates that two actions are taking place simultaneously. The subjects of the two verbs need not be the same. In this case the present participle is used without *en*, e.g. *Je l'ai rencontré sortant de chez Marie* means that I met him as **he** came out of Marie's house. *Je l'ai rencontré **en** sortant de chez Marie* can only mean that I met him as I came out of Marie's house. Using *tout* – followed by the *-ant* form emphasises the simultaneity or expresses the contrast between two actions, e.g. *Tout en acceptant votre argument, je dois néanmoins exprimer un avis contraire.*

Compréhension du texte

1 Qu'est-ce qui distingue les buts des deux types de romancier décrits dans le texte ?

2 En quoi diffèrent les plans des romans produits par chacun des deux types d'auteur ?

❸ Expliquez le sens de l'expression *un événement capital et décisif, ... mettant une barrière à l'intérêt* (6 – 7) dans le contexte du premier paragraphe.

❹ Expliquez la différence d'attitude manifestée par les deux sortes d'auteur envers les personnages principaux de leurs romans.

B　Exercices de renforcement

A l'oral

❶ Préparez des réponses orales aux questions suivantes :

(a) Expliquez l'effet sur le lecteur du dénouement d'un roman du premier type.

(b) Que fait l'auteur du deuxième type de roman pour nous émouvoir ?

(c) Que fera l'auteur réaliste pour faire ressortir *le sens définitif de l'œuvre* (30) ? Que ne fera-t-il pas ?

Exercices lexicaux

❷ Utilisez chacune des expressions suivantes dans une phrase de votre invention pour illustrer le sens qu'elle a dans le texte : *prétend* (10), *A force d'* (13), *propre* (14), *tantôt... tantôt...* (24 – 25).

❸ Traduisez en français les phrases suivantes en utilisant des mots ou expressions tirés du texte pour rendre les mots imprimés en italique :

(a) A novelist may handle facts *as he pleases*.

(b) He should *scrupulously avoid* annoying his readers.

(c) She should have expressed herself *like this*.

(d) It would be easy to find *its* source.

(e) He wrote simply, *so as* not *to* confuse his readers.

❹ Complétez le tableau suivant :

substantif	adjectif
apparence (19)	apparent
	déplaisante (1)
vraisemblance (2)	
	exacte (10)
	profond (13)
ressemblance (18)	
	émouvante (29)
	adroit (29)

Exercices grammaticaux et structuraux

❺ Expliquez la valeur du futur dans chacune des phrases suivantes. Voir le **Commentaire grammatical** p. 159 et GS 8, §§2 et 3.

(a) Vous *tâcherez* d'être adroit car cette femme est très sensible.

(b) On *soldera* les exemplaires restés invendus.

(c) Je vous *prierai* de ne pas fumer à table.

(d) Il *sera* là maintenant.

(e) L'avion *décollera* avant l'aube.

(f) Vous *prendrez* ces médicaments tous les matins.

(g) Je vous *demanderai* un peu de patience.

❻ Mettez les phrases suivantes au style indirect. Commencez : *Elle annonça/déclara que...* ; *Il demanda...* ; etc. Voir GS 8, §2.4.

(a) « Mon recueil de poèmes paraîtra demain chez Gallimard. »

(b) « Hier j'ai vu le correspondant littéraire du *Monde*. »

(c) « Bien avant la fin de l'année tous les exemplaires auront été vendus, j'espère. »

(d) « Le grand écrivain français François Mauriac est décédé au cours de la nuit dernière. » (Flash à la radio)

(e) (Juge à l'accusé) « Pourquoi ne dites-vous rien ? »

(f) « Votre roman n'est-il pas du genre policier ? »

❼ *Le romancier... doit éviter...* (10 – 11) = « The novelist must avoid... », cp. *Le*

romancier... a dû éviter... = « The novelist **must have avoided .../had to avoid ...** »

Voir **GS 8**, §5, ensuite traduisez les phrases suivantes de français en anglais ou d'anglais en français :

(a) Il a dû nous entendre.

(b) Elle aurait dû nous prévenir.

(c) Il devait avoir 20 ans à l'époque.

(d) Elle a pu l'égarer.

(e) I must have lost it.

(f) She may have forgotten him.

(g) You should have told me.

(h) It must have been eight o'clock.

C Exploitation du texte

A l'oral

❶ **Récit oral** Racontez l'intrigue d'un roman policier que vous avez lu.

❷ **Sujet de discussion** « Lire les romans est agréable, mais les étudier détruit tout le plaisir. »

A l'écrit

❸ **Rédaction dirigée** « Le but du romancier n'est point de nous raconter une histoire, de nous amuser ou de nous attendrir, mais de nous forcer à penser. » Discutez (250 mots). Modèle à suivre:

● La différence fondamentale entre le roman traditionnel et le roman réaliste : plaire ou instruire.

● Le roman réaliste cherche surtout à instruire : pourquoi et comment ?

● Le roman traditionnel cherche surtout à plaire : pourquoi et comment ?

● La citation est trop dogmatique : plaire et instruire en même temps.

❹ **Rédaction** Prenez un roman populaire que vous avez lu (un roman policier par exemple), et décrivez comment l'auteur réussit à éveiller la curiosité au début, à graduer les incidents et à terminer de façon décisive, sans que vous désiriez connaître l'avenir des personnages. (300 mots)

❺ **Version** Traduisez en anglais les lignes 10 – 20 .

6 **Thème** Traduisez en français le texte ci-dessous en vous servant le plus possible d'expressions tirées du texte :

Traditional novelists were only interested in telling a moving story. While accepting that they had to base their adventures up to a point on what happens in real life, they nevertheless felt free, once this basic condition had been met, to invent plots without worrying too much about plausibility. They made their stories interesting by skilfully arranging events in such a way that they led up to the climax of the novel without anyone being able to predict the outcome. The future lives of the characters were of no interest once the story was over. Realist novelists, on the other hand, saw their task in quite a different way. Instead of manipulating the events of real life as they pleased, they had to reproduce them in their novels as accurately as they could. By dint of recording the minutest details of the lives of their characters, realist novelists hoped to make their readers understand a little more about the nature of human beings. If the artist couldn't succeed in this, who could?

Grammar section

The future and conditional tenses

§1 Introduction

§2 Time and the future and the conditional

§3 Other uses for the future and the conditional

§4 Tense sequence in conditional sentences

§5 *Devoir, pouvoir*

§1 Introduction

The future and conditional tenses are used alone, and also as part of compound tenses in the past. The four tenses we shall consider are:

The future	*je ferai*
The future perfect	*j'aurai fait*
The conditional	*je ferais*
The conditional perfect	*j'aurais fait* (this tense is sometimes called the 'past conditional')

There are two ways these tenses are used:

1 to place events in the order in time in which they happen (§2 **Time and the future and the conditional**);

2 In other situations where their use is mainly unconnected with time (§3 **Other uses for the future and the conditional**).

§2 Time and the future and the conditional

2.1

Study the following sentences:

(a) *Les sapeurs-pompiers **seront** bientôt sur place.*

(b) *Bien avant leur arrivée, les victimes de l'incendie **auront succombé**.*

In sentence (a) the future tense (*seront*) sees an event as taking place at some future time. In sentence (b) the future perfect tense (*auront succombé*) shows us an event which is already completed at some future time (i.e. by the time the fire-brigade arrives).

2.2

In sentences like (a) above, the *aller* + INFINITIVE construction is used very frequently,

e.g. *Les sapeurs-pompiers vont arriver d'un moment à l'autre.*

Les sapeurs-pompiers allaient arriver d'un moment à l'autre.

2.3

After certain conjunctions of time: *quand, aussitôt que, après que,* the future and future perfect are used in French where English uses the present or the perfect,

e.g. *Quand vous voudrez, on partira.*

When you like . . .

Je te le montrerai lorsque j'aurai terminé.

. . . when I have finished.

2.4 Indirect speech
(See also GS 2, §3.2.2)

The future and the conditional are also used in indirect speech; a future tense used in direct speech becomes a conditional, and a future perfect in direct speech becomes a conditional perfect,

e.g. « *Je viendrai* » ⇒ *Il a dit qu'il viendrait.*

« *J'aurai terminé dans quinze jours* » ⇒ *Il a dit qu'il aurait terminé dans quinze jours.*

EXERCISE A Put the following passage into the past. Make any other changes that are necessary. Begin:

C'était la veille. . .

Translate your last two sentences into English.

C'est la veille du grand départ. Bientôt Jean-Claude va faire sa valise car il va partir demain à l'aube. Demain soir, il sera à Naples. Il aura passé douze heures dans le train et dès qu'il aura mangé, il ira se coucher à l'hôtel. On lui a dit que, de sa fenêtre, il pourra voir la mer aussitôt qu'il fera jour.

EXERCISE B Rewrite this passage of direct speech in indirect speech, beginning:

Il/Elle lui a indiqué qu'il/elle. . .

and making any other necessary changes:

Je le ferai quand j'en aurai l'occasion ; j'aurai peut-être terminé mon travail avant jeudi mais en aucun cas je ne l'interromprai. J'ai l'intention de réussir brillamment mes études et vous ne m'en empêcherez pas, Henri. Il vous faudra de la patience.

§3 Other uses for the future and the conditional

3.1 Supposition, probability, conjecture

The future and the conditional can be used to suggest that something might happen or that something may be true. Study the following pairs of sentences:

(a) *Il est déjà à Toulouse.*
He is already in Toulouse.
Il sera déjà à Toulouse à cette heure-ci.
He'll be in Toulouse by this time.

(b) *Il a manqué son train.*
He has missed his train.

Il aura manqué son train.

He'll certainly have missed his train.

(c) *Est-il malade ?*

Is he ill?

Serait-il malade ?

Might he possibly be ill?

(d) *Est-il entré sans frapper ?*

Did he go in without knocking?

Serait-il entré sans frapper ?

Could he possibly have gone in without knocking?

In the first sentence of each pair the present or the perfect tense is used. This shows that the statements are **definitely** true. The future and future perfect are used in the second sentence of (a) and (b) to show that the statements are *probably* true, while the conditional and conditional perfect (in the second sentence of (c) and (d)) are used to express something imagined – a **conjecture**.

EXERCISE C Using the future or the conditional tense, change these sentences so that they express probability or conjecture, whichever is more appropriate:

(a) Ai-je la grippe ?

(b) En ce moment, elle est en train de danser avec mon meilleur ami.

(c) Tu as tourné à gauche là où il fallait continuer tout droit.

(d) Est-ce possible ? Ont-ils eu l'audace d'aller confronter le chef ?

3.2 Commands and instructions

The future tense can also be used, instead of the imperative, to give forceful commands or instructions:

*Vous **ferez** ce que je vous ordonne ; vous **irez** directement à la police et vous leur **avouerez** tout.*

3.3 Politeness

The conditional can be used to replace the present, if you want to use a more polite tone. The present tense is blunter and more direct. The conditional of *vouloir* is frequently used in this way:

Voulez-vous m'indiquer la route qui mène au centre-ville ?

Please show me the road that leads to the city centre.

Voudriez-vous m'indiquer la route qui mène au centre-ville ?

Could/Would you show me the road that leads to the city centre?

3.4 Unsubstantiated reports

The conditional and conditional perfect can be used to show that a statement is **unsubstantiated**.

*D'après Le Figaro, il y **aurait** une centaine de morts.*

According to the *Figaro*, there may be as many as a hundred dead.

*Selon les bruits qui courent, nous **serions** au bord de la guerre.*

Allegedly we are on the brink of war.

or: Unconfirmed reports suggest that we are on the brink of war.

*Il **aurait** tué ses parents avant de se suicider.*

Apparently/It looks as if he killed his parents before committing suicide.

This way of using the conditional and the conditional perfect is particularly common in the press and broadcast news reports.

EXERCISE D Rewrite this factual report as if it were unsubstantiated, beginning:

Selon un porte-parole. . .

Les pourparlers n'ont pas abouti. Les représentants syndicaux et le patronat ont passé trois heures à huis clos mais n'ont pas pu se mettre d'accord sur un seul point. Les négociations sont au bord de la rupture et l'un des représentants est sorti en claquant la porte.

§4 Tense sequence in conditional sentences

In French, *si* may introduce a statement which is not a condition where we would use 'if', 'whether' or 'whereas' in English (see §4.3 below). In these sentences, there are rules about which tenses you can use. See Lang & Perez, §40.2.

4.1 Basic rule

Study the following sentences where *si* introduces a condition:

(a) *Si je m'entraîne, j'aurai de meilleures chances de gagner.*

(b) *Si je m'entraînais, j'aurais de meilleures chances de gagner.*

(c) *Si je m'étais entraîné, j'aurais eu de meilleures chances de gagner.*

From these three sentences, you can see that there are three main patterns for the tenses after *si*:

Si + PRESENT...	FUTURE
Si + IMPERFECT...	CONDITIONAL
Si + PLUPERFECT...	CONDITIONAL PERFECT

As you can see in the sentences below, other combinations of tenses are possible:

● *Si* + PRESENT ... PRESENT

Si vous voulez la paix, il faut préparer la guerre.

S'il veut entrer sans payer, il peut toujours essayer.

● *Si* + PERFECT ... PRESENT/FUTURE

Si vous m'avez menti, je ne vous compte plus parmi mes amis.

Si ce soir il n'est pas rentré, nous avertirons la police.

But the future, future perfect, conditional and conditional perfect NEVER occur in the *si* clause.

EXERCISE E   Using the Basic rule (see §4.1, above), link the following pairs of phrases into sentences with *si*. Use each of the three possible tense sequences given in the box:

(a) *on publie ce livre/il en résulte un scandale*

(b) *nous nous trompons de chemin/nous nous perdons dans la brousse*

(c) *cet homme arrive au pouvoir/je prends le maquis.*

4.2 A literary construction
(for recognition only)

In literary French, the pluperfect subjunctive is sometimes found in one or both clauses of sentences with *si* which refer to the past,

e.g.   *S'il avait voulu, il eût réussi.*

S'il eût voulu, il aurait réussi.

S'il eût voulu, il eût réussi.

4.3 Other uses of *si*

When *si* does not introduce a condition, but is used to **compare** or **contrast** two statements with the sense of 'whereas', 'while', the basic rule (§4.1) does not apply,

e.g.   *La carrière des deux amis n'a pas été brillante car si l'un manquait d'enthousiasme, l'autre était bien trop ambitieux pour plaire à son chef.*

... **whereas** one was lacking in enthusiasm, the other was too ambitious ...

Si is also used in indirect speech to introduce indirect questions. Here it means 'if' or 'whether',

e.g. *Je ne sais pas si je pourrai venir.*
I don't know if I'll be able to come.

Elle m'a demandé si je voulais venir.
She asked me whether I wanted to come.

Elle va me demander si je suis satisfait ou non.
She's going to ask me whether or not I'm satisfied.

You will need to learn to distinguish between the use of *si* in indirect speech and *si* introducing a condition.

4.4 Other kinds of conditions

In formal French you will meet the following ways of expressing a condition. You should make sure you recognise them:

*Quand même il le **nierait**, je ne le **croirais** pas = Même s'il le **niait**, je ne le **croirais** pas.*
Even if he denied it . . .

Devrais-je y laisser ma vie, je n'abandonnerais pas mon idéal.
Even if I were to lose my life . . .

*On se souviendra toujours de lui **ne serait-ce que** pour son intégrité politique.*
. . . even if only for . . .

Dussé-je être blâmé, je vous soutiendrai.
Even if I were to be criticised . . .

In sentences where there are two clauses expressing conditions, the first condition is introduced by *si* and the second condition is usually introduced by *que* + SUBJUNCTIVE:

*S'il fait beau et **qu'**elle **soit** d'accord, nous irons tous ensemble.*
If it's fine and if she agrees, we'll all go together.

§5 *Devoir, pouvoir*

You will have to be particularly careful with the English verbs 'could', 'should', 'ought to', 'ought to have' etc. Study the sentences in §5.1 and §5.2 below with their suggested English translations.

5.1 *Devoir*

Devoir may have different meanings according to the context: obligation, supposition:

*Il **doit** rebrousser chemin.*
He **has to** turn back. (obligation)
(Particular care has to be taken when this construction is used in the negative: *Il **ne doit pas** rebrousser chemin* means 'He must not turn back'. It does not mean 'He does not have to turn back'. For

this we need to say *Il **n'est pas obligé de** rebrousser chemin.*)

*Il **doit** déjà le savoir.*
He **must** already know. (supposition)

*Il **devait** y aller tous les jours.*
He **had to** go every day. (obligation; see also below)

*Il **a dû** rebrousser chemin.*
He **had to** turn back. (obligation)
or: He **must have** turned back. (supposition)

*Il **avait dû** rebrousser chemin.*
He **had had to** turn back. (obligation)
or: He **must have** turned back. (supposition)

*Il **devra** rebrousser chemin.*
He **will have to** turn back. (obligation)

*Il **aura dû** rebrousser chemin.*
He'll **have had to** turn back.
(supposition + obligation)

*Il **devrait** rebrousser chemin.*
He **should/ought to** turn back. (obligation)

*Il **aurait dû** rebrousser chemin.*
He **should have/ought to have** turned back.
(obligation)

In the present and imperfect tenses, *devoir* followed by an infinitive can be used in the same way as *aller* + INFINITIVE,

e.g. *Son dernier livre **doit** être publié sous peu.*
His latest book **is to be** published shortly.

*Après cet incident stupide, ils ne **devaient** jamais plus s'adresser la parole.*
After this stupid incident, they **were destined never to** speak to one another again.

5.2 *Pouvoir*

Pouvoir also has different meanings, depending on the context it is used in. It suggests:

● that a person is able to do something (ability);

● that they have permission to do something (permission);

● that it is possible that they have done something (possibility).

*Elle **peut** partir.*
She **may/can** leave. (ability, permission)

*Cela **peut** arriver.*
It **may** happen. (possibility)

*Elle **pouvait** partir.*
She **could/was able to** leave. (ability, permission)

*Elle **a pu** partir.*
She **was able to** leave. (ability, permission)
or: She **may have** left. (possibility)

*Elle **avait pu** partir.*
She **had managed to** leave. (ability)
or: She **might have** left. (possibility)
or: She **had been allowed to** leave. (permission)

*Elle **pourra** partir.*
She **will be able to** leave. (ability, permission)

*Elle **aura pu** partir.*
She **will have been able to** leave. (possibility, ability, permission)

*Elle **pourrait** partir.*
She **would be able to** leave. (ability)
or: She **could** leave. (permission)
or: She **might** leave. (possibility)

*Elle **aurait pu** partir.*
She **would have been able to** leave. (supposition, ability, permission)
or: She could/might have left. (but did not in fact do so)

EXERCISE F   Translate into French:
(a) You shouldn't do that!
(b) I should never have left home.
(c) Jean-Pierre ought to have had his book published.
(d) It could be a great success.
(e) From the moment of publication, the novel was to be a great success.
(f) She must have gone back for her umbrella.
(g) Julie was told she did not have permission to leave.
(h) Such things may happen.
(i) You might have told me!
(j) In theory, she is to be chairman of the committee.
(k) Wives don't have to stay at home.

Sports et loisirs

TEXTE UN

Un petit mois de bonheur

Alain Laurent, trente-quatre ans, est un philosophe déçu par les vacances de ses contemporains. Il sait de quoi il parle. Pendant huit ans, il a été animateur culturel*. Sociologue, il a passé un diplôme sur la notion de loisirs et une thèse sur les clubs de

4   vacances*.

D'où vient sa déception ? Pendant onze mois de l'année, on vit quotidiennement dans une société close, fermée, grise, oppressive (métro-boulot-dodo*, etc.). Et voici que « surgies grâce au monde industriel, mais aussi contre lui », voici que les vacances arrivent, le douzième mois,

8   comme une oasis rêvée dans la grisaille, comme l'instant privilégié où tout va enfin être possible. La liberté, le bonheur retrouvés. Or, on constate que tout le temps libre n'est qu'à peine exploité. Qu'on ne le fait pas accoucher de toutes ses possibilités. Que les vacances sont fermées, grégaires, réactives*... Des vacances engluées dans les migrations moutonnières, la

12   perversion organisatrice, la passivité...

Suffit de regarder autour de soi comme il l'a fait. Les vacances apparaissent colonisées comme notre vie quotidienne par la technocratie et le profit. On croyait s'évader mais on reste dans le même monde. Prenons par exemple les clubs. Ils ont surgi comme une espérance. Laurent ne

16   nie pas leurs aspects positifs : la mer et le soleil, cette satisfaction vivace à la portée de (presque) tous, la libération et la jouissance du corps, la solitude rompue... Seulement, il leur reproche « d'en faire trop », de dire aux gens : « Venez consommer le soleil et la mer chez nous. » De penser, d'imaginer, de décider à la place des individus.

20   Où sera la différence entre la vie quotidienne et les vacances ? Objection* : et si les gens se trouvent bien comme ça ? Et si, pour eux les vacances ne doivent être qu'un entracte vécu passivement dans les tracas de la vie quotidienne ? Et si les vacances fermées, emprisonnées n'étaient que le simple reflet de la société ? Et si le reste n'était qu'une vue d'intellectuel ?

24   Laurent répond : « Il est certain qu'il y a un tel conditionnement dans la vie quotidienne qu'il est difficile d'en changer pendant les vacances. De plus je ne dis pas que tout le monde doive être actif ni qu'il faille être actif tout le temps... Je comprends bien qu'on puisse célébrer le culte de la paresse... » Seulement pour lui il y a deux conceptions du bonheur. La première est

28   un bonheur passif, infantile. La deuxième est celle où va son cœur*. Elle est plus exigeante.

Que seraient des vacances vraiment libres ? Quatre critères : « L'aventure, parce qu'on crève de l'absence d'aventure. L'autonomie, parce que l'on va à son propre rythme. La responsabilité qui permet d'être réellement soi-même. La création. »

32   Comment déclencher le processus de libération ? Alain Laurent trouve des raisons d'espérer dans la révolte des jeunes, de plus en plus nombreux, contre les vacances traditionnelles organisées. Dans cette foule de petites agences qui font une percée* dans la clientèle vacancière, qui commencent à proposer des circuits « autogérés » en petits groupes, des

36   expéditions insolites, voire risquées. L'une d'elles avertit carrément : « Si vous aimez les voyages organisés, les clubs où l'on s'emmerde*, les circuits traditionnels, les balades "en troupeaux", allez vous faire foutre ! »

Yvon le Vaillant, *Le Nouvel Observateur*, 2–8 juillet 1973.

A   Préparation du texte

Notes

➤*animateur culturel* (m) (2) : personne responsable de l'activité culturelle dans un club de vacances ou dans une maison des jeunes.

➤*clubs* (m) *de vacances* (3 – 4) : centres de vacances pour gens aisés, tel le Club Méditerranée.

➤*métro-boulot-dodo* (6) : routine quotidienne (« tube, job, bye-byes »).

➤*réactives* (11) : terme impliquant un mouvement de réflexe passif ou conditionné, sans la moindre participation de l'intelligence.

➤*Objection : et si* (20 – 21) : « But supposing . . . »

➤*celle où va son cœur* (28) : c'est-à-dire, la conception du bonheur que préfère Laurent.

➤*font une percée* (34) : commencent à attirer une clientèle.

➤*où l'on s'emmerde... allez vous faire foutre !* (37 – 38) : équivalents grossiers des expressions anglaises « which are so deadly boring » et « get stuffed! » Cp. pp. 213–214.

Vocabulaire

1 Vérifiez le sens des mots suivants : *déçu* (1), *a passé un diplôme* (3), *quotidiennement* (5), *surgies* (6), *constate* (9), *grégaires* (11), *engluées* (11), *vivace* (16), *déclencher* (32), *balades* (37).

2 Trouvez la traduction anglaise des expressions suivantes :
voici que les vacances arrivent (7)
une oasis rêvée dans la grisaille (8)
le temps libre n'est qu'à peine exploité (9 – 10)
on ne le fait pas accoucher de toutes ses possibilités (10)
les migrations moutonnières (11)
il leur reproche « d'en faire trop » (17 – 18)
des expéditions insolites, voire risquées (35 – 36)
L'une d'elles avertit carrément (36)

Commentaire grammatical

USES OF THE INFINITIVE

➤*tout va enfin être possible* (8 – 9) : *aller* + INFINITIVE is one way of expressing the future, relating the future event to the present. See **GS 8**, §2.2.

➤*Qu'on ne le fait pas accoucher de toutes ses possibilités* (10) : in the construction *faire* + INFINITIVE, object pronouns normally precede *faire*. This also applies to *faire* + REFLEXIVE VERB, e.g. *allez vous faire foutre* (38).

Note that if *faire* and the infinitive each have a direct object, French uses an indirect object for the object of *faire*, e.g. 'I made **him** write a **letter**' becomes *Je lui ai fait écrire une lettre* (*Je la lui ai fait écrire*). See **GS 9**, §3.3.5.

➤*Suffit de regarder autour de soi* (13) : when an infinitive is dependent on a finite verb, it follows *de*, or by another preposition, or there is no preposition at all. The choice between these alternatives is determined by the finite verb. Thus *On croyait s'évader* (14), *Venez consommer* (18), *les vacances ne doivent être qu'un entracte* (21), *qu'il faille être actif* (26), and *qu'on puisse célébrer* (26) do not require a preposition. *Reproche* (18) takes *de*, *commencent* (35) takes *à*. Check in your dictionary. Note that the preposition is repeated before each following infinitive (18 – 19). See **GS 3** and **4**.

➤*des raisons d'espérer* (32) : the infinitive in this case is dependent on a noun, and follows *de*. Check on the correct preposition in your dictionary.

➤*Comment déclencher* (32) : the infinitive may be used with a question word. Cp. *Que faire ?* See **GS 9**, §2.2.

OTHER GRAMMAR POINTS

➤*il est difficile d'en changer* (24 – 25) : note the difference between *il est* + ADJECTIVE + *de* + INFINITIVE and *c'est* + ADJECTIVE + *à* + INFINITIVE, e.g. *Lui parler, **c'est** souvent difficile à faire, mais **il est** encore plus difficile de ne rien dire.* Cp. **GS 1**, §2.3.2.

➤*je ne dis pas que tout le monde doive* (25) : used negatively or interrogatively, the verbs *dire*, *penser*, *croire*, *espérer* and *être sûr* normally signal the subjunctive in a following dependent clause. See **GS 4**, §3.1.3.

➤*Je comprends bien qu'on puisse* (26) : here the use of a subjunctive implies a tactical concession ('For the sake of argument, I'm prepared to accept that . . .').

Compréhension du texte

❶ Expliquez la signification du jugement de l'auteur que les vacances surgissent *grâce au monde industriel, mais aussi contre lui* (6 – 7).

❷ Expliquez la deuxième phrase du troisième paragraphe (13 – 14).

❸ Quelles raisons sont avancées pour justifier les vacances passives et paresseuses ?

❹ Quel genre de vacances Laurent veut-il substituer aux vacances *moutonnières*, organisées et passives ?

B   Exercices de renforcement

A l'oral

1 Préparez des réponses orales aux questions suivantes :

(a) A quel titre Alain Laurent prétend-il s'ériger en expert sur les Français en vacances ?

(b) Quel est l'aspect qui déplaît à Alain Laurent dans les vacances traditionnelles ?

(c) Comment la *responsabilité* (30) peut-elle permettre *d'être réellement soi-même* (31)?

(d) Relevez dans le texte des exemples de vacances libérées. Donnez aussi des exemples basés sur votre propre expérience.

Exercices lexicaux

2 *Décevoir* (*déçu* (1)) est un faux ami (voir p. 156). « To deceive » se traduit en français par *tromper*. Inventez des phrases qui démontrent le sens usuel des faux amis qui suivent : *audience, chance, expérience, faillir, ignorer, particulier, prétendre, scène, user.*

3 Quel est le genre des substantifs suivants ? : *privilège, culte, manque, problème, page, après-midi, dictionnaire, grammaire, silence, lycée.*

4 Certains mots ont un sens différent suivant leur genre. Donnez la définition en français des mots suivants, au masculin comme au féminin : *somme, tour, critique, livre, manche, mémoire, merci, poêle, poste, vase.*

Exercices grammaticaux et structuraux

5 Composez des phrases qui utilisent les expressions suivantes et qui en montrent le sens :

(a) se faire tuer   (d) se faire envoyer
(b) se faire renverser   (e) se faire entendre
(c) se faire faire   (f) se faire

6 Recomposez les phrases ci-dessous en remplaçant les verbes imprimés en italique par *faire* + INFINITIF.

Par exemple :

Je l'ai *obligé à* retaper la page = *Je lui ai fait retaper la page.*

Je l'ai *obligé à* venir = *Je l'ai fait venir.*

(a) Vous l'*obligerez* à passer ses vacances en Bretagne.

(b) *Obligez*-le à partir en week-end.

(c) Je l'ai *obligé* à se taire.

(d) On l'*obligera* à y penser.

(e) Je l'*obligerai* à envoyer une carte postale.

(f) Nous l'*obligerons* à comprendre notre point de vue.

(g) On l'*obligea* à louer un appartement au Canet.

(h) Je l'ai *persuadé* de parler au moniteur.

(i) Je lui ai *demandé* de marcher plus vite.

C   Exploitation du texte

A l'oral

❶ Exposé Existe-t-il dans votre pays des équivalents des vacances « moutonnières » dont parle Alain Laurent ? Décrivez-les. Dites ce que vous en pensez.

❷ Sujets de discussion

(a) A quel point votre pays est-il en mesure d'offrir des vacances aussi originales, et aussi « libérées » que celles que préfère Alain Laurent ?

(b) Quelle sorte de vacances préférez-vous et pourquoi ?

A l'écrit

❸ Rédaction dirigée En tant que correspondant d'une revue mensuelle vous faites la comparaison entre un camp de vacances établi suivant les préceptes d'Alain Laurent et les vacances traditionnelles. (250 mots)

Modèle à suivre :

● Description d'une journée au camp. Sa situation, ses activités, sa clientèle et son ambiance.

● Commentaires offerts par les vacanciers.

● Réflexions sur d'autres possibilités de vacances tout aussi actives.

● Les résultats de votre sondage de l'opinion des vacanciers et de vos expériences personnelles au cours de la visite.

● Conseils et réflexions offerts aux lecteurs de la revue.

❹ Rédaction Vous êtes lecteur du *Nouvel Observateur*. Ayant lu l'article d'Alain Laurent, vous écrivez une lettre indignée au rédacteur en chef pour exprimer vos objections à cet article, en vous basant sur vos expériences personnelles. (250 mots)

❺ Version Traduisez en anglais les lignes ⟨5⟩ — ⟨19⟩.

❻ Thème Traduisez en français le texte ci-dessous en vous servant le plus possible d'expressions tirées du texte :

You only have to glance at the brochures published by some *clubs de vacances* to feel the desire to get away from it all. And we have to admit, too, that a holiday spent worshipping the sun and a golden tan provides the faithful with fuel for bar conversation over the winter. My prejudices may be misleading me, but isn't there something pagan about bodily enjoyment and the desire to escape? I don't deny that the language of the brochures is very tempting, but how should we react to it? Is it right to give way to every temptation? Yet to rest content with gloomy, sunless holidays is to deprive oneself of a great deal. As a result of reading all the propaganda, we all find traditional holidays just a little disappointing. It is so easy to let ourselves be carried away by the promise of the brochures. After all, to go away is to escape for a while.

TEXTE DEUX

La montagne

Le guide Jean s'est fait tuer à cause de la témérité d'un client américain ; le porteur Georges se trouve seul avec l'Américain qu'il prend pour un fou, responsable de la mort du guide.

Alors Georges pensa à redescendre. Une idée tenace l'animait. Rien n'était perdu, il pouvait encore se sauver ! Tant pis pour le client. Il n'y avait qu'à l'attacher sur une plate-forme et l'abandonner à son sort. Tout seul, le porteur savait qu'il gagnerait des heures et des heures de
4   manœuvre de corde ; peut-être même pourrait-il éviter le bivouac dangereux et gagner le refuge de la Charpoua. Oui, c'était bien ça. Il n'y avait qu'à se laisser glisser doucement, attacher le fou, lui laisser le contenu du sac et fuir ! Fuir le mauvais temps, cette montagne maudite ; fuir le cadavre de Jean Servettaz qui, là-haut, fixait de ses yeux vitreux des horizons
8   inconnus des vivants.

Georges, à cette pensée, sentit un immense espoir renaître.

Fuir, c'était retrouver la moraine, l'alpage, la forêt, la vallée et le chalet de bois au milieu des vergers. Fuir, c'était vivre. Continuer, c'était presque infailliblement périr, risquer de se
12 dérocher dans cette infernale cheminée*, ou, s'il en réchappait, crever de froid en compagnie de l'Américain. Ah ! oui ! l'Américain… Il n'y pensait plus : il fallait le ramener. Ramener le client ? Bien sûr ! c'était le devoir, mais ce n'était pas juste, pour ça non, pas juste du tout ! par la faute de cet entêté, Jean se pétrifiait sur la vire de neige ; était-il nécessaire qu'il pérît lui
16 aussi, à vouloir à toute force ramener un fou ?

Georges ruminait toutes ces pensées tumultueuses, accroché à sa fissure et jaugeant de l'œil les quelques mètres terriblement exposés qui lui restaient à gravir. Cette défaillance ne dura qu'un instant. Une honte épouvantable l'envahit. Il en trembla nerveusement.
20 Abandonner, lui, le responsable ! Lui à qui Jean, en entrant dans la mort, avait tacitement confié son voyageur ! Était-il devenu fou comme l'Américain pour perdre ainsi toute dignité, tout amour-propre ? Non, il dégagerait la corde au risque de se dérocher, ensuite il tâcherait de ramener le client. Ils mourraient tous deux ou tous deux se sauveraient.
24 Ayant accepté l'idée du sacrifice, Georges se sentit soudain plus fort. Il oublia qu'il n'était

qu'un pauvre petit d'homme accroché en pleine paroi d'une montagne inhumaine, et à haute voix il jura : « T'inquiète pas, Jean, on le ramènera. »

Il examina longuement le haut de la fissure par où dégoulinait un torrent de grésil et de neige.

28 Il s'empoigna avec la montagne, et lutta dans un corps à corps effroyable qui dura de longues minutes ; ses pieds parfois lâchaient prise, mais de son bras droit enfoncé dans la fissure il se raccrochait, pesant de tout son poids sur le coude coincé comme un verrou, mordant la neige à pleine bouche, balayant le rocher de son corps, oscillant au-dessus du vide, mais gagnant à

32 chaque mouvement de reptation* quelques décimètres en hauteur.

Enfin il atteignit le rebord supérieur de la cheminée.

R. Frison-Roche, *Premier de cordée*, Arthaud, 1963.

A Préparation du texte

Notes

➤*cheminée (f)* (12) : corridor vertical et étroit dans les montagnes.

➤*mouvement (m) de reptation* (32) : action de ramper, mode de locomotion de certains animaux tels le ver, le lézard.

Vocabulaire

❶ Trouvez le sens des mots suivants dans leur contexte : *tenace* (1), *maudite* (7), *infernale* (12), *tumultueuses* (17), *terriblement* (18), *épouvantable* (19), *inhumaine* (25), *effroyable* (29).

❷ Dressez une liste de toutes les expressions dans le texte qui ont trait à l'alpinisme.
Par exemple : *gagner le refuge* (4 – 5).

❸ Expliquez en français le sens des mots et expressions suivants : *moraine* (10), *alpage* (10), *vire* (15), *fissure* (17), *paroi* (25), *rebord* (33).

Commentaire grammatical

USES OF THE INFINITIVE

➤*Georges pensa à redescendre* (1) : the infinitive is dependent on the finite verb *pensa* which is followed by *à*. *Pouvait* (1) takes no preposition, and *risquer* (11) takes *de*. Check the construction with each verb in your dictionary.

➤*Il n'y avait qu'à l'attacher...* (2) : 'All he had to do was secure him ...' See p. 212, 13 for a contracted form of this construction.

➤*Fuir, c'était retrouver...* (10) : this is a use of the infinitive similar to the phrase *Voir, c'est croire* = 'Seeing is believing', where the English equivalent is the -ing form. See GS 9, §2.1.

➤*à vouloir... ramener un fou* (16) : 'by insisting on bringing back a madman'.

➤*pour perdre ainsi toute dignité* (21) : 'to lose all dignity in this way'.

OTHER GRAMMAR POINTS

➤*bien* (5 , 14) : in addition to being frequently used with verbs and past participles, e.g. *Je me sens bien, Il est bien bâti, bien* is commonly used for emphasis with adverbs and adjectives and in some noun groups:

● strengthening the force of an adverb, in a similar way to *très*,
e.g. *bien souvent, bien gentiment.*

● strengthening the force of an adjective,
e.g. *Vous êtes bien bon.*

● expressing quantity with nouns, cp. *beaucoup*,
e.g. *bien de l'intelligence = beaucoup d'intelligence*
bien des enfants = beaucoup d'enfants
Note that *bien de* is followed by the definite article.

● expressing surprise or making a confirmation,
e.g. *C'est bien le moment de le dire !*
You've chosen a fine moment to tell us that!
C'est bien Jean, n'est-ce pas ?
Ça vaut bien 1 000 francs.

Compréhension du texte

❶ Comment Georges se propose-t-il d'abord de résoudre les difficultés de cette situation dangereuse ?

❷ Quel problème moral se pose à Georges ?

❸ Décrivez les émotions qui se succèdent dans ses pensées, et donnez-en les causes.

❹ Pourquoi faut-il que Georges remonte la cheminée ?

B Exercices de renforcement

A l'oral

❶ Préparez des réponses orales aux questions suivantes :
(a) Expliquez ce qui pourrait arriver à Georges s'il fuyait (10 – 11) et s'il continuait (11 – 13).
(b) Donnez une description des mouvements physiques de Georges pour atteindre le rebord supérieur de la cheminée.

Exercices lexicaux

❷ Cherchez dans un dictionnaire des substantifs dérivés des verbes suivants et utilisez chacun dans une phrase de votre invention pour en illustrer le sens : *animait* (1), *gagner* (4), *renaître* (9), *tâcherait* (22), *oublia* (24), *atteignit* (33).

❸ En vous référant au texte, écrivez un paragraphe en français où vous emploierez, dans n'importe quel ordre, tous les verbes suivants. Commencez par *Il ruminait...*
décider, attacher, éviter, laisser, fixer, sentir, risquer, envahir, jauger.

Exercices grammaticaux et structuraux

❹ Dressez une liste de tous les infinitifs du texte qui dépendent d'un autre verbe, avec ou sans préposition. Classez vos exemples. Ensuite composez de nouvelles phrases pour utiliser les premiers verbes avec des infinitifs différents.

❺ Complétez les phrases suivantes en vous servant de constructions infinitives :

(a) Inutile. . .

(b) Après. . .

(c) Ne rien. . .

(d) J'ai l'impression. . .

(e) Il avait l'ambition. . .

(f) Il préfère. . .

(g) Il était obligé. . .

(h) On l'a obligé. . .

(i) Elle souhaite. . .

(j) Thé ou café ? C'est à vous. . .

❻ Complétez ce texte en remplissant les blancs, si nécessaire, à l'aide des prépositions qui conviennent (voir **GS 9**) :

A quatorze ans, le Français Etienne Bacrot est devenu le plus jeune maître international (GMI) de toute l'histoire des échecs. Trois tournois consécutifs lui auront suffi depuis septembre 1996, ___ enchaîner les trois « normes » qui lui ont permis ___ empocher le titre et ___ pulvériser tous les records d'une discipline déjà riche en jeunes prodiges (le Hongrois Peter Leko, le Russe Gary Kasparov ou l'Américain Bobby Fischer). L'exploit ainsi réalisé mérite ___ être salué à plus d'un titre.

D'abord, parce que c'est la consécration d'une ascension fulgurante qui l'aura vu ___ remporter les championnats du monde des moins de dix ans, puis des moins de douze ans (à deux reprises), avant ___ devenir, en décembre 1995 déjà, le plus jeune maître international de tous les temps.

Ensuite, parce que ce jeune adolescent, aux connaissances théoriques et au savoir-faire technique hors du commun, a fait ___ reculer les limites de la précocité en termes de calcul, de maîtrise physique et psychologique, qui sont autant de qualités indispensables à la longévité d'une carrière dans un univers aussi impitoyable. Et enfin parce que, à ce jour, ils ne sont que 400 grands maîtres dans le monde (à commencer par son entraîneur d'origine russe, Iossif Dorfman, qui fut le secondant de Kasparov contre Karpov), dont cinq Français. Désormais, après des débuts plus que prometteurs, il ne lui reste que ___ inscrire ses performances dans la durée. Il s'est d'ailleurs fixé pour objectif ___ figurer, d'ici à deux ans, parmi les dix ou quinze premiers mondiaux.

> **Jean Baptiste de Saint-Julien**, *Label France*, **juillet 1997.**

C   Exploitation du texte

A l'oral

❶ **Exposé** Quels sports pratiquez-vous ? Quels sports aimez-vous regarder ? Quels sont vos héros sportifs ? Qu'est-ce que vous admirez en eux ?

❷ **Sujets de discussion**

(a) Qu'est-ce qui pousse quelqu'un à quitter sa famille pour aller risquer sa vie en montagne ?

(b) L'État devrait-il déconseiller la pratique des sports dangereux, tels l'alpinisme, la boxe, les courses automobiles, etc. ?

A l'écrit

❸ **Rédaction dirigée** Vous êtes allé/e dans les Alpes avec un groupe de jeunes gens pour faire de l'alpinisme. Il arrive un accident en montagne. Vous écrivez une lettre à vos parents afin de les rassurer, en donnant les détails. Introduisez dans votre lettre les termes suivants : *paroi, rocher, bivouac, guide, alpage, refuge, corde, grésil, rebord, cheminée, coincé, manœuvre.* (250 mots)

❹ Rédaction « Le sport et la politique font bon ménage à la seule condition de s'embrasser aussi peu que possible. » (300 mots)

❺ Version Traduisez en anglais les lignes 24 – 33 .

❻ Thème Traduisez en français, en vous servant le plus possible d'expressions tirées du texte :

Climbing is one of the most difficult sports I know. All you have to do is to look at the accident figures in the French Alps alone: more than fifty dead in a single year. Seeing climbers precariously perched on overhanging rocks, loaded with all manner of equipment, you feel they must be out of their minds. But it's precisely the fact that it's very dangerous that makes people do it. To understand the thrill of climbing you have to experience it. Setting off at dawn and returning at dusk are normal conditions for the sport. Risking one's life on moraine or in a crumbling fissure, freezing in the mountain air, pressing on until fatigue is no longer tolerable – these are the trials to be faced, the difficulties to be overcome. But, in the end, standing near the summit of a great mountain and gauging the last few metres to be crossed, you begin to feel an indescribable sense of achievement.

Une équipe de sauveteurs en pleine action sur le massif des Alpes.

9

Grammar section
The infinitive

§1 Infinitive forms

§2 How the infinitive is used

§3 The infinitive followed directly by a verb

§4 The infinitive used after a verb followed by a preposition

§1 Infinitive forms

There are two forms of the infinitive: present and past (or perfect). The present infinitive is the form of the verb listed in a dictionary. Present infinitives end in: -er (*parler*), -ir (*finir*), -re (*vendre, boire*), -oir (*falloir, devoir*).

The past infinitive involves the use of *avoir* or *être* and a past participle,

e.g. *avoir mangé*   to have eaten
  être tombé   to have fallen

See Lang & Perez, §52.

§2 How the infinitive is used

2.1

It can be used in the same way as a noun:
  T'écrire me fait du bien.
  Writing to you . . .
  Arriver chez lui à 7h du matin, mais tu es folle !
  Arriving at his place at 7 in the morning. You must be mad!
  Fuir, c'était retrouver la moraine. . . (Texte deux, 10 *)*

2.2

It is used after question words:
  Que faire ?
  What can we do?
  Pourquoi le dire comme ça ?
  Why are you/they saying it like that?
  Comment déclencher le processus ? (Texte un, 32 *)*

2.3

It can be used as an imperative:

> *Ne pas se pencher au dehors.*
> Do not lean out of the window. (in trains)

> *Découper suivant le pointillé.*
> Cut along the dotted line. (in dress patterns)

2.4

It can be used after several prepositions, especially after *à, de, sans* and *pour*:

> *A la voir, on dirait qu'elle est malade.*
> By the look of her . . .
> *De les voir ainsi, ça m'écœure.*
> Seeing them like that . . .
> *Partez sans faire de bruit.*
> Leave without making any noise.
> *Je ferai le maximum pour vous aider.*
> I'll do my best to help you.

2.5

The perfect infinitive is used after *après* in French, for expressions where we would use a verb with an '-ing' form in English:

> *Après **avoir** beaucoup **mangé**, je fais toujours la sieste.*
> After eating/having eaten a lot . . .

The perfect infinitive can, like other perfect forms in French, be formed either with *avoir* (above) or with *être* and the appropriate agreement of the past participle:

> *Après **être partis**, ils ont découvert qu'ils avaient oublié les passeports.*
> After leaving/they had left . . .

EXERCISE A   Complete the following sentences by inserting the correct perfect infinitive of the verb in italics, and then give an English version:

(a) Après (*marcher*) une heure, elles étaient très fatiguées.

(b) Après (*sortir*) sans manteau, elle a eu un beau rhume.

(c) Ils ont changé d'avis après (*lire*) le rapport.

(d) J'ai trouvé que la photo était truquée, après (*la regarder*) de près.

(e) Après (*démolir*) la maison, ils ont dû enlever les décombres.

(f) Après (*tomber*) d'accord, nous sommes allés manger ensemble.

2.6

The infinitive can be used in negative constructions, with both parts of the negative normally in front of it: *ne pas donner, ne jamais siffler. . .*

> *Pierre préfère ne rien dire en classe.*
> Pierre prefers not to say anything in class.

(See **GS 7**, §2.4.)

§3 The infinitive followed directly by a verb

Some very common verbs in French can be followed by an infinitive without a preposition being required.

3.1 *Aller, venir*

Je vais lui (en) parler.
I'll have a word with him/her (about it).

Il est allé en chercher.   He went to get some.
Il vient s'excuser.   He's come to apologise.
Elles sont venues s'installer.
They've come to move their things in.
But see §4.2.1 (*venir de*).

3.2 *Croire, penser*

Il croyait l'avoir vue.
He thought he'd seen her.
Elle croit bien faire.
She thinks she's doing the right thing.
Nous pensons en prendre.
We're thinking of taking some.
Ils pensaient y aller.
They were thinking about going there.

3.3 *Devoir, pouvoir, vouloir, savoir, falloir*

Il a dû s'absenter.
He had to stay/must have stayed away.
Elle pourrait le faire.   She could do it.
Nous voudrions lui parler.
We'd like to talk to him/her.
Ils ont su s'évader.   They were able to escape.
Il faudra s'en occuper.
We'll/You'll have to see to/take care of it.
See **GS 8, §5.**

3.4 *Voir, sentir, entendre*

If these verbs have a pronoun object and are followed by an infinitive, the object pronoun comes before the first verb. (See also **GS 1, §3.1.**)

Vous les voyez venir.
You can see them coming.
Je le sens brûler.   I can smell it burning.
Elle les entend chanter.
She can hear them singing.

3.5 *Laisser* and *faire*

These two verbs can also be followed directly by an infinitive. As for *voir, sentir* and *entendre*, if there is a pronoun object, it comes before the first verb:

Ils l'ont fait démolir.   They had it demolished.
Elle a fait faire le ménage avant ton arrivée.
She had the cleaning done before you arrived.
On les a laissé faire.
We let them get on with it.
Laisse-moi passer.   Let me through.
Elle s'est fait agresser.   She got mugged.

In constructions like these, the pronoun is the object of the infinitive (*démolir, faire, agresser* etc.) so the past participle does not agree with it,
e.g.   *La maison qu'ils ont **fait** construire.*
The house they've had built.

When *faire* is followed by an infinitive, there can only be one direct object. If both *faire* and the infinitive following it have direct objects in English, the object of *faire* becomes an indirect object in French,
e.g.   *Je l'ai fait manger.*   I made him/her eat.
but:
*Je **lui** ai fait manger **le gâteau**.*
I made him/her eat the cake.
(See also pp. 171, 213–214 and **GS 1, §3.2.**)

3.6

Other verbs which can be followed directly by an infinitive are: *aimer, désirer, espérer, dire, falloir, nier, préférer, sembler, affirmer, compter, déclarer, avouer, oser, manquer,*

e.g.   *Elle espère avoir bientôt de ses nouvelles.*
She hopes to hear from him/her soon.
Il a failli se tuer.   He almost killed himself.

EXERCISE B   Translate the following sentences into French:

(a) She might do it for you.

(b) It's going to rain soon.

(c) She got run over by a car.

(d) I can hear them moving about.

(e) They denied being there.

(f) We hope to have more news tomorrow.

(g) He thinks he saw her yesterday.

§4 The infinitive used after a verb followed by a preposition

4.1 Verbs followed by
à + INFINITIVE

Some verbs, which are used with a following preposition, cannot be followed directly by an infinitive. In these cases, the infinitive follows the preposition.

4.1.1   *Être:*

   Cela est à voir.   That should be looked into.

   Il est bien à plaindre.   He is to be pitied.

4.1.2   *Avoir, il reste* and some other verbs:

   J'ai eu à lui en parler.

   I had to speak to him about it.

   Il ne reste plus qu'à écrire la lettre.

   It only remains to write the letter.

4.1.3   VERB + DIRECT OBJECT + *à* + INFINITIVE   As in §4.1.2, *avoir* is one of the verbs which can be used with a direct object followed by *à* + INFINITIVE,

e.g.   *Elle a **quelque chose à** faire.*

   She has something to do.

   *J'ai eu **de la peine/difficulté à** venir.*

   I've had problems getting here.

Other verbs followed by *à* often involve getting someone (*quelqu'un*) to do (*faire*) something (*quelque chose*): *aider quelqu'un à faire quelque chose; inciter, engager, décider, habituer,*

e.g.   *Martin a aidé **son frère à** réparer sa voiture.*

   Martin helped his brother to repair his car.

A is also used after some reflexive verbs, where personal effort or purpose is involved: *se fatiguer, s'appliquer, se mettre, s'accoutumer, s'amuser,*

e.g.   *Elle s'est fatiguée à transporter tous les objets d'une salle à l'autre.*

   She tired herself out carrying . . .

4.1.4   VERB + INDIRECT OBJECT (*à quelqu'un*) + *à* + INFINITIVE   The two verbs in this category are *apprendre* and *enseigner,* e.g. *Je **lui** ai appris à lire.* I taught him/her to write.

and the impersonal phrase *il reste à,*

e.g. *Il ne **leur** reste plus qu'à écrire la lettre.*

All that is left for them to do is write the letter. (Cp. §4.1.2)

4.2 Verbs followed by *de* + INFINITIVE

4.2.1 INTRANSITIVE VERB (verb with no object) + *de* + INFINITIVE A very common verb is *venir de,* used only in the present and imperfect, as in:

*Il vient/venait **de** gagner au loto.*

He has/had just won the lottery.

There are many other verbs followed by *de* + INFINITIVE. Here are some of the commoner ones: *essayer, tenter, décider, résoudre, accepter, entreprendre, offrir, refuser, attendre, choisir, envisager, rêver, parler, menacer, risquer, craindre, oublier, négliger.*

Regretter is often used with the perfect infinitive, as in:

*Je regrette beaucoup **de** vous **avoir oublié**.*

I am very sorry to have forgotten you/missed you out.

Suffire and *s'agir* are used impersonally:

*Il vous suffit **de** venir.*

All you have to do is come.

*Il s'agit **de** resoudre un problème rencontré par beaucoup d'anglophones.*

We need to solve a problem encountered by many English speakers.

4.2.2 VERB + DIRECT OBJECT + *de* + INFINITIVE Many verbs involving praise and blame come into this category: *accuser quelqu'un de faire quelque chose, blâmer, soupçonner, louer, féliciter, excuser, remercier,*

e.g. *Ils ont accusé leur collègue **de** cacher les détails essentiels.*

They accused their colleague of concealing . . .

Other verbs with this construction involve getting people to do (or not to do) things: *prier quelqu'un de faire quelque chose; supplier, persuader, dissuader, empêcher, arrêter, dispenser,*

e.g. *Je l'ai prié **de** venir.* I begged him to come.

(Cp. *Prière **de** faire suivre. . .* Please forward . . .)

*Elle a empêché son fils **d'**aller en ville.*

She prevented her son from going into town.

4.2.3 Some reflexive verbs + *de* + INFINITIVE Some common reflexive verbs in this category are: *se contenter de faire quelque chose; s'efforcer, s'excuser, se dépêcher, se charger, se garder* and *se souvenir* + *de* + PERFECT INFINITIVE,

e.g. *Malgré toutes les injures, Yves s'est contenté **de** sourire.*

Despite all the insults, Yves just smiled.

*Je me souviens **de** vous avoir vu l'année dernière.*

I remember seeing/having seen you last year.

4.2.4 VERB + INDIRECT OBJECT (*à quelqu'un*) + *de* + INFINITIVE Here again, there are a number of verbs which involve getting people to do (or not to do) things: *dire à quelqu'un de faire quelque chose; crier, écrire, téléphoner, télégraphier, conseiller, déconseiller, demander, défendre, permettre, ordonner, interdire,*

e.g. *Il a dit **au** propriétaire **de** lui apporter une couverture.*

He told the owner to bring him a blanket.

And note how *proposer* is used:

*Il **m'**a proposé **de** faire des traductions.*

He suggested to me that **I** (not he) should do some translations.

4.3 Verbs which may be followed by *à* or *de* + INFINITIVE

4.3.1   *à* **and** *de*   There is a shift from *à* to *de* in certain constructions,

e.g.   *Cela est facile à faire.* but: *Il est facile de faire cela.*

That's easy to do./It's easy to do that.

(See p. 171 and **GS 1**, §2.3.2).

4.3.2   *Obliger, forcer quelqu'un à faire quelque chose*   Here the difference between *à* and *de* depends on whether the verbs are used with active or passive meanings,

e.g.   *Roger l'a forcé/obligé. . . à le faire.* (active)
Roger forced him to do it.

but:

Roger est forcé/obligé. . . de le faire. (passive)
Roger has (is obliged) to do it.

In the first (**active**) sentence, Roger forces someone else to do something; in the second (**passive**) one, Roger himself is forced to do something.

4.3.3   *Plaire*   The difference between (*se*) *plaire à* and *plaire de* depends on the subject. Only *se plaire* (followed by *à*) can have a personal subject,

e.g.   *Elle se plaît à dire leurs vérités aux gens.*
She enjoys telling people what she thinks of them.

Cela (impersonal) *lui plaît de voir d'autres qui souffrent autant qu'elle.*
She likes seeing . . .

4.3.4   *Demander*   This verb has a different preposition according to whether or not it has an indirect object,

e.g.   *Il lui demande de partir.* (indirect object)
He asks him to leave.

Il demande à partir. (no indirect object)
He asks to leave.

4.3.5   *Décider*   In this case the construction depends on whether the verb is being used intransitively (no object), reflexively, or transitively (with an object),

e.g.   *J'ai décidé de partir.* (intransitive)
I decided to leave.

Je me suis décidé à partir. (reflexive)
I made up my mind to leave.

Cela m'a décidé à partir. (transitive)
That decided me to leave.

4.4 Verbs followed by *par* + INFINITIVE

Finir is normally used with *de*,

e.g.   *J'ai fini de le croire.*
I (finished believing) no longer believed him.

If it is used with *par*, there is a change of meaning,

e.g.   *J'ai fini par le croire.*
I (finished by believing) finally believed him.

Commencer may be followed by *à* or *de*,

e.g.   *Elle a commencé à/de le faire hier.*
She began to do it yesterday.

If *commencer* is followed by *par*, the English equivalent is 'to begin by doing something', 'for a start . . .', 'to start off with . . .', 'begin by . . .',

e.g.   *Commencez par expliquer vos raisons d'avoir quitté la réunion si tôt.*
Begin by explaining why you left the meeting so early.

EXERCISE C   Translate the following sentences into French:

(a) This house is for sale.
(b) It's impossible to stop them.
(c) They'll have to hurry up.
(d) All we've got to do now is switch on the alarm.
(e) I congratulated him on beating his opponent.
(f) I helped him to move house.
(g) She taught them to speak French.

(h) They agreed to come with us.

(i) I dream of buying a cottage in the country.

(j) They persisted in chattering.

(k) She told us not to talk about it again.

(l) He enjoys travelling.

(m) I ended up paying for everyone.

EXERCISE D Insert the correct preposition (*à*, *de*) in the gaps in the following sentences. Note that in some of them, no preposition is needed; in some you may need to change the spelling because of vowels:

(a) Je me garderai bien ___ en parler.

(b) Croyez-vous ___ l'avoir vu ?

(c) Ne l'as-tu pas entendu ___ crier ?

(d) Il est impossible ___ continuer ainsi.

(e) Cela m'a décidé ___ parler.

(f) Il ne te reste que ___ tout avouer.

(g) Ce travail est facile ___ faire.

(h) Jean décidera sans doute ___ venir.

(i) Nous les avons remerciés ___ nous avoir aidés.

(j) Après ces reproches, l'enfant a commencé ___ pleurer.

(k) Il menace ___ nous dénoncer.

(l) Laisse-le ___ partir !

(m) Je compte ___ en recevoir bientôt.

10

La vie politique

La mort de François Mitterrand*

Allocution du président de la République, Jacques Chirac* : « Respect pour l'homme d'État et admiration pour l'homme privé »

Mes chers compatriotes, le président François Mitterrand est mort ce matin. Les Français ont appris avec émotion la disparition de celui qui les a guidés pendant quatorze ans. Je voudrais saluer la mémoire de l'homme d'État, mais aussi rendre hommage à l'homme dans sa richesse
4   et sa complexité.

François Mitterrand, c'est une œuvre. Grand lecteur, amoureux des beaux livres, l'écriture était pour lui une respiration naturelle. Sa langue classique fut toujours la traductrice fidèle et sensible de sa pensée.

8   François Mitterrand, c'est une volonté. Volonté de servir certains idéaux : la solidarité et la justice sociale ; le message humaniste dont notre pays est porteur, et qui s'enracine au plus profond de nos traditions ; l'Europe, une Europe dans laquelle la France réconciliée avec l'Allemagne* et travaillant avec elle occuperait une place de premier rang. Mais aussi une façon

12 de vivre notre démocratie. Une démocratie moderne, apaisée, grâce notamment à l'alternance maîtrisée*, qui a montré que changement de majorité ne signifiait pas crise politique. Nos institutions en ont été renforcées. En politique, François Mitterrand fut d'abord profondément respectueux de la personne humaine, et c'est pourquoi il a décidé d'abolir la peine de mort.

16 Respectueux, aussi, des droits de l'homme : il ne cessa d'intervenir partout où ils étaient bafoués. Ses choix étaient clairs, et il les a toujours faits au nom de l'idée qu'il se faisait de la France.

Mais François Mitterrand, c'est d'abord et avant tout une vie. Certaines existences sont paisibles et égrènent des jours semblables, parsemés d'événements privés. Le président

20 Mitterrand, au contraire, donne le sentiment d'avoir dévoré sa propre vie. Il a épousé son siècle. Plus de cinquante ans passés au cœur de l'arène politique, au cœur des choses en train de s'accomplir. La guerre. La Résistance. Les mandats électoraux. Les ministères, dont, très jeune, il assume la charge. La longue période, ensuite, où il sera l'une des figures majeures de

24 l'opposition, avec détermination, opiniâtreté, pugnacité. Les deux septennats enfin, où il prendra toute sa dimension, imprimant sa marque, son style, à la France des années 80.

Mais François Mitterrand n'est pas réductible à son parcours. S'il débordait sa vie, c'est parce qu'il avait la passion de la vie, passion qui nourrissait et permettait son dialogue avec la mort.

28   La vie sous toutes ses formes. La vie dans ses heures sombres et ses heures glorieuses. La vie du terroir, la vie de nos campagnes, cette France rurale qu'il a tant aimée, presque charnellement. Il connaissait notre pays jusque dans ses villages et, partout, il avait une relation, un ami. Car il avait la passion de l'amitié. La fidélité que l'on doit à ses amis était pour lui un dogme, qui

32   l'emportait sur tout autre. Il suscita en retour des fidélités profondes, au travers des années et des épreuves.

Ma situation est singulière, car j'ai été l'adversaire du président François Mitterrand. Mais j'ai été aussi son premier ministre et je suis aujourd'hui son successeur. Tout cela tisse un lien

36   particulier, où il entre du respect pour l'homme d'État et de l'admiration pour l'homme privé qui s'est battu contre la maladie* avec un courage remarquable, la toisant en quelque sorte, et ne cessant de remporter des victoires contre elle. De cette relation avec lui, contrastée mais ancienne, je retiens la force du courage quand il est soutenu par une volonté, la nécessité de

40   replacer l'homme au cœur de tout projet, le poids de l'expérience. Seuls comptent, finalement, ce que l'on est dans sa vérité et ce que l'on peut faire pour la France.

En ce soir de deuil pour notre pays, j'adresse à Madame Mitterrand et à sa famille le témoignage de mon respect et de ma sympathie. A l'heure où François Mitterrand entre dans

44   l'Histoire, je souhaite que nous méditions son message.

Le Monde, le 10 janvier 1996.

A   Préparation du texte

Notes

➤*François Mitterrand* (titre) : président de la République française (1981–95) et leader du Parti socialiste français (voir **Dossier 10**).

➤*Jacques Chirac* (Introduction) : deux fois premier ministre (1974–76 et 1986–88) et fondateur en 1976 du Rassemblement pour la République (formation politique d'inspiration gaulliste). Il devient président de la République en 1995 (voir **Dossier 10**).

➤*la France réconciliée avec l'Allemagne* (10 – 11) : adversaires historiques, la France et l'Allemagne tentent depuis la fin de la Deuxième Guerre mondiale de faire tomber leurs vieilles rivalités et de faire réussir la coopération et l'intégration européenne.

➤*l'alternance maîtrisée* (12 – 13) : le système permet qu'un président de droite succède à un président de gauche ou vice versa.

➤*s'est battu contre la maladie* (37) : François Mitterrand est mort d'un cancer de la prostate que des médecins ont diagnostiqué dès 1981. Ce n'est qu'en 1994, soit deux ans avant sa mort, qu'il a annoncé aux Français qu'il avait ce cancer. De nombreux Français ont considéré ce silence comme un acte de courage ; d'autres ont considéré ce silence comme un manquement à ses engagements puisque François Mitterrand avait promis, au début de son premier septennat, de rendre public régulièrement un bilan de sa santé.

Vocabulaire

❶ Expliquez en français le sens des mots suivants dans leur contexte : *s'enracine* (10), *maîtrisée* (13), *bafoués* (16), *égrènent* (19), *parsemés* (19), *opiniâtreté* (24), *pugnacité* (24), *singulière* (34).

❷ Traduisez en anglais les mots ou expressions suivants dans leur contexte : *au cœur de l'arène politique* (21), *mandats électoraux* (22), *a épousé son siècle* (20 – 21), *deux septennats* (24), *la vie du terroir* (28 – 29), *tisse un lien* (35), *toisant la maladie* (37).

Commentaire grammatical

DEVICES USED FOR EMPHASIS

● **Repetition**

➤ *c'est une œuvre* (5) ; *c'est une volonté* (8) ; *c'est... une vie* (18) : Jacques Chirac wishes to place emphasis on certain key characteristics of François Mitterrand. He does this by recalling the subject of the sentence through the use of *c'est*. (See **GS 10, §4.2.**)

● **Emphasis by placing at the beginning of the sentence**

➤ *Grand lecteur* (5), *Respectueux* (16), *Seuls comptent* (40) : Jacques Chirac places a number of adjectives at the beginning of sentences in order to reinforce the importance he attributes to them. (See **GS 10, §2.2.**)

➤ *De cette relation avec lui* (38) : placing this structure at the beginning of the sentence gives emphasis to the various links which exist between Jacques Chirac and François Mitterrand.

● **Not including a main verb in a sentence**

➤ *Mais aussi... crise politique* (10 – 13) : this is done in order to reinforce the idea highlighted in the preceding sentence (*démocratie*). Other sentences do not have any verbs at all (21 – 25) : again this is a way of highlighting the main idea in the preceding sentence – the fact that François Mitterrand has lived through tumultuous times.

● **C'est...**

➤ *c'est pourquoi* (15) ; *c'est parce qu'il* (26 – 27) : *c'est* is used as an introduction, to give emphasis to what follows. (See **GS 10, §4.**)

OTHER GRAMMAR POINTS

➤ *Sa langue classique fut* (6), *François Mitterrand fut d'abord* (14), *il ne cessa* (16), *Il suscita* (32) : the past historic is used here in contrast to the perfect used elsewhere in the text. Jacques Chirac stresses the historical significance of the characteristics of François Mitterrand by using the past historic. See **GS 2, §3.4.**

➤ *ensuite, où il sera* (23), *enfin, où il prendra* (24 – 25) : the future is used here for dramatic effect ('was to') and to highlight the various events in François Mitterrand's life.

➤ *qui les a guidés* (2), *il les a toujours faits* (17), *cette France rurale qu'il a tant aimée* (29) : in the first two examples here, the past participles (*guidés, faits*) agree with the direct object pronoun because it precedes the verb. In the third case *France* (*f*) is followed by the relative pronoun *que* (which agrees with it and so is feminine). Both *France* (*f*) and *que* (*f*) precede the verb, so again there is agreement (*aimée*). See **GS 6, §3.1.**

Compréhension du texte

❶ Pourquoi Jacques Chirac parle-t-il de la richesse et de la complexité de François Mitterrand (`3` – `4`) ?

❷ Indiquez les genres de combats qu'a menés François Mitterrand.

❸ Comment comprenez-vous cette phrase dans le contexte : *cette France rurale qu'il a tant aimée, presque charnellement* (`29`) ?

❹ Pourquoi Jacques Chirac dit-il que le fait d'avoir été adversaire, premier ministre, et successeur de François Mitterrand *tisse un lien* (`35`) ?

B   Exercices de renforcement

A l'oral

❶ Donnez des réponses orales aux questions ou aux phrases suivantes :

(a) Comment Jacques Chirac ressent-il la disparition de son adversaire politique ?

(b) Comment François Mitterrand a-t-il exprimé sa passion, son amitié ?

(c) Expliquez le sens de ce commentaire : *Seuls comptent, finalement, ce que l'on est dans sa vérité et ce que l'on peut faire pour la France* (`40` – `41`).

Exercices lexicaux

❷ Trouvez dans un dictionnaire des équivalents des expressions suivantes, puis employez les expressions trouvées dans des phrases : *au plus profond de* (`9` – `10`), *de premier rang* (`11`), *grâce à* (`12`), *au cœur de* (`21`), *en train de* (`21` – `22`), *au travers de* (`32`), *A l'heure où* (`43`).

❸ Expliquez en français la signification des mots suivants : *compatriotes* (*m*) (`1`), *figure* (*f*) (`23`), *parcours* (*m*) (`26`), *dogme* (*m*) (`31`), *deuil* (*m*) (`42`).

Exercices grammaticaux et structuraux

❹ Réécrivez les lignes `18` – `25` en formant des phrases complètes sans modifier le sens du texte.

❺ Il est possible de transformer certains adjectifs en adverbes en mettant ces adjectifs au féminin singulier et en leur ajoutant le suffixe *-ment*. Identifiez les adjectifs du texte et faites des adverbes de ceux qu'il est possible de transformer.
Par exemple : *amoureux* (`5`) ⇒ *amoureusement*.

❻ Quelle différence faites-vous entre *une façon de vivre notre démocratie* (`11` – `12`) et « une façon de vivre **de** notre démocratie » ?

C   Exploitation du texte

A l'oral

1   **Débat** En classe discutez de l'image que vous avez des hommes politiques. Comparez votre opinion avec celles des autres membres du groupe.

2   **Sujet de discussion** Jacques Chirac semble démontrer du respect et de l'émotion pour François Mitterrand dans son allocution – *saluer la mémoire* (3), *rendre hommage* (3), *le témoignage de mon respect et de ma sympathie* (42 – 43). Que pensez-vous de l'importance des sentiments qu'il exprime ?

A l'écrit

3   **Rédaction** Par delà leurs différences politiques, comment les hommes politiques de votre pays s'apprécient-ils et se respectent-ils au niveau personnel. (300 mots)

4   **Rédaction guidée** Vous saluez la victoire de votre équipe de sport préférée. Rédigez un commentaire à partir des points suivants : (300 mots)

- les difficultés que l'équipe a connues par le passé ;
- les efforts engagés pour sortir de ces difficultés ;
- les succès récents ;
- votre sentiment de fierté.

5   **Version** Traduisez en anglais les lignes 34 – 41 .

6   **Thème** Traduisez en français le texte suivant :

French society has gone through a number of major changes in the past 50 years. The economy has become more competitive and international in focus. The conflictual nature of political discourse has diminished and the level of political differences decreased. Changes have also come about in terms of social and cultural attitudes. As a result, French society is now more in line with its European neighbours.

Le président François Mitterrand (à gauche) avec son Premier ministre, Jacques Chirac (à droite).

Élections régionales d'Île-de-France, 15 mars 1998

*Ce texte présente des extraits d'un dépliant préparé par **le Rassemblement de la Gauche et des Verts**, pour les élections régionales en Île-de-France, le 15 mars 1998.*

Il faut que ça bouge : L'Île-de-France* étouffe. De l'air !

Le 15 mars prochain, les élections régionales permettront aux Franciliens* de décider de leur avenir. Notre Région est aux mains de la droite (RPR* et UDF*) depuis 20 ans. Le résultat est
4 là : la Région étouffe. Elle étouffe de l'insuffisance des transports collectifs et de l'aggravation de la pollution de l'air. Elle souffre d'un manque d'emplois et de logements et de leur mauvaise répartition. Elle étouffe du retard considérable pris dans la formation des jeunes. Elle étouffe du peu de moyens consacrés à la sécurité, en particulier dans les lycées ou dans
8 les transports. Elle étouffe, enfin, sous des affaires du RPR et de l'UDF, du manque de transparence et de démocratie dans la politique régionale. Aujourd'hui, des femmes et des hommes, issus de la majorité élue par les Français en juin dernier*, se présentent rassemblés dans votre département. Femmes et hommes de terrain, élus locaux, militants associatifs :
12 dans leur diversité, ils veulent incarner le renouvellement dont l'Île-de-France a besoin. Ils ont un objectif commun : **mettre notre région en mouvement** !

Pour que ça bouge à Paris, nous devons savoir ce qui vous fait bouger. Voici un certain nombre de projets pour améliorer les transports en commun et agir contre la pollution dans
16 notre ville. Faites-nous savoir quelles sont vos priorités pour Paris.

Pour Paris : améliorer les transports en commun, agir contre la pollution.

(...)

➡

➡

Notre santé est en danger : multiplication des pics de pollution, développement des maladies
20 *respiratoires chez les enfants et les personnes âgées, nous sommes tous concernés. En la*
matière, le Conseil régional* a les moyens d'agir.

Classez les propositions suivantes de 1 à 9 selon l'ordre de vos priorités :

☐ encourager l'utilisation des transports en commun par une amélioration des fréquences,
24   du confort, de la sécurité et de l'accessibilité (personnes handicapées, âgées et enfants) ;

☐ favoriser la circulation des bus en multipliant les couloirs séparés du trafic automobile ;

☐ constituer un réseau de rues conviviales, facilitant la circulation des piétons et des
    cyclistes ;

28 ☐ développer des quartiers protégés où la circulation de transit serait dissuadée ;

☐ supprimer les axes rouges*, véritables autoroutes urbaines ;

☐ généraliser pour tous les véhicules publics l'utilisation des moteurs non polluants. Inciter
    les particuliers et les taxis à s'en équiper ;

32 ☐ limiter la circulation et le stationnement des cars de tourisme dans Paris ;

☐ lutter contre le bruit, par l'installation de murs de protection ou de revêtements de
    chaussée anti-bruit ;

☐ mettre en place un véritable réseau d'information du public sur les niveaux de pollution,
36   quartier par quartier ;

☐ autre proposition

Votez Marie-Pierre de la Gontrie, **Rassemblement de la Gauche et des Verts***

A   Préparation du texte

Notes

➤*Île-de-France* (**1**) : une des 22 régions métropolitaines de France, constituée de Paris et des sept départements de la région parisienne.

➤*Franciliens* (**2**) : habitants de la région Île-de-France.

➤*RPR* (**3**) : (Rassemblement pour la République) formation politique d'inspiration gaulliste créée en 1976 (voir **Dossier 10**).

➤*UDF* (**3**) : (Union pour la Démocratie Française) fédération politique de centre droite, formée en 1978 (voir **Dossier 10**).

➤*élue... en juin dernier* (**10**) : lors des élections législatives de juin 1997, des partis de la gauche ont reçu la majorité des sièges à l'Assemblée nationale.

➤*Conseil régional* (**21**) : chaque région est dotée d'une structure politique (le Conseil régional) qui décide de la conduite de la politique régionale.

➤*axes rouges* (**29**) : voies prioritaires dans les villes. Ce sont souvent des voies à grande circulation.

➤*les Verts* (**39**) : formation politique écologiste, constituée pendant les années 80.

Vocabulaire

❶ Trouvez le sens des mots ou expressions suivants : *étouffe* (4), *formation* (6), *Femmes et hommes de terrain* (11), *transports en commun* (23), *couloirs* (25), *rues conviviales* (26), *cars* (32), *revêtements de chaussée* (33 – 34).

❷ Relevez dans le texte dix mots qui appartiennent au vocabulaire de l'encouragement/de l'incitation. Exemple : *ils veulent incarner* (12).

Commentaire grammatical

DEVICES FOR EMPHASIS

● **Repetition**

➤*étouffe* (1 , 4 , 6 , 7 , 8): the author repeats the word *étouffe* to stress the difficulties that the *francilien* public experiences. Repetition also occurs with the infinitives of lines 23 – 35 (*encourager*, *favoriser* etc.).

➤*Femmes et hommes...* (11) : these subject nouns are evoked again by the use of the pronoun *ils* later in the sentence (**GS 10, §3.1**). (For articles see **GS 5, §4.3.2.**)

OTHER GRAMMAR POINTS

➤*Franciliens* (2) : all names of French towns and regions have their adjectival equivalents. Here, the adjective *francilien* is used as a noun (*Francilien*) for the inhabitants of the *Île-de-France* and so a capital letter is used.

➤ *décider de* (2), *souffre de* (5), *étouffe de* (6) : many verbs in French are followed by a specific preposition (see **GS 9, §4**). Be careful though because the addition of a preposition may change the meaning of the verb. In the case of *étouffer*, the meaning varies according to whether a preposition is used or omitted, e.g. *la Région étouffe* (4) (the region is suffocating) and *Elle étouffe de l'insuffisance des transports collectifs* (4) (It is being suffocated by . . .).

Compréhension du texte

❶ Quels sont les éléments du tract qui font référence aux projets de société des Verts ?

❷ Qu'est-ce que les auteurs du tract cherchent à nous faire comprendre ?

❸ Justifiez l'emploi des adjectifs à sens péjoratif qui décrivent la façon dont les adversaires politiques des Verts ont géré les affaires de Paris. Par exemple : *mauvaise* (6)

B   Exercices de renforcement

A l'oral

❶ Préparez des réponses orales aux questions suivantes:

(a)   De quelles façons les Verts décrivent-ils leurs adversaires politiques ?

(b)   Esquissez un portrait de la candidate écologiste.

(c)   Selon l'auteur, qu'est-ce qui distingue l'approche des écologistes de celle de leurs adversaires politiques ?

Exercices lexicaux

❷ Utilisez votre dictionnaire pour trouver le nom des habitants des départements, villes, provinces, et régions suivants :

(a) Auxerre, Angers, Brest, Bordeaux, Lyon, Lille, Marseille, Nancy, Nantes, Nice, Orléans, Paris, Strasbourg, Tours.

(b) l'Alsace, la Bretagne, la Corse, la Gironde, la Lorraine, la Martinique, la Normandie, le Pays basque, la Réunion.

❸ Trouvez des mots ou expressions pour remplacer les mots et expressions suivants, sans changer le sens du texte : *aux mains de* (3), *consacrés à* (7), *issus de* (10), *élus* (11), *militants* (11), *personnes âgées* (20), *s'équiper de* (31), *l'installation* (33).

Exercices grammaticaux et structuraux

❹ Réécrivez les phrases des lignes 23 – 35 en y ajoutant une expression impersonnelle au début de chaque phrase.

Par exemple : Il faut encourager l'utilisation…

❺ Créez des phrases qui commencent par les expressions suivantes : *Faites-nous savoir* (16), *le résultat est là* (3 – 4), *Pour que* (14).

C   Exploitation du texte

A l'oral

❶ Vous vous lancez en politique et vous devez présenter le programme de votre parti. Présentez le programme politique d'un parti de droite, du centre, de gauche.

❷ **Débat** « Les grandes formations politiques n'accordent qu'un soutien du bout des lèvres aux questions écologiques. »

❸ **Sujet de discussion** Discutez avec un ami les propositions des lignes 23 – 35 . Classez-les selon vos priorités. Présentez ce choix à la classe et justifiez votre sélection.

A l'écrit

❹ **Rédaction dirigée** Vous assistez à un meeting politique et vous racontez ce qui s'est passé. Modèle à suivre: (300 mots)

- la façon dont vous avez entendu parler du meeting ;
- ce qui vous a incité/e à y assister ;
- la description du public ;
- la présentation des principaux représentants qui ont pris la parole ;
- les thèmes des présentations ;
- la réaction du public ;
- vos impressions de cette expérience.

❺ **Version** Traduisez en anglais les lignes 22 – 27 .

❻ **Rédaction** « Voter, c'est le premier devoir d'un républicain démocrate. » Commentez cette affirmation. (250 mots)

LA POLITIQUE EN FANCE

En France, depuis la grande **Révolution** de **1789** les régimes politiques ont souvent changé – à la suite d'autres révolutions, de coups d'états ou de défaites militaires. Ainsi, la Première République, née en 1792, est vite suivie du Premier Empire fondé par Napoléon Bonaparte, de la Restauration qui rétablit la royauté, de la « Monarchie de Juillet », d'une Seconde République (1848), d'un Second Empire, et, à la suite de la défaite contre l'Allemagne en 1871, de la Troisième République. Cette **querelle de régime**, qui caractérise ce qui a été appelé par ailleurs « la guerre franco-française », s'est poursuivie notamment pendant la deuxième guerre mondiale, quand est né en 1940, sous l'occupation allemande, l'État français, connu aussi sous le nom de **régime de Vichy**, avec à sa tête le Maréchal Pétain. Une Quatrième République voit le jour officiellement en 1946 et tombe pendant la **guerre d'Algérie**. Cette crise de décolonisation a favorisé la mise en place de la **Cinquième République** fondée par le Général de Gaulle qui en est le premier Président.

La Cinquième République a vu des **présidents** et des **gouvernements** de droite ou de centre-droit jusqu'en 1981, année de **l'alternance** politique avec l'élection comme **chef de l'État** de François Mitterrand, leader du Parti socialiste. Troisième successeur du Général de Gaulle, Mitterrand s'est fait réélire en 1988, avant de céder la place à Jacques Chirac en 1995.

Le **système des partis** paraît plus fluide en France qu'en Grande-Bretagne. Les grandes formations politiques ont subi des renouvellements dans les années 70 et de nouveau, surtout à droite, vers la fin des années 90. Le **système électoral** de la Cinquième

République a mené à une **bipolarisation** de la vie politique, avec des alliances à droite entre **gaullistes** et **centristes**, et à gauche entre **socialistes** et **communistes**. Depuis quelques années une nouvelle formation, d'extrême-droite, le **Front national**, et dans une moindre mesure le **mouvement écologiste** ont modifié le paysage politique.

Les grandes formations politiques

LE PARTI COMMUNISTE FRANÇAIS (1920) : le PCF est fondé lorsqu'une majorité des membres du mouvement socialiste SFIO le quittent pour adhérer à l'Internationale communiste de Lénine. Longtemps le premier parti de France, il connaît depuis la fin des années 70 un processus de déclin qui coïncide avec son alliance avec le PS.

LE PARTI SOCIALISTE (1971) : héritier à la fois de la SFIO et d'une gauche plus moderne, le PS se reconstruit sous la direction de F. Mitterrand pour devenir le parti dominant de la vie politique française dans les années 80 et 90.

LE FRONT NATIONAL (1972) : parti d'extrême droite fondé par Jean-Marie Le Pen, le FN ne commence à se faire remarquer qu'à partir de 1983.

LE RASSEMBLEMENT POUR LA RÉPUBLIQUE (1976) : prolongement de l'héritage gaulliste, et fondé par Jacques Chirac, le RPR est le parti dominant de la droite classique.

L'UNION POUR LA DÉMOCRATIE FRANÇAISE (1978) : fondée par le Président Giscard d'Estaing pour soutenir sa politique libérale de centre-droit, il s'agit d'une confédération de différents partis et de mouvements du centre et de la droite non-gaulliste. Elle comprend en 1998 notamment : *Démocratie libérale*, *Force démocrate*, et *le Parti radical* (ce dernier datant de 1901).

Les Verts (1984) : un des partis du courant écologiste qui se développe en France à partir de 1968 sous la bannière de la protection de l'environnement et de la lutte antinucléaire. Les Verts font partie de la coalition « gauche plurielle », victorieuse aux élections de 1997.

Le paysage politique français se complète avec une prolifération de petites formations politiques, dont certaines ne sont que l'émanation de telle personnalité politique en rupture avec son parti d'origine.

Pour comprendre l'actualité politique

Sur le plan national les **citoyens** français **votent** aux **élections présidentielles**, pour élire le **président de la République**, et aux **élections législatives** pour élire les **députés**. Au niveau local, départemental ou régional, on élit les **conseillers municipaux**, les **conseillers généraux** et les **conseillers régionaux**. Il peut y avoir aussi des **élections partielles** (« by-elections »).

Le président de la République est élu **au suffrage universel** direct, au **scrutin uninominal majoritaire à deux tours**, pour un **mandat** de sept ans renouvelable (un **septennat**). Pour pouvoir se présenter, les candidats doivent recevoir le parrainage d'au moins 500 élus nationaux ou locaux. Les deux candidats qui se trouvent en tête **au premier tour**, s'affrontent 15 jours plus tard **au deuxième tour**, le vainqueur accédant à la magistrature suprême. La résidence officielle du président de la République est le **Palais de l'Elysée**.

Les élections législatives permettent d'élire un député pour chacune des 577 **circonscriptions**

électorales. Au premier tour, si le candidat qui est en tête ne reçoit pas plus de 50% des **voix** à lui tout seul, il est **mis en ballottage**, et on procède, le dimanche qui suit, à un deuxième tour de scrutin. Les **élus** siègent pour cinq ans à l'**Assemblée nationale**, qui constitue, avec le **Sénat**, les deux chambres du **Parlement**. Les membres du Sénat sont renouvelés par tiers tous les trois ans par un **collège électoral** d'élus locaux, appelés les **grands électeurs**.

En France, les élections des membres du **Parlement européen** se font au **scrutin de liste**. Chaque formation présente sa liste de candidats. Sont élus les premiers candidats de chaque liste en proportion des **voix exprimées** pour la liste. Sont exclus les candidats de listes ayant recueilli moins de 5% des voix exprimées.

La **majorité électorale** est à 18 ans. La **participation électorale** est plus forte pour les élections nationales que pour les autres élections, où l'**abstention** peut aller jusqu'à 50%. Dans le **bureau de vote**, l'électeur ou l'électrice (appelons-la Mlle Voisin) prend un ou plusieurs **bulletins de vote** sur chacun desquels est imprimé le nom d'un **candidat** (ou, dans le cas du scrutin de liste, le nom d'une liste) ; elle entre dans l'**isoloir**, met dans une enveloppe le bulletin portant le nom du candidat (ou de la liste) qu'elle aura choisi, sans rien marquer dessus, sort de l'isoloir, présente sa carte d'électeur pour s'identifier, dépose l'enveloppe dans l'**urne**. « Voisin, Hélène a voté », annonce le président de bureau ou son adjoint.

La **constitution** de 1958 prévoit que le président de la République nomme le **Premier ministre**, dont la résidence officielle est l'**Hôtel Matignon**. En accord avec le président, le Premier ministre choisit ses ministres pour former un gouvernement. Une particularité de la constitution de la Cinquième République est que, en raison de la différence de calendrier entre les élections présidentielles et législatives, les résultats peuvent être contradictoires : ainsi un président de gauche peut voir élire une Assemblée nationale à majorité de droite, ou vice versa. Comme en 1986, 1993 et 1997, un président qui se trouve dans cette situation de **cohabitation** est obligé de nommer un Premier ministre et un gouvernement parmi ses adversaires politiques, puisqu'un gouvernement ne peut durer sans le soutien de la majorité de l'Assemblée nationale. Le président peut **dissoudre** l'Assemblée nationale pour provoquer des élections législatives anticipées.

Le **Conseil des ministres** (en anglais « the Cabinet ») se réunit le mercredi matin à l'Elysée pour décider de la politique du gouvernement et adopter les projets de loi, présentés par la suite au **Parlement**. Tous les ans une centaine de **projets de loi** d'origine gouvernementale sont débattus à l'Assemblée nationale et au Sénat. La plupart de ces projets de loi, ayant peut-être subi des **amendements**, recevront l'assentiment du parlement, et seront **promulgués**. Certaines des lois, avant leur promulgation, sont examinées (à la demande notamment du président ou de 60 députés ou 60 sénateurs) par le **Conseil constitutionnel**, qui peut déclarer une loi partiellement ou globalement non conforme à la Constitution. Les « neuf sages » sont nommés pour neuf ans par les trois premiers personnages de l'État, à savoir le président de la République et les présidents du Sénat et de l'Assemblée nationale.

Quelques personnalités de la vie politique récente

Présidents de la République :
    Charles de Gaulle (1958–1969)
    Georges Pompidou (1969–1974)
    Valéry Giscard d'Estaing (1974–1981)
    François Mitterrand (1981–1988, 1988–1995)
    Jacques Chirac (1995–)

Premiers ministres :
    Jacques Chirac (RPR) (1986–88)
    Michel Rocard (PS) (1988–91)
    Édith Cresson (PS) (1991–92)
    Pierre Bérégovoy (PS) (1992–93)
    Édouard Balladur (RPR) (1993–95)
    Alain Juppé (RPR) (1995–97)
    Lionel Jospin (PS) (1997–)

POUR PLUS D'INFORMATIONS VOIR :

J. Charlot, *La Politique en France*, Livre de Poche Références, 1994.

J. Flower (ed.), *France Today*, Hodder & Stoughton, 8th edition, 1997.

P. Hall, J. Hayward, H. Machin, *Developments in French Politics*, Macmillan, 1994.

Y. Meny, *Le Système politique français*, Montchrestien, Clefs – Politique, 1991.

P. Morris, *French Politics Today*, Manchester University Press, 1993.

F. Platone, *Les Partis politiques en France*, Les Essentiels Milan, 1997.

N'oubliez pas les sources possibles d'informations sur le Web :
La Présidence de la République :
http://www.elysee.fr/
Matignon : http://www.premier-ministre.gouv.fr/
L'Assemblée nationale :
http://www.assemblee-nationale.fr/
Le Sénat : http://www.senat.fr/
Un répertoire officiel :
http://www.adminet.com/gov.html#institutions

Exercice

Renseignez-vous sur ce qui est arrivé en matière de politique et de gouvernement aux dernières élections présidentielles et législatives. Répondez aux questions :

(a) Quelle est la date de l'élection présidentielle la plus récente ? Et des élections législatives les plus récentes ?

(b) Quelles personnes occupent actuellement les postes suivants ? A quelles formations politiques appartiennent-elles ?

		Nom	Parti
(i)	Président de la République		
(ii)	Premier ministre		
(iii)	Ministre des Affaires étrangères		
(iv)	Ministre de l'Intérieur		
(v)	Ministre des Finances		

(c) Quels partis forment la majorité à l'Assemblée nationale ?

(d) Quels partis se retrouvent dans l'opposition parlementaire ?

Élections législatives

10

Grammar section

Emphasis

§1 Introduction

If you want to emphasise a particular word or part of a sentence, there are a number of important differences between French and English. In spoken English you can emphasise any word you choose. For example, in the sentence 'Paul lent me this bicycle', there are five possible different meanings, depending on where we place the stress. The words in bold are stressed.

1 **Paul** (not **Ian**) lent me this bicycle.
2 Paul **lent** (did not **give**) me this bicycle.
3 Paul lent **me** (not **you**) this bicycle.
4 Paul lent me **this** (not **that**) bicycle.
5 Paul lent me this **bicycle** (not this **car**).

In French the emphasis cannot be moved about the sentence in the same way. In spoken French the accent falls on the final syllable of a word group, a clause or a sentence. This means that French-speakers have to make use of sentence structure to emphasise particular words, rather than stressing individual syllables. The five English statements given above would have to be expressed in French in the following ways to convey the meaning added by emphasis in English:

1 *Ce vélo m'a été prêté par **Paul***
  or: *C'est **Paul** qui m'a prêté ce vélo.*
2 *Ce vélo, Paul me **l'a prêté**.*
3 *C'est **à moi** que Paul a prêté ce vélo.*
4 *Paul m'a prêté ce vélo-**ci**.*
5 *C'est ce **vélo** que Paul m'a prêté.*

In this grammar section we will consider three of the most useful ways of emphasising particular words or word-groups within a French sentence.

● **Giving prominence** This can be done by changing the order of the words in a sentence, so that we start the sentence with something which normally occurs in another part of the sentence. This is called **fronting**.

● **Reinforcing** To add importance to, or reinforce a part of the sentence, we can mention something twice in the same sentence. This is **dislocation**.

● **Presenting** We can emphasise a part of a sentence by enclosing it in another expression, or by using another expression to introduce it. This is known as **framing** or **clefting**.

Generally speaking, emphasis is conveyed in similar ways in both formal and informal French. However, in this Grammar section, examples more typical of the formal written language are indicated by (W), and those of the informal spoken language by (S). Forms marked (S) should not normally be used in writing.

See also Lang & Perez, §21.

§2 Giving prominence by fronting

Fronting means starting a clause or a sentence with a word or an expression that normally follows the verb.

2.1 Adverbs and adverbial phrases

> *Partout, les assemblées retrouvent leur influence.* (W)
> *Très tôt, il apparaît comme l'un des hommes qui montent au sein du parti.* (W)
> *Le quatre août, l'Angleterre déclarait la guerre.* (W)
> *Jamais les agressions à main armée ne furent plus nombreuses.* (W)

See also GS 7, §§2.1.1 and 2.3.

2.2 Adjectives and adjectival phrases:

> *Grande fut sa surprise.*

instead of:

> *Sa surprise fut grande.* (W)
> *Gêné, je répondis que je ne m'en souvenais pas.*

instead of:

> *Je répondis, gêné, que je ne m'en souvenais pas.*
> *Affaibli par la maladie, Mozart mourut à l'âge de 35 ans.*

instead of:

> *Mozart, affaibli par la maladie, mourut à l'âge de 35 ans.*

A similar kind of emphasis can be added by placing an adjective which would usually occur **after** a noun, **before** the noun:

> *C'était l'enjeu innocent de ces **contradictoires** espérances.* (W)
> *Beaucoup d'efforts vont être déployés pour retarder encore cette **redoutable** échéance.* (W)

See also GS 7, §5.2.

§3 Reinforcing by dislocation

Dislocation involves changing the normal structure of a clause in two ways: (a) moving the part we want to emphasise to the beginning or to the end of the clause or sentence, and (b) replacing it in its original position by an appropriate pronoun. (Cp. also **GS 1**)

3.1 Subjects

If the part we want to emphasise is a **noun subject**, it can be moved to the end of the clause and a subject pronoun can be used in its original position:

*Il ne savait que faire, **le pauvre homme**.*

*Par un si beau temps, c'était magnifique, **ce sport**.*

Alternatively, the emphasised element may remain in its place at the beginning of the clause, and a stressed pronoun can be inserted, either immediately before the verb:

*Jean-Pierre, **lui**, préfère s'asseoir par terre.*

or immediately after the verb:

*Jean-Pierre préfère, **lui**, s'asseoir par terre.*

*Les enfants y vont, **eux**, au jardin public.*

When the verb in the clause is *être*, *ce* can be used to reinforce the subject:

*Ma distraction, **c'est** la télé. (S)*

*Aller à pied, **ce serait** bien long.*

*Ces gens-là, **c'est** le cynisme même. (S)*

3.2 Objects

If what we want to emphasise is an **object noun**, an **adjective** or a **noun clause**, it can be placed either at the beginning or at the end of the sentence, and be replaced by an object pronoun:

*Ton sort, la victoire **l'**a fixé.*

*Je **la** voyais déjà, **ma table**.*

*Ses idées, je ne **les** comprendrai jamais.*

*Sévère, il **l'**est comme tu **le** dis.*

*Je **le** sais bien, **que cela ne vous plaît pas**.*

3.3 Prepositional phrases

If the element to be emphasised is a **prepositional phrase**, it may be moved either to the beginning or to the end of the clause and be replaced by one of the pronouns *y* and *en*:

(a) *Il ne pense pas **à votre preposition**.* ⇒

*Votre proposition, il n'**y** pense pas. (S)*

or:

*Il n'**y** pense pas, **à votre proposition**. (S)*

(b) *Il se moque bien **de leurs arguments**.* ⇒

*Leurs arguments, il s'**en** moque bien. (S)*

or:

*Il s'**en** moque bien, **de leurs arguments**. (S)*

3.4 Subject pronouns

If you want to emphasise a **subject pronoun**, you can add an extra, emphatic pronoun in the following positions:

● immediately before the subject pronoun:

Moi, je ne pense pas. (S)

Ça, ça m'est égal. (S)

● immediately after the verb (and before a following infinitive or proposition):

*Vous y croyez, **vous**, aux horoscopes ? (S)*

*Il n'espérait pas, **lui**, pouvoir sortir de cette situation difficile.*

● at the end of the sentence:

*Elle n'a pas encore rencontré son patron, **elle**. (S)*

*Tu t'abaisserais ainsi, **toi** ? (S)*

In spoken French, masculine subject pronouns in the third person (*il, ils*) can simply be replaced by their stressed form:

e.g. *Eux l'ont tué. (S)*

Lui l'a fait. (S)

EXERCISE A   Add emphasis to the expression in italics by placing it at the beginning of the sentence. You may sometimes have to change the general word order or add another expression.

(a) Le Président a *sans doute* compris que les tâches qui l'attendent vont être rudes. (See **GS 7**.)

(b) Un tel dialogue commencera *peut-être* avec la campagne présidentielle. (See **GS 7**.)

(c) Il faut abandonner *ces arguments-là* à l'opposition.

(d) La politique doit refléter et guider *ces nouvelles aspirations*.

(e) Une cinquantaine d'espions ont été *démasqués* et expulsés, a-t-on appris de source autorisée.

(f) On en connaît *le principe*.

(g) Jean Dol, qui était *incarcéré depuis le 31 octobre*, a été libéré samedi de la prison de la Santé.

EXERCISE B Rewrite these sentences, adding a stressed pronoun to emphasise the words in italics. In some cases, more than one answer is possible:

(a) *Je* crois qu'il pense très différemment.

(b) Je crois qu'*il* pense très différemment.

(c) *Ses enfants* n'ont pas perdu de temps.

(d) *Votre politique* reflète les aspirations de la masse.

(e) *D'autres commentaires* l'attribuent à une volonté délibérée de changer de politique.

(f) On ne peut pas *lui* en vouloir de tenter un ultime effort pour limiter les dégâts.

(g) *Ses parents* ne partagent pas la conviction de leur fille.

§4 Presenting by framing or clefting

Presenting is giving prominence to the element you want to emphasise by enclosing it between the two parts of an expression. This is called framing or clefting. In French the two chief framing expressions are:

> *C'est. . . qui. . ./C'est. . . que. . .*

and

> *Ce qui. . ., c'est (ce sont). . ./Ce que. . ., c'est (ce sont). . .*

4.1 *C'est. . . qui. . . or C'est. . . que. . .*

> *C'est une bonne fessée **qui** lui ferait du bien.*
> *C'est à Besançon **que** je l'ai rencontré pour la première fois.*

EXERCISE C Emphasise the expression printed in italics by using the 'framing' structure *C'est. . . qui. . .* or *C'est. . . que. . .*, making any other necessary changes:

(a) Il a tenu son premier conseil des ministres *à Lyon*.

(b) Un soir il emmène son fils Henri *dans un bistro des Halles*.

(c) Il est allé faire un banquet *en Alsace*.

(d) Il établit *lui-même* les menus de l'Elysée.

(e) Je vous ai écrit *pour vous demander ce rendez-vous*.

(f) Le secrétaire d'État fera *une escale de quatre heures* dans la capitale danoise.

(g) Les carabiniers n'ont pas identifié *sans une certaine stupeur* l'homme qu'ils avaient arrêté.

(h) Ils se préoccupent *moins de la construction de l'Europe* que de leurs rapports avec les partis communistes.

4.2 *Ce qui. . ., c'est (ce sont). . . ; or Ce que. . ., c'est (ce sont). . .*

> *Ce qui est moins clair dans les esprits, c'est ce que veut faire le Président.*
> *Ce qu'il y a de vivant et de constructif dans la politique, c'est la part de dynamisme. . .*

Note that, in these examples, it is the unit (word, word-group, phrase or clause) which follows *c'est* which is emphasised, i.e. *ce que veut faire le Président*, and *la part de dynamisme. . .*

Although the above examples all contain verbs in the present tense, a variety of different tenses can be used in constructions like this.

EXERCISE D Add emphasis to the unit printed in italics in each of the following sentences by using the introductory structure *Ce qui... c'est..., Ce que... c'est...,* or *Ce dont... c'est...,* making any other necessary changes:

(a) *Les tendances politiques dans la région* sont plus complexes.

(b) Les produits fabriqués suivant les normes de nos usines sont vendus *à des prix très compétitifs.*

(c) *Le train* coûte moins cher et est beaucoup plus sûr que l'avion en hiver, avec tous ces risques de brouillard.

(d) Personne ne prévoyait *une issue aussi résolue à cette journée de protestation.*

(e) Ils se préoccupent *moins de la construction de l'Europe* que de leurs rapports avec les partis communistes.

4.3 Emphasis by using an introductory term

4.3.1 *Quant à...; En ce qui concerne...; Pour...*

> *Quant à sa petite amie, il l'avait oubliée. (W)*
> *En ce qui concerne ses accusations, je n'ai plus rien à vous dire.*
> *Pour mon mariage, c'est un peu différent. (S)*

Other expressions which can be used in this way are: *Dans le domaine de..., Au niveau de..., S'agissant de...*

4.3.2 *Voilà...; Voici...*

> *Voilà qu'il se met à pleuvoir.*
> *Voici qu'on entend une explosion.*
> *Voilà le merle qui siffle : c'est le mois d'avril.*
> *Voilà donc ce que j'aperçois au fond de cette triste nuit.*

These expressions can sometimes be preceded by a pronoun:

> *Me voici enfin ! Tu ne m'attendais plus, n'est-ce pas ? (S)*

EXERCISE E Add emphasis to the unit printed in italics by using the introductory terms *Quant à...* or *En ce qui concerne...,* making any other necessary changes:

(a) *Les déjeuners de travail avec ses ministres* se sont multipliés.

(b) On continue à ignorer où se trouve *le jeune José Luis* enlevé mardi par un commando mal identifié.

(c) On ignore la teneur *des conversations* entre le ministre de l'Intérieur et ses interlocuteurs français.

(d) Il est bien trop tôt pour faire état d'*une telle information.*

(e) Il a fallu beaucoup de courage *aux parents* pour essayer d'arracher leur fille à cette secte.

11

On se parle

INTRODUCTION

In this Module you will find two very different examples of written versions of spoken French. *Texte un*, 'La Famille en kit', is a transcription of a radio programme in which journalists made comments about recordings of unscripted interviews with three different couples. As it was a radio programme, the listeners originally would not have had any visual clues. The journalist has, however, tried to recreate some of the liveliness and spontaneity of the real spoken language he has transcribed. The decision not to use punctuation makes the text hard to read, but accurately conveys the impression of flowing, continuous speech. To understand the text, you will have to try to work out where the pauses come and imagine the intonation.

Texte deux, 'Les petits enfants du siècle', is an extract from a novel by Christiane Rochefort. She has written a lively imagined conversation between her characters. Although she has used punctuation, the conversation will not come alive unless you can imagine it with the pauses, hesitations and intonation which would be typical of such a situation. Some of the gestures and body language are given (1 , 18 , 22) by the author to try to supply some of the clues which would have been clear to the people speaking.

Neither of these texts is meant to be taken as a model for your own spoken French. You should think of them as attempts to present in writing some of the interesting and exciting features of the spoken language, and to emphasise the important differences between spoken and written French.

Some of the differences between speaking and writing are common to all languages. The written form of a language can only be understood by reading. All other clues to help us to decipher the meaning must be given on the page. Punctuation, for example, is virtually essential in writing. The written language therefore is usually a carefully constructed and technically correct form of the language. The spoken form, on the other hand, is used in a context which includes a variety of clues to meaning. It occurs in a context where body language, gesture, facial expression and the real life situation all contribute to make understanding easier.

There are also a number of other features of the spoken language which differentiate it from the written form. Intonation and emphasis, for example, are very important aids to expression and understanding and, in French, liaison also plays an important part in the spoken language. The fact that the speakers are usually looking at one another means that, if there is a misunderstanding or a difficulty in communication, it can be rectified immediately by repeating or rephrasing what has been said.

The spoken language, on the other hand, is marked by a variety of presentational features which show that it is being used in a real life situation. Pauses and hesitations, the use of isolated words or phrases not set in complete and grammatically correct sentences, all reveal that the communication is taking place in real time, and help to ensure that speaker and listener understand one another.

Other features are the use of the simplified form of the negative (*pas* alone instead of *ne... pas* – *Texte un,* (☐11☐)), hesitations (*euh, Texte un,* ☐5☐ and ☐8☐), corrections or re-phrasing (*euh, ah, Texte un,* ☐5☐), repetitions (*Texte un,* ☐12☐ and ☐13☐). Longer passages in the spoken language are characterised by the simpler pronouns or conjunctions (*et, Texte un,* ☐4☐–☐8☐) while there are often very short or incomplete sentences (*Texte un,* ☐34☐). Usually, the context makes the language perfectly clear. Some of the features which are needed for the written language to be clearly understood are rarely found in speaking: complex coordination in lengthy sentences, carefully organised word order, certain forms of verbs such as the past historic and the imperfect subjunctive.

However, in both written and spoken language, there is a range of registers. In both forms of the language, you may need to use formal, carefully constructed and highly accurate language. The choice will depend on the situation you find yourself in, on your relationship to the person you are speaking to and on the purpose of the communication. This can be difficult for foreign speakers of a language.

It is tempting to think that speaking in a very informal, loosely structured way, using the *tu* rather than the *vous* form, and using slang expressions freely will impress native speakers of French. Native speakers may, on the contrary, be shocked by the fact that you have failed to respond to the clues in the context and are speaking in a way that is not appropriate to the situation you are in. You use different language depending on whether you are having a quiet drink in the pub or café with student friends or giving a spoken presentation in class. If you are talking to a friend, you probably do not speak in the same way as you do to your parents, your lecturers or your prospective employer. Your mastery of French will be shown by your ability to choose the appropriate form of language for the situation. Always take your cue from the people you are speaking to. It is safer to err on the side of caution and formality, rather than use language which is inappropriately relaxed and informal.

La famille en kit

Ce texe est la transcription, pour le magazine FDM/Fréquence plus, *d'une émission à la radio. Dans cette émission, le journaliste Thierry Weigert et son invité, Louis Roussel, ont parlé de trois* Témoignages *enrégistrés sur le vif par la journaliste Catherine Heuzé.*

Thierry Weigert : Voilà maintenant un sujet particulièrement d'actualité* dans notre société qui fait le bonheur des instituts de sondage des médias des sociologues et autres démographes c'est la famille (...)

4   *Témoignage 1 :* Je m'appelle Marine j'ai 20 ans et depuis un an et demi je vis avec Jean-Claude qui a lui euh ah il va avoir 41 je crois oui oui il a 41 41 qui est dans la pub* directeur artistique et qui a un petit garçon de 12 ans qu'on n'a que en fait une un week-end sur deux parce que le reste du temps il est en pension* pendant la semaine et un week-end sur deux chez sa mère et

8   euh donc en fait euh Jean-Claude et son ex-femme ont divorcé il y a il y a cinq ans quoi

Catherine Heuzé : Alors comment ça se passe entre vous comment tu te sens toi maman par procuration* belle-mère copine grande sœur

Marine : Ben au début j'avoue que je savais pas trop et j'étais un peu trop je pense copine à

12   acheter les bonbons les trucs les machins* et en fait on se rend compte que si on veut faire à manger à ces petits chéris de la viande et des trucs et bon on se rend compte qu'il faut quand même un minimum c'est vrai c'est plus paternel maternel quoi tout en lui disant bien que de toute façon je suis pas sa maman et que je veux pas la remplacer mais c'est vrai que je l'aide je

16   lui fais faire ses devoirs c'est c'est moi qu'il vient voir et puis bon ben on je m'occupe de lui quand même hein puis à la limite son son rêve c'est qu'on se marie et qu'on fasse un petit frère ou une petite sœur

Thierry Weigert : Pourquoi pas pourquoi pas mais là ça devient très compliqué quand même

20   car si Marine a un enfant il sera donc le demi-frère ou la demi-sœur du petit garçon évoqué dans le reportage jusque-là vous me suivez qui lui-même a déjà une vraie mère une belle-mère enfin une belle-mère par concubinage* avec son père qui lui pourrait donc dans un futur

proche être le père de deux enfants mais pas avec la même femme voilà voilà vous êtes perdus moi aussi donc nous allons faire appel à des secours si vous le voulez bien c'est Louis Roussel il est démographe et auteur aux Éditions du Seuil du livre « La Famille incertaine »

Louis Roussel : Le changement fondamental essentiel difficile à expliquer d'ailleurs est qu'aujourd'hui la famille n'est plus réglée par des institutions mais euh que les comportements sont définis par une sorte de pacte privé entre les conjoints* pacte privé qui comme tous les pactes sont renégociables et finalement résiliables* et donc tout va être à la fois libre et source d'angoisse – *Salut toi ça va viens chez moi j'habite chez une copine*

Viens chez moi j'habite chez une copine le titre de ce film avec Michel Blanc pourrait parfaitement illustrer cette situation de famille en kit le mariage n'est plus le seul mode de vie proposé aux jeunes générations

Témoignage 2 : J'ai 28 ans je vis avec mon compagnon* Xavier depuis maintenant six ans on s'est rencontrés pendant nos études à la fac et depuis eh bien nous avons deux enfants un petit garçon de quatre ans et demi et une petite fille de deux ans alors effectivement on n'est pas mariés bon ça tient du fait qu'on n'en a jamais vraiment ressenti le besoin pour le moment ça ne pose pas de problème on se demande un petit peu en vieillissant mais pour le moment on n'a pas l'intention de se marier

Louis Roussel : Il y a eu une résistance qui n'a pas été très longue devant la cohabitation* des jeunes avant de se marier et très vite bon les parents ont considéré que c'était peut-être un moindre mal euh ils n'ont pas cessé de pousser un petit peu ces jeunes couples à se marier dans les meilleurs délais mais ils les ont accueillis comme tels* et cette acceptation est certainement un des phénomènes sociaux les plus surprenants dans les vingt dernières années

Thierry Weigert : Et on serait tenté de dire tant mieux une des raisons principales de ce nouveau mode de vie à deux pourrait être le boom des divorces enregistré ces dernières années près d'un mariage sur trois se conclut en effet par une séparation pas toujours très bien vécue* par les parents et surtout par les enfants même si Madame Roux va nous permettre de conclure sur une note plutôt optimiste

Témoignage 3 (Mme Roux) : J'ai été mariée une première fois et j'ai eu un petit garçon et je me re... suis mariée une deuxième fois mon fils avait cinq ans j'ai eu un deuxième enfant neuf ans après c'est mon second mari qui a élevé mon premier fils tout s'est très bien passé entre eux ils se sont pour ainsi dire adoptés tous les deux

FDM/Fréquence plus, avril 1991.

A Préparation du texte

Notes

➤ *d'actualité* (**1**) : actuel, « up-to-date ».

➤ *la pub* (**5**) : abréviation de *la publicité.*

➤ *en pension* (**7**) : Un élève « en pension » ne rentre pas à la maison, mais couche à l'école, normalement du lundi au vendredi.

➤*par procuration* (9 – 10) : « proxy », « substitute ». Ce terme est utilisé aussi pendant les élections. On peut voter *par procuration* pour quelqu'un.

➤*les trucs, les machins* (12) : « things », « thingamagigs ». Ces expressions sont utilisées couramment dans la langue parlée pour remplacer des mots plus précis.

➤*une belle-mère par concubinage* (22) : un/e *concubin/e* vit avec quelqu'un de l'autre sexe, sans être marié/e. Marine, qui vit avec Jean-Claude, est donc la *belle-mère par concubinage* de son fils à lui. Notez que le mot *belle-mère* peut avoir, comme dans ce témoignage, le sens de « step-mother ». Dans d'autres contextes, il peut signifier « mother-in-law ».

➤*les conjoints* (28) : les deux personnes qui forment un couple, qu'ils soient mariés ou non.

➤*résiliables* (29) : qu'on peut annuler. Il est possible, si les deux personnes sont d'accord, d'annuler ces pactes, tandis que le processus pour l'annulation d'un mariage est plus complexe.

➤*compagnon (m)* (34)/*compagne (f)* : autre mot pour la personne avec qui on vit, mais moins formel que *concubin/e* (22).

➤*la cohabitation* (40) : le fait de vivre ensemble. Ce terme est employé aussi pour parler de la situation où le Premier ministre (par exemple, Lionel Jospin) et le Président de la République (par exemple, Jacques Chirac) représentent des partis politiques opposés. Voir **Module 10**.

➤*ils les ont accueillis comme tels* (43) : les parents (*ils*) ont accepté les jeunes qui vivent ensemble mais ne sont pas mariés (*les*) comme des couples (*comme tels*).

➤*pas toujours très bien vécue* (47) : pas toujours très facilement accepté.

Vocabulaire

❶ Trouvez (en français) le sens donné dans le texte aux mots et expressions suivants: *copine* (11), *ces petits chéris* (13), *pacte privé* (28), *famille en kit* (32), *à la fac* (35), *moindre mal* (42), *boom des divorces* (46).

❷ Faites une liste de 20 mots dans le texte ayant un rapport avec la famille. Notez le genre des noms et l'infinitif des verbes.

❸ Relevez dans le texte toutes les hésitations qui sont indiquées par des mots tels que *euh, bon, ben*.

Commentaire grammatical

LE FRANÇAIS PARLÉ

● **Punctuation**

In written French, punctuation makes it easier for us to understand the structure of the sentence we are reading. In the transcriptions of spoken French in this passage, the journalist has deliberately omitted punctuation to create the impression of quick, flowing speech. The absence of punctuation marks, however, makes it difficult to read the passage. Once punctuation is added, reading becomes easier:

➤*Mais, là, ça devient très compliqué quand même, car, si Marine a un enfant, il sera donc le demi-frère ou la demi-sœur du petit garçon évoqué dans le reportage.* (19 – 21)

● **Interruptions and hesitations in the sentence**

One of the most important differences between spoken and written French is the use, when we are speaking, of words such as *euh* to give the speaker time to think:

➤ *qui a lui euh ah il va avoir 41* (5)
➤ *et euh donc en fait euh Jean-Claude et son ex-femme* (7 – 8)

In speaking, people often hesitate or change their minds about what they want to say, and this is shown in a written transcription:

➤ *et* **puis bon ben** *on je m'occupe de lui quand même* **hein** (16 – 17)
➤ *et depuis* **eh bien** *nous avons deux enfants* (35)
➤ *alors* **effectivement** *on n'est pas mariés* **bon** *ça tient du fait que. . .* (36 – 37)

If we remove the hesitations from the written transcription and introduce punctuation, it makes it easier to read it:

Au début, je savais pas trop et j'étais un peu trop copine, à acheter les bonbons, les trucs, les machins, et on se rend compte qu'il faut quand même un minimum . . . (11 – 14)

● **Use of conjunctions**

The structure of spoken sentences is looser than in written French. They tend to be made up of a series of clauses connected by *et, mais* and relative pronouns such as *qui* and *que*:

➤ *J'ai 20 ans* **et** *depuis un an et demi je vis avec Jean-Claude* **qui** *a 41,* **qui** *est dans la pub, directeur artistique,* **et qui** *a un petit garçon de 12 ans* **qu'**on *n'a qu'un week-end sur deux. . .* (4 – 6)

➤ *j'avoue que je ne savais pas trop,* **et** *j'étais un peu trop copine. . .,* **et** *en fait on se rend compte que. . .* (11 – 12)

➤ *. . . du petit garçon évoqué. . .* **qui** *lui-même a déjà. . . une belle-mère par concubinage avec son père* **qui** *lui pourrait. . .* (20 – 22). See **GS 6, §3.**

● **Use of** *on*

In spoken French, the personal pronoun *on* (see **Module 1**) is used more frequently than in written French.

(a) Often it is used instead of *nous*:
➤ *on n'a en fait qu'un week-end sur deux* (6)
➤ *son rêve, c'est qu'on se marie* (17)
➤ *on n'en a pas vraiment ressenti le besoin* (37)
➤ *on n'a pas l'intention de se marier* (38 – 39)

Where *on* has a plural meaning and is used with a verb in the *passé composé* (**Module 2**), written French **may** have a plural agreement with the past participle, even though *on* is technically singular. (This agreement would not usually be heard in listening to spoken French.)
➤ *on s'est rencontrés* (34 – 35)
➤ *on n'est pas mariés* (36 – 37)

(b) *On* may also be used with the meaning 'one', 'people in general':
on se rend compte (12 , 13).

● **Negatives without** *ne*

The *ne* of the negative pair *ne. . . pas* is very frequently omitted in spoken French:
➤ *je savais pas trop* (11), *je suis pas sa maman . . . je veux pas la remplacer* (15)

Notice that, where other negatives are used – *ne. . . que* (6), *ne. . . plus* (27 , 32), *ne. . . jamais* (37) – *ne* is not usually omitted.

● **Questions**

In spoken French, questions are often indicated by a change in intonation, rather than by inverting the subject and the verb:
➤ *comment ça se passe entre vous comment tu te sens* (9). See **GS 7, §4.1.**

Compréhension du texte

1 Pourquoi Louis Roussel dit-il que, dans la famille moderne, *tout va être à la fois libre et source d'angoisse* (29 – 30) ?

2 Trouvez-vous que les trois familles dont il est question dans cette transcription soient des *familles en kit* (32) ?

3 Comment la phrase *on se demande un petit peu en vieillissant* ... (38) pourrait-elle se terminer ?

4 Expliquez le sens de la phrase *ils se sont pour ainsi dire adoptés tous les deux* (52 – 53).

B   Exercices de renforcement

A l'oral

1 Préparez des réponses orales aux questions suivantes :
(a) Quelle est l'attitude de Marine envers le fils de Jean-Claude ?
(b) Expliquez le sens de *belle-mère par concubinage avec son père* (22).
(c) Pourquoi Xavier et sa compagne n'ont-ils pas l'intention de se marier ?

Exercices lexicaux

2 Catherine Heuzé demande à Marine si elle se sent *maman par procuration, belle-mère, copine* ou *grande sœur* (9 – 10). Faites une liste des termes qui pourraient s'appliquer à un homme qui se trouverait dans une situation pareille.

3 Imaginez quatre autres choses (*trucs, machins* (12)) que Marine aurait pu acheter au fils de Jean-Claude.

4 Trouvez dans un dictionnaire au moins 15 termes français pour les membres de la famille. Commencez par ceux qui se trouvent dans ce texte: *mère, père, belle-mère* etc.

5 Complétez la grille ci-dessous :

Verbe	Substantif en *-ation*
séparer	
procurer	
situer	
cohabiter	
accepter	

Verbe	Substantif en *-tion/-sion/-ssion*
omettre	
recevoir	
paraître	
disparaître	
comprendre	

Exercices grammaticaux et structuraux

6 Recopiez les passages suivants du texte, en y ajoutant la ponctuation :
(a) *voilà voilà vous êtes perdus moi aussi donc nous allons faire appel à des secours si vous le voulez bien c'est Louis Roussel il est démographe et auteur aux Éditions du Seuil du livre « La Famille incertaine »* (23 – 25)
(b) *J'ai 28 ans je vis avec mon compagnon Xavier depuis maintenant six ans on s'est rencontrés pendant nos études à la fac* (34 – 35)

(c)   *Et on serait tenté de dire tant mieux une des raisons principales de ce nouveau mode de vie à deux pourrait être le boom des divorces enregistré ces dernières années près d'un mariage sur trois se conclut en effet par une séparation (* 45 *–* 47 *)*

7 Relisez le témoignage de Marine (11 – 18). Réécrivez ce passage à la troisième personne (*elle* au lieu de *je*), et enlevez toutes les marques du français parlé.

C   Exploitation du texte

A l'oral

1 A deux, imaginez une conversation entre Marine et Jean-Claude à propos du fils de ce dernier.

2 Un week-end sur deux, le fils est chez sa mère (7). Vous êtes le fils. Qu'est-ce que vous racontez à votre mère sur vos week-ends passés avec Marine et Jean-Claude ?

3 Quelles autres questions Catherine Heuzé aurait-elle pu poser à Marine (9 – 10) ? A deux, récréez l'interview. Un/e étudiant/e (Catherine Heuzé) pose quatre questions à l'autre (Marine).

4 Dans votre groupe d'étudiants, vous parlez de votre vie de famille. Rôles à jouer :
- le fils de Jean-Claude ;
- le fils « adoptif » de Xavier ;
- le prince William d'Angleterre ;
- vous-même.

A l'écrit

5 Écrivez le début du scénario du film *Viens chez moi j'habite chez une copine* (31). (200–250 mots)

6 Vous êtes Louis Roussel. Écrivez un paragraphe dans lequel vous exprimez vos idées sur « La Famille incertaine ». Basez ce paragraphe sur ce que dit Louis Roussel dans la transcription (26 – 30 , 40 – 44). (250–300 mots)

7 **Thème** Ajoutez la ponctuation et puis traduisez en français le texte ci-dessous.

Well um I don't know what to say really I mean well OK she didn't have much of a clue at first she was always giving me sweets and stuff like that you know my real mother couldn't care less and my father well er he wasn't actually there all that much always too busy working and stuff then you know it gradually changed after a while ok she er sort of realised she wasn't my sister and she would like help me with my homework and things and read me stories and you know like that and I finally realised um saw that well she was never going to replace my mother but ah that didn't um really make it easy er better because well you know we just weren't what you might call ah a normal an ordinary family

TEXTE DEUX

Les petits enfants du siècle

Le personnage principal du roman est une jeune fille (Josyane), l'aînée d'une famille ouvrière habitant une HLM dans la banlieue nord de Paris. En dehors de Josyane et de ses parents, la famille comporte un frère (Patrick), une sœur (Chantal) et des jumeaux. En faisant un jour des commissions pour sa mère l'héroïne rencontre un ouvrier immigrant italien avec qui elle fait sa première expérience sexuelle. Notre extrait dépeint la fin de sa rencontre amoureuse et la scène qui se déroule à son retour au foyer.

Il m'embrassa. Je dis : « Je ne savais pas que ça existait. »

– Mon Dieu, dit-il, que tu étais bonne ! Je le savais. J'en étais sûr d'avance.

On recommença une dernière fois, mais après je n'en pouvais vraiment plus. « Madona, je

4   suis fou », disait Guido. On rentra à toute vitesse... Il me laissa un peu avant la Cité*. Il me dit une phrase, avec « morire »*, en souriant tristement, et me fit Tchao, en se retournant sur le scooter, avant de tourner dans son allée.

– Alors, qu'est-ce que t'as foutu* ? Le vermicelle quand est-ce qu'y va cuire ? Je le ramenais.

8   On l'avait acheté avec Guido en passant, et trimbalé* dans les sacoches*.

– Je me suis promenée.

– C'est pas le moment de te promener quand je t'attends avec les commissions.

Dans ces cas-là je me tais. Mais aujourd'hui j'encaissais mal*.

12   – Et quand est-ce que c'est le moment ? J'ai sans arrêt des trucs à faire ! j'arrête pas du matin au soir et tous les autres se les roulent ! Y a qu'à* donner des commissions à Patrick, lui il a le droit de traîner tant qu'il veut !

Patrick se détourna à peine de la télé – le seul truc capable de le faire rappliquer à la maison –

16   et me jeta :

– Moi, c'est pas pareil, moi je suis un homme.

J'éclatai de rire.

– Un homme ! tu sais même pas ce que c'est.

20   C'était vraiment pas le moment de me sortir ça, il tombait bien, tiens* !

– Morpion !

Les jumeaux levèrent le nez de leur livre de géographie (qu'est-ce qu'une presqu'île ? une presqu'île est une terre entourée d'eau de trois côtés) et ricanèrent, ostensiblement.

24   – Tu veux te faire corriger ? me dit Patrick, très chef.

  – Tra la la, tra la la, dirent les jumeaux.

  – Vous les lopes. . .

  – Tra la la, tra la la !

28   – La ferme*, dit le chef de famille, je peux pas écouter l'émission !

  – Tra la la, tra la la, chantonnèrent doucement les jumeaux. Qui c'est qui va encore se les faire dévisser*.

  – Allez-vous vous taire ? dit la mère. Votre père écoute l'émission. Josyane, râpe le gruère*.

32   – Où c'est que t'as été te promener, dit cette punaise de Chantal, flairant un coup, pour ça elle avait de l'intuition.

  – Avec une copine.

  – Comment elle s'appelle ?

36   – Fatima, répondis-je au hasard, de toute façon ils ne la connaissaient pas.

  – Belles fréquentations, dit Patrick, moraliste.

  – Je t'emmerde* microbe.

  – Ah ! merde* ! dit le père. On peut pas avoir un instant de tranquillité dans cette bon dieu de

40 journée, non ?

  – Eh bien, Josyane ? je t'ai pas dit de râper du gruère ?

  – Ah ! la barbe ! Chantal a qu'à le faire. Elle fout jamais rien ! moi j'en ai marre de faire la bonne !

C. Rochefort, Les petits enfants du siècle, Grasset, 1961.

A   Préparation du texte

Notes

➤ *Cité* (f) (4) : groupe d'immeubles ou HLM (habitations à loyer modéré) formant une agglomération plus ou moins importante, souvent dans la banlieue d'une ville, et destiné au logement des ouvriers (*cité ouvrière*).

➤ « *morire* » (5) : mot italien signifiant *mourir*.

➤ *foutu* (7) : de *foutre*, mot grossier dont le sens ici est en gros équivalent à celui du verbe *faire*.

➤ *trimbalé* (8) : « trundled about. »

➤ *sacoches* (f) (8) : « saddle-bags (of scooter). »

➤ *j'encaissais mal* (11) : « I wasn't going to take things lying down. »

➤ *Y a qu'à* (13) : forme raccourcie de *Il n'y a qu'à. . .* = *le plus simple serait de. . .* Cp. *Chantal a qu'à le faire* (42).

➤ *il tombait bien, tiens !* (20) : « Coming when it did that remark was rich! » Avec son Italien Josyane venait de découvrir ce que c'était qu'un vrai homme.

➤ *La ferme* (28) : expression populaire signifiant « Taisez-vous ».

➤*Qui c'est qui va encore se les faire dévisser* (29 – 30) : « who's going to come in for another clout. »

➤*gruère* (*m*) (31) : prononciation populaire de *gruyère*, un fromage.

➤*Je t'emmerde* (38) : « Go and get stuffed! » *Merde* (39) [« shit »] avec ses dérivés *emmerder, se démerder* s'emploie très fréquemment en français. La fréquence de son emploi en diminue l'effet. Cp. p. 170.

Vocabulaire

❶ Trouvez le sens des mots et expressions suivants : *en se retournant sur le scooter* (5 – 6), *en passant* (8), *traîner* (14), *ricanèrent, ostensiblement* (23), *très chef* (24), *râpe* (31), *de toute façon* (36), *faire la bonne* (42 – 43).

❷ Les mots et expressions suivants appartiennent tous au langage familier. Trouvez leur sens dans un dictionnaire du français parlé : *trucs* (12), *se les roulent* (13), *rappliquer* (15), *Morpion* (21), *lopes* (26), *cette punaise de Chantal* (32), *la barbe* (42), *j'en ai marre de* (42).

Commentaire grammatical

EXAMPLES OF 'FRANÇAIS FAMILIER'

● Phonetic simplification
Cela is replaced by *ça* (1 , 20 , 32), *tu* is abbreviated to *t'* (7 , 32), and *il* becomes *y* (7 , 13).

● Grammar
The *nous* form is replaced by *on* (3 , 4 , 8).

Ne is omitted from the negation (10 , 12 , 17 , 19 , 20 , 28 , 39 , 41 , 42), cp. 1 and 3 .

The past historic does not usually occur in direct speech (see **GS 2, §3.4**) and the author has therefore used it only in the narrative linking the dialogue itself. The perfect tense is used within the dialogue.

● Syntax
The extract consists almost entirely of short simple sentences. There are very few examples of subordinate clauses (e.g. 10). Very often sentences are juxtaposed without even a coordinating conjunction (*et* or *mais*) e.g. 'Y a qu'à donner des commissions à Patrick, lui il a le droit de traîner tant qu'il veut !' (13 – 14). Cp. 17 , 20 , 32 – 33 , 36 .

Questions are rarely formed by inversion of subject and verb (e.g. 31). Most commonly questions are expressed by rising intonation, e.g. *Tu veux te faire corriger ?* (24), cp. 39 – 40 , 41 **or** by question word plus falling intonation, e.g. *Comment elle s'appelle ?* (35) **or** by *est-ce que*, e.g. *qu'est-ce que t'as foutu ?* (7), cp. 7 , 12 . But the inversion *est-ce* is sometimes avoided even in this expression, see 29 , 32 . See **GS 7, §4**.

● Affective language
The extract offers a wide range of exclamations and fillers which often occur in conversational French,
e.g. *tiens !* (20), *Ah ! merde !* (39), *(cette) bon dieu de (journée)* (39 – 40), *Ah ! la barbe !* (42).

Compréhension du texte

❶ Comment comprenez-vous la phrase : *Dans ces cas-là je me tais* (11) ? Une simple traduction ne suffira pas.

❷ Comment comprenez-vous la phrase : *flairant un coup, pour ça elle avait de l'intuition* (32 – 33) dans le contexte du passage ?

❸ Expliquez les mots *Belles fréquentations* (37) lancés par Patrick à Josyane.

B   Exercices de renforcement

A l'oral

❶ Préparez des réponses orales aux questions suivantes :
(a) Comment l'auteur décrit-elle la séparation des nouveaux amants ?
(b) Josyane camoufle ses émotions en mentant à sa famille. Donnez des exemples de ses mensonges.
(c) Qu'apprenons-nous du caractère de Josyane dans cet extrait ?
(d) Quelle impression nous font les parents ?

A l'écrit

❷ Récrivez le texte à partir de la ligne 7 en imitant le style et le langage d'une famille de la haute bourgeoisie parisienne.

C   Exploitation du texte

A l'oral

❶ Sujets de discussion
(a) Par quels moyens l'auteur arrive-t-elle à nous faire rire ?
(b) Les mensonges sont-ils inévitables en famille ?
(c) « L'incompréhension des classes sociales est ineffaçable, étant fondée dans une différence de langage aussi bien que d'esprit. » Trouvez-vous cette affirmation raisonnable ou imbue de préjugés ?

A l'écrit

❷ **Version** Traduisez en anglais les lignes 22 – 43 .

❸ Identifiez les différents locuteurs de la scène dans l'appartement (7 – 43) et recopiez leurs paroles en les présentant comme le texte d'une pièce de théâtre. Ajoutez des indications scéniques pour montrer les gestes des personnages et à qui ils s'adressent.

4 **Thème** Traduisez en français :

'What d'you mean by different?' Mavis said.

'I don't know. He's just different. Says funny things. You have to laugh,' Dixie said.

'He's just an ordinary chap,' Humphrey said. 'Nice chap. Ordinary.'

But Dixie could see that Humphrey did not mean it. Humphrey had been talking a good deal about Douglas during the past fortnight and how they sat up talking late at Miss Friern's.

'Better fetch him here to tea one night,' said Dixie's stepfather. 'Let's have a look at him.'

'He's too high up in the office,' Mavis said.

'He's on research,' Dixie said. 'He's brainy, supposed to be. But he's friendly, I'll say that.'

'He's no snob,' said Humphrey.

'He hasn't got nothing to be a snob about,' said Dixie.

'*Anything*, not *nothing*.'

'Anything,' said Dixie, 'to be a snob about. He's no better than us just because he's twenty-three and got a good job. He's the same as what we are.'

(adapté) Muriel Spark, *The Ballad of Peckham Rye*, Penguin, 1960.

11

Grammar section

Prepositions

§1 Introduction

§2 Prepositions used in expressions of place

§3 Prepositions used in expressions of time

§4 Prepositions used in expressions of manner

§5 Prepositions used in expressions of quantity and proportion

§6 Prepositions used after verbs

§7 English–French translation problems

§1 Introduction

1.1

French prepositions can have several English translations,

e.g. *à Paris, à 8 heures, à genoux,*

where *à* means 'in/to (Paris)', 'at (8 o'clock)', 'on (one's knees)'.

1.2

Common prepositions are usually repeated in French where they would probably not be in English,

e.g. *à Paris et à Rome*   in Paris and Rome

de sa femme et de sa fille

from his wife and daughter

1.3

Sometimes groups of words can be used in the same way as a preposition, and be followed by a noun,

e.g. *jusqu'à la gare, à côté de notre maison*

1.4

Prepositions are used in French in different ways in a sentence,

e.g. *un vase de Chine* (preposition linking two nouns)

le moment d'agir (preposition linking a noun and a verb)

Uses of prepositions with infinitives are discussed in GS 9.

See also Lang & Perez, §55.

§2 Prepositions used in expressions of place

2.1

Both *à* and *en* are used with names of countries, continents, etc. and to say where things are or where they are going.

The preposition *en* is used before feminine names of countries:

> *en France, en Écosse, en Chine, en Amérique du Sud*

and also before masculine names of countries beginning with a vowel:

> *en Afghanistan*

Use *au* before masculine names of countries beginning with a consonant:

> *au Maroc, au Japon, au Portugal, au Moyen Orient*

Use *aux* before all plural names of countries:

> *aux États-Unis* (but: *en Amérique*), *aux Indes* (but: *en Inde*), *aux Philippines*

Note that *à* is used before the names of some countries which are islands:

> *à Cuba, à Chypre, à Malte*

EXERCISE A Put the appropriate prepositions in the gaps before the names of these countries:

(a) ___ Iran
(b) ___ Brésil
(c) ___ Asie
(d) ___ Norvège
(e) ___ Russie
(f) ___ Canada
(g) ___ Antilles
(h) ___ Madagascar

2.2 Devant/avant; derrière/arrière

Devant is used in expressions of **place**:

- as a preposition: *devant la maison* ;
- as an adverb: *Il s'est placé devant* (He placed himself at the front);
- as a noun: *Le devant de la maison* (The front ...).

Avant is used mainly in expressions of **time**:

- as a preposition: *avant six heures* ;
- as an adverb: *Il est parti avant* (... beforehand).

But as a noun it indicates **place**:

- *l'avant* the front (of a vehicle);
- *les avants* the forwards (football).

Derrière and *arrière* are only used in expressions of **place**. *Derrière* can act as a preposition (*derrière la maison*), as an adverb (*Il s'est placé derrière*) or as a noun (*Il est tombé sur son derrière*). *Arrière* can only act as a noun,

e.g. *Montez à l'arrière*
> Get in the back (e.g. of the car)
> *Les arrières* The backs (football)

2.3 A travers and par

A travers usually means 'through' or 'across', implying that there is some substance to be got through or difficulties to be got over:

> *Elle a crié à travers la porte.* (the door was closed)
> *Il l'insultait à travers la vitre.* (the window was closed)

Par does not have this meaning:

> *Elle a crié par la porte.* (the door was open)
> *Il l'insultait par la fenêtre ouverte.*

Note also *de travers* (askew):

> *Elle avait mis son châle de travers.*

and *en travers de* (across, crossways):

> *Il s'est couché en travers du lit*

2.4 Dessus, dessous

Au-dessus/dessous de and *par-dessus/dessous* are prepositional phrases. *Au-dessus de* is used for position **above** something; *au-dessous de* is used for movement **over** something,

e.g. *Il accrocha le tableau au-dessus du bureau.* (above)

Ils ont sauté par-dessus la barrière. (over)

En dessus and *en dessous* are adverbs (i.e. they are not followed by a noun phrase or by *de*),

e.g. *... une table avec, en dessous, un tas d'assiettes.* (... underneath ...)

Dessus and *dessous* can also function as nouns,

e.g. *le dessus/dessous* the top/bottom (e.g. of a table, a cloth)

avoir le dessus/dessous to come out on top/come out the loser *les dessous* underwear.

2.5 *Jusqu'à, depuis*

These terms can mean 'to' and 'from' and are stronger than *à* or *de*,

e.g. *Il nous a suivis depuis Paris jusqu'à Calais.* (The distance between Paris and Calais is emphasised.)

§3 Prepositions used in expressions of time

3.1 *Pour, pendant, depuis*

Pour is used for intended periods of time, usually in the future:

Je suis là pour un an.

I intend to stay for a year; I'm here for a year's stay.

Il était là pour une semaine.

He intended to stay for a week.

e.g. *Il resta un an à cet endroit.*

Il pense rester un mois ou deux.

Pendant is used for actual periods of time, past, future or habitual present,

e.g. *Elle a travaillé là **pendant** un an.*

She worked there for a year.

Elle a un contrat d'un an ; elle va travailler dans cette entreprise pendant douze mois.

Elle voyage pendant l'été.

but avoid *pendant* and *pour* with *rester*.

Depuis is used for periods of time up to a present or past moment,

e.g. *Elle était là **depuis** un an quand elle l'a rencontré.*

She had been there for a year when ...

For use of tenses with *depuis*, see also GS 2, §4.

EXERCISE B Put the appropriate preposition (*pour, pendant, depuis*, none) in the gaps in the following sentences. In some cases, more than one answer may be possible; if so, give all possibilities and explain the difference.

(a) Il a travaillé ___ une semaine dans ce bureau.

(b) Elle a dû rester ___ trois mois à l'hôpital.

(c) Nous habitions là ___ dix ans quand notre fils est né.

(d) Si je viens, ce sera ___ une semaine au moins.

(e) Quand il a obtenu le poste, il apprenait le chinois ___ deux ans.

(f) Oui, il a été notre professeur ___ toute une année.

(g) Je ne sais pas. Je suis ici ___ trois jours seulement.

3.2 *Dans* or *en* with time

Dans is used for a deadline, a time after which something occurs,

e.g. *Je le ferai dans trois jours.* (cp. *au bout de*)
I'll do it in three days' time from now.

En is used for duration, a length of time during which something goes on,
e.g. *Je le ferai en trois jours.*
It will take me three days (at most) to do it.

Remember: *dans* for 'time at the end of which', *en* for 'time within which'.

EXERCISE C Translate into French, using *en* or *dans* as appropriate:
(a) He said he'd be there in a week.
(b) Yes, she's arriving in two hours' time.
(c) Can it be done in half an hour?
(d) In a flash, they had all disappeared.
(e) It'll be all over and done in a month's time.
(f) OK, I'll see to it in a minute.

3.3 *Jusque*

Jusque usually occurs with *à*. With nouns use *jusqu'à* or *jusqu'en*,
e.g. *Jusqu'à samedi/la semaine prochaine.*
Jusqu'au moment où. . .
Jusqu'en mars/juillet/ce moment/hiver/automne, etc.

With verbs use *jusqu'à ce que* + SUBJUNCTIVE,
e.g. *Je resterai là jusqu'à ce qu'il **vienne**.*

3.4 Other time expressions

● *Instant*
Par instants, il est très maussade. At times . . .
Sors à l'instant ! . . . at once.
A l'instant (même) où elle pensait sortir. . .
At the very moment . . .

● *Jour*
Il a mis ses comptes à jour. . . . up-to-date.

Au jour le jour. . . Day by day (with no thought for the morrow).
D'un jour à l'autre. . . Any day now . . .
De jour en jour plus fréquent. . .
More and more frequent as the days go by.
Au petit jour. . . At first light . . .
De jour et de nuit. . . By day and night . . .
De nos jours. . . Nowadays . . .
Il est de jour.
He is on duty today; It's his day on duty.

● *Moment*
En ce moment. . . Now . . .
A ce moment-là. . . Then . . . (future or past)
Au bon/mauvais moment. . .
At the right/wrong time/moment . . .
Au même moment. . .
At the same time . . .
Par moments. . . At times . . .

● *Temps*
En ce temps-là. . . In those days . . .
Dans le temps. . .
At some time in the past . . .; A long while ago . . .; In days gone by . . .
En temps de guerre/paix. . .
In wartime/peacetime . . .
A temps. . . In time . . .; At the right time . . .
De mon temps. . . In my day . . . (= youth).
En même temps. . . At the same time . . .

● *Semaine, mois*
Il vient trois fois par semaine/mois.
Il est payé à la semaine/au mois. . .
. . . on a weekly/monthly basis.

EXERCISE D Translate into French, using expressions from §3.4. (N.B. The exact expression may not have been given.)
(a) They don't make them like that these days.
(b) You're in luck, he's here just now.
(c) Sometimes she seems to understand what I'm saying.

(d) Owls don't come out much in the day time.

(e) He's expecting to be sent to London any day now.

(f) When I was a lad we were polite to our parents.

(g) Some time ago she worked in Paris.

(h) Well, it's been like that from time immemorial.

§4 Prepositions used in expressions of manner

4.1 *Façon* and *manière*

Note that *de* is used with *façon* and *manière* where English would use 'in',

e.g. *De cette façon/manière, de telle manière, de la même façon* (likewise), *de toute manière/façon* (anyway)

4.2 *De* to express a single movement

De is used where English often uses 'in' or 'with',

e.g. *D'un seul bond, il a atteint la fenêtre.*
He reached the window in a single bound.
D'un mouvement brusque, elle a ôté son chapeau.
With a brusque movement, she took off her hat.

4.3 Ways of walking or travelling

A is most common for natural movements,

e.g. *A pied, à cheval, à quatre pattes* (on all fours), *à tâtons* (feeling your way)

En is very common for vehicles,

e.g. *en voiture, en car, en bus, en train* (but: *par chemin de fer*)

For some vehicles (those you sit astride), you can use either,

e.g. *A/En vélo, à/en moto*

but notice that you use *en* when you are travelling by plane or train,

e.g. *Il voyage toujours en avion.*

and *par* in other cases,

e.g. *Elle a envoyé les lettres par avion.*

§5 Prepositions used in expressions of quantity and proportion

5.1 Prices

A is normally used before the price and the definite article is used before the quantity,

e.g. *Elle a acheté des poires à 9 francs le kilo.*
Est-ce que vous avez du tissu comme ça à moins de 55 francs le mètre?
Bien, je prends le menu à 100 francs. (le menu = set price meal)

5.2 Various proportions

There are certain set expressions:

un pour cent... one percent
un sur cinq... one out of five
cinq mètres sur trois mètres...
five metres by three metres

5.3 Distances

*Il a une résidence secondaire à 50 kilomètres **de** Paris.*

*Oui, c'est **à** trois heures de route.*

three hours' drive away

but:

*C'est un trajet **de cinq kilomètres***

...a journey of five kilometres/a five-kilometre journey

Brouillard sur 4 km.   Fog for 4 km.

5.4 Measurements

De can be used in two ways to express measurements,

e.g.   *Cette ligne a 5 cm **de** long* or *Cette ligne est longue **de** 5 cm.*

See Lang & Perez, §56.6.

5.5 Comparatives and superlatives

De is often used in comparisons,

e.g.   *Il est **de** 3 cm plus grand que moi* or *plus grand que moi **de** 3 cm.*

*Celui-ci est **de** 40 francs plus cher que l'autre.*

See also **GS 12**, §4.2.

For the superlative, French uses *de* where English uses 'in',

e.g.   *C'est le seul élève **de** la classe à avoir réussi.*

He is the only student in the class ...

*C'est elle la plus intelligente **de** toute la famille.*

... in the whole family

5.6 *Entre* and *parmi*

Parmi is used in the sense of 'amongst', i.e. for a member of a group, whether or not that group is actually present; so it often means 'one of':

*Il est **parmi** vos ennemis.*   (one of them, **not** in their company)

***Parmi** les linguistes, son nom est réputé.*   Among linguists, he is well known.

*Elle n'est qu'une employée **parmi** d'autres.*   (one of a considerable number)

Entre is usually more precise than *parmi*:

*Asseyez-vous **entre** nous.*   Sit between us.

*Asseyez-vous **parmi** nous.*   Sit with us (with our group).

Entre is also used in the prepositional phrase *d'entre* when some people or things are being selected from a group:

Deux d'entre eux viendront plus tard.

Two of them (from among them) will come later.

EXERCISE E   Insert the correct prepositions and other phrases in the gaps in the following sentences:

(a) Lyon se trouve ____ deux heures ____ ici.

(b) Elle est ____ les plus intelligentes.

(c) Cette robe est ____ 80 francs plus chère ____ l'autre.

(d) Le jardin fait 50 mètres ____ long.

(e) J'ai pris une carafe de vin ____ 70 francs.

(f) La route était bloquée ____ une longueur ____ une centaine de mètres.

(g) Ce bâtiment est haut ____ 100 mètres.

(h) Le jardin mesure 10 mètres ____ 7.

§6 Prepositions used after certain verbs

6.1 *Croire*

Croire can take a direct object, whether you are referring to a person or a fact:

> *D'accord, je te crois.* I believe you. (a person)
> *Est-ce qu'il a retiré sa candidature ? – Oui, je le crois.* (I believe the fact)

Both *à* and *en* are used after *croire* with the idea of confidence or faith. Generally *à* is more common for things and ideas and *en* for God:

> *Mais si, je crois à la possibilité d'une révolution !*
> *Ma mère a toujours cru en Dieu.*

6.2 *Penser*

'To think of' has two senses in English: to have something or someone in mind (*penser à* in French) and to have an opinion about something or someone (*penser de* in French),

e.g. *Je pense à toi, sans cesse, ma chère Marie.*
> I'm thinking about you all the time . . .
> *A quoi penses-tu ?*
> What are you thinking about?

and:

> *Qu'est-ce que vous pensez de lui ?*
> What is your opinion of him?

Remember: *penser de* = to have an opinion of; *penser à* = to turn thoughts to.

6.3 *Manquer*

With a direct object, *manquer* has the sense of 'miss', 'fail':

> *Le tireur a manqué l'objectif.*
> The marksman missed the target.
> *Il s'était rendu compte qu'il avait manqué sa vie.* . . . his life was a failure.

With *de*, the sense is of something 'lacking', 'not enough':

> *Je manque d'argent.* I'm short of money.
> *Nous manquions de soldats à ce moment-là.* (There weren't enough.)

With *à*, *manquer* means either 'to be absent from someone' (and therefore 'missed') or 'to fall short', 'to fail in duty':

> *Elle lui manque.* He misses her.
> *L'expérience lui manque.*
> He hasn't the necessary experience.
> *Ils ont manqué à leurs devoirs.*
> They failed to fulfil their duties.

EXERCISE F Translate into French:
(a) I'll always think of you.
(b) Of course he missed his train!
(c) I don't believe a word of it.
(d) What did you think of the play?
(e) Oh, how I miss my Clementine!
(f) She believes in the efficiency of the legal system.
(g) They failed to fulfil their obligations.
(h) He hasn't much information, you know.

§7 English–French translation problems

When you are translating from English into French, you may meet a number of problems with prepositions:

● Prepositions are frequently used to make typically English expressions called 'phrasal verbs' (VERB + PREPOSITION). These are often translated by one word in French:

      to put up with *supporter*
      to slow down   *ralentir*
      to put out *sortir (le chat), éteindre (les flammes)*

● Ideas are often expressed in a different order in French and in English:

He **ran into** the house.
*Il **entra** dans la maison **en courant**.*
He **jumped across** the stream.
*Il **a traversé** le ruisseau **d'un bond**.*

EXERCISE G In the following sentences, identify the phrasal verbs in English. Then translate the sentences into French:

(a) Bring the chairs in, it's raining.
(b) They strolled across the park.
(c) Take those filthy boots off and put them in the shed.
(d) They were marched off to gaol.
(e) Don't run across the road!

La lettre 12

French people use a variety of styles in letters, ranging, as one would expect, from the chatty to the highly formal according to the situation. Writing letters to personal friends in French poses no special problems since the language used is close to that of everyday conversation. Problems arise for English speakers as they move across the spectrum of styles towards formal letters destined for complete or near strangers.

Formal letters in French must be written in a very clearly marked style which can appear pompous; they are written with a care English speakers find fastidious. Moreover, French people seem a good deal more reluctant to abandon this distant style than English speakers, for whom letter-writing is a much more casual business.

This module will concentrate on letters to people with whom one's relationship is more distant. Formal letters are by definition letters whose form is substantially dictated by convention. The overall plan of such letters is carefully structured to present information in the clearest and most diplomatic way. So a formal letter must have a clear plan. Moreover, formal letters are essentially pieces of written language, not spoken language. They avoid turns of phrase dependent for their meaning on subtle nuances of intonation. They shun words or expressions strongly reminiscent of colloquial usage, or even speech in general. For instance, the verb *dire* ('to say') is usually replaced by such 'written' expressions as *porter à votre connaissance, faire savoir, faire connaître, faire part de, informer*, etc. By the same token, all symptoms of familiarity are avoided: the use of the *tu*-form (to take an extreme case) is inconceivable in this kind of letter.

In formal letters the principle of **attenuation** is of supreme importance. Imperatives and direct questions are scrupulously avoided. Formulae for 'Please ...' abound: *Veuillez...* and *Je vous prie de...* are the most common, whereas *s'il vous plaît* is rare. *Je vous prie de* is often reinforced by phrases like *avoir l'amabilité de, avoir l'obligeance de, bien vouloir* ('be so kind as to'). The inverted order *vouloir bien* suggests insistence,

e.g. *Veuillez trouver ci-joint* ('Please find enclosed')

Je vous prie	*d'avoir l'amabilité de* *d'avoir l'obligeance de* *de bien vouloir*	*rectifier cette erreur*

('Please be so kind as to make good this error.')

Expressions of gratitude are also frequent, the keyword here being *reconnaissant*, e.g. *Nous vous serions reconnaissants de nous faire parvenir...* Observe here that the subject of *faire parvenir* is *vous* and not *nous*.

Allied to the principle of attenuation is the tendency towards **self-effacement**. Statements made on your own initiative and not at the request of your correspondent are frequently prefaced by formulae like *Je me permets de...* or *J'ai l'honneur de...*

e.g. *Je me permets de vous signaler que...* ('I would like to point out to you that ...')

The phrase *J'ai l'honneur de...* is not pompous at all, but apologises for taking up your correspondent's time with information that you are actually quite pleased to impart,

e.g. *En réponse à votre annonce parue hier dans* Le Monde, *j'ai l'honneur de poser ma candidature au poste de...*

Such insistence on formality and set phrases may appear stilted. However, their use has a precise purpose. They serve to foster a politeness which 'rubs off the corners' of potentially difficult (because new or distant) relationships.

Let us now look at each stage of the letter in turn:

Introductions;
Openings;
Body of the letter;
Conclusions.

A   Introductions (*Les en-têtes*)

Form of address	Conditions of use, connotations, etc.
1 *Monsieur le Directeur/Professeur/Maire/ Maire/l'Attaché Culturel*, etc. *Madame la Directrice/la Ministre/ le Maire, le Professeur*, etc.	The normal formula under conditions requiring formality (business, official, etc.). Very formal.
2 *Messieurs*	Used when addressing a company.
3 *Monsieur/Madame*	Conditions of equality; polite; implies nothing other than slight formality and, perhaps, unfamiliarity.
4 *Cher/Chère Monsieur/Madame*	A good deal less formal than 1, 2 and 3; can be used where you are certain that no formality is necessary; if in doubt, use 1 or 2. Result of acquaintance or of prolonged exchange of letters.
5 *Cher/Chère collègue* *Cher/Chère collègue et ami/e*	Normal formula among professional equals. Note that a superior will often address an inferior with expressions like: *Monsieur le professeur et cher collègue* Such formulae appear to imply equality but do not in fact do so.
6 *Mon cher* + surname	From a man to a male colleague. Genuine equality. (Women would not use this formula.)
7 *(Mon) cher* + first name *(Ma) chère*	To a colleague or a friend.
8 *Chers amis*	As 4, when you wish to include the whole family, or the whole of a group that you know well.

Notes

● The following should be avoided:

(a) *Cher Monsieur X*
(b) *Chers Monsieur et Madame X*
(c) *Mon cher Monsieur* (would sound patronising; it is sometimes used in verbal arguments)

● There exist specialised forms of address for specific categories,

e.g. *Maître* for a lawyer, *Mon père* for a priest, *Ma sœur/mon frère* for a nun/monk.

Note also *Monseigneur* for a bishop. Titled persons may be addressed simply as *Monsieur/Madame* following the full title in the address and *en-tête*.

B   Openings

While it is impossible to lay down water-tight codes of practice for this, as circumstances will require flexibility, here is a list of the more common possibilities which can be varied slightly to suit particular occasions:

1 Official or business correspondence

(a)   You ask someone to do something for you as a favour:

J'ai l'honneur de solliciter de votre bienveillance de [nous répondre avec un minimum de délai]

(b)   You want something badly from a professional superior:

*J'ai l'honneur de solliciter de votre **haute** bienveillance de [nous faire parvenir...]*

(c)   Thanks for letter or goods or services rendered:

Je vous remercie	*de*	*votre lettre en date du 18 courant*
	pour	*votre envoi du 18 de ce mois*

or:

J'ai l'honneur et le plaisir de vous remercier pour...

or:

J'ai bien l'honneur de vous remercier de/pour...

or:

Nous avons bien reçu votre communication du 18 janvier

or:

Votre lettre du 18 courant nous est bien parvenue

(d)   Follow up:

En réponse/référence	
Faisant/Comme suite	*à votre lettre du 3 écoulé*
Suite	

(e)   Imparting information:

J'ai	*l'honneur*	*de*	*porter à votre connaissance...*
	le regret		*vous faire savoir...*
			vous apprendre...
		d'	*attirer votre attention sur le fait que...*

(f)   Opening a correspondence:

Je me permets de vous écrire pour...

2 Personal correspondence

Obviously this is largely a matter of personal style and preference but here are some suggestions:

J'ai quelque peu tardé à répondre à votre lettre...

Quelques mots pour vous remercier de...

Je vous remercie de/pour votre lettre...

Merci pour votre lettre...

J'ai bien reçu votre lettre du 20 et vous en remercie...

C   Body of the letter

General advice about writing this part of the letter is obviously hard to give, since much depends on the specific purpose of the letter in question. However, remember the points made earlier about a clear plan and the importance of careful paragraphing. Also, because of the principles of attenuation and self-effacement mentioned above, there is a considerable number of words and phrases which occur frequently in letters (and not in everyday conversation). Here are some examples:

acknowledge receipt of: *accuser reception de*

and, as well as: *ainsi que*

(you) can, cannot: *il vous est possible/impossible de, vous êtes en mesure de*

if (not in sense of 'whether'): *au cas où* + CONDITIONAL

note: *constater*

point out: *signaler*

we regret: *nous sommes au regret (de vous informer que...)*

send: *faire parvenir, adresser, expédier, communiquer*

as soon as you can: *dès que possible, dans les meilleurs délais, dans les plus brefs délais, au plus tôt*

tell: *faire savoir/connaître...*
informer, porter à la connaissance de...
faire part de...

LESS FORMALLY

brief letter or note: *mot*

your news: *vos nouvelles*

POSTAL TERMS

enclosed: *ci-joint, ci-inclus, sous ce même pli*

please find enclosed: *veuillez trouver ci-joint*

under separate cover: *sous pli séparé*

international reply-coupon: *coupon-réponse international*

the post: *le courrier*

by return of post: *par retour du courrier*

in the same post: *par le même courrier*

e-mail: *le courrier électronique* or *mél* or *courriel*

fax: *la télécopie*

by recorded delivery: *en recommandé*

send, sender: *expédier, expéditeur*

addressee: *destinataire*

stamped addressed envelope: *enveloppe timbrée à mes/vos nom et adresse*

for additional information: *pour de plus amples renseignements*

postage: *frais (m. pl.) de port*

Please forward: *Prière de faire suivre*

D   Conclusions

1 Official or business correspondence

Veuillez... : is used 'from above to below'.

From 'below to above' use:

Je vous prie	*d'agréer*
	de croire à
	de recevoir

Next, between commas, repeat **exactly** the introductory form of address (*Monsieur, Madame la Directrice,* etc.) followed by one of the following.

Note that they are arranged with the most formal first and the least formal last:

l'expression de mes sentiments	*respectueux*
	dévoués
	distingués
	les meilleurs
	bien cordiaux
	cordialement
	renouvelés

Or: *l'assurance/hommage de mes salutations cordiales/distinguées* which is slightly more familiar.

Mes hommages would be more frequent from men to women.

N.B. *l'assurance de ma haute/parfaite considération* is also found; it is only used by superiors. It is not meant to sound patronising.

2 Personal correspondence

The following may be useful as 'pre-final' expressions:

J'espère/(En) espérant recevoir bientôt de vos nouvelles
Looking forward to hearing from you (familiar)
Dans l'attente de vous lire/d'avoir de vos nouvelles/de faire votre connaissance
(Avec mes) remerciements anticipés
Thanks in advance
Je vous souhaite un joyeux Noël/un bon anniversaire/une bonne (et heureuse) année.

The possibilities for the final *formule* are endless, but here are a few common examples for circumstances where some formality is required (e.g. writing to the parents of French friends). All of these correspond to English expressions like 'all best wishes', 'yours' (without 'sincerely'):

Cordialement
(Bien) amicalement (à vous)
(Meilleures/Toutes mes) Amitiés or *Amicalement*
Bien à vous
Bien des choses

Some of these can be preceded by *je vous envoie/souhaite.*

If we link the two sections together, we get endings such as the following:

Remerciements anticipés et toutes mes amitiés.
J'espère recevoir bientôt de vos nouvelles et vous souhaite bien des choses.
Je vous souhaite une excellente année 2000.
Amicalement vôtre...

SAMPLE LETTERS

1   Official or business letters

Commentary

See pp. 231–235.

(a) **Arrangement on the page**
The sender's address is written on the left hand side and the recipient's on the **right**, not the other way round as in most English-speaking countries. The place and date of origin of the letter occur under the sender's address, in the top right of the page.

(b) **Date**
The number preceded by *le* is a cardinal not an ordinal number, except in the case of *1ᵉʳ*.

(c) **Address**
The post code appears **before** the name of the town (which is usually capitalised).

Ⓐ

Leclerc, Hélène
12, rue Labrouste
17300 ROCHEFORT

Mme la Directrice du Personnel
Plumivoire et Cie
16, place Taillefer
79120 FRONTENAY

Rochefort, le 15 septembre 1999

Madame la Directrice,

En réponse à votre annonce parue dans le magazine *Gesti-2000*, je me permets de poser ma candidature au poste d'attachée de direction dans votre société.

Merci de trouver ci-joint mon c.v. Je vous prie de porter votre attention sur les éléments suivants qui, je le crois, me rendent particulièrement apte au poste que vous proposez :
  – ma connaissance de diverses langues vivantes me permettra de traiter avec une clientèle internationale comme la vôtre, ainsi qu'avec vos représentants à l'étranger ;
  – le stage d'informatique que j'ai effectué vient compléter mes autres diplômes.

Je me permets également de vous expliquer pourquoi ce poste m'intéresse au plus haut degré :
  – je désire étendre mon expérience en occupant un poste qui me permette de jouer un rôle encore plus important que celui qui m'est actuellement attribué ;
  – je souhaite vivement évoluer au sein d'une entreprise qui, par son C.A. et par ses liens avec des sociétés sœurs dans d'autres pays, est appelée à figurer au premier plan de l'Europe de demain ;
  – il me paraît crucial de savoir contribuer de manière active au développement, en France, du secteur de l'équipement de bureau qui s'est vu menacé, ces dernières années, par la concurrence italienne et allemande.

Les deux personnes suivantes ont accepté de vous fournir une lettre de référence si vous le souhaitez :
  – Mme H. Berlioz, Chef du service exportation, Cristal-Export, BP 2256, 17100 SAINTES.
  – M. E. Chabrier, Directeur du personnel, AG-Export, 21–23 rue Rameau, 17300 ROCHEFORT.

En espérant que vous voudrez bien considérer favorablement ma demande et dans l'attente de votre réponse, je vous prie de croire, Madame la Directrice, à l'expression de mes sentiments respectueux.

Hélène Leclerc

Hélène Leclerc

B

SERVICE RELATIONS INTERNATIONALES

A: Monsieur G. Schooner
     Department of French Studies
     University of Édingow
     Écosse

Grelyon, le 30 mars 1999

Monsieur et Cher Collègue,

Je vous prie de vouloir trouver ci-joint les fiches de « Demande de Logement » pour l'année universitaire 1999–2000. Le Bureau du Logement essaiera de répondre, comme l'année précédente, aux besoins spécifiques des étudiants inscrits dans les programmes d'échanges internationaux.

Cette fiche est à retourner pour le 15 juin dernier délai au:
  CROUS
  Bureau du Logement
  B.P. 196
  69086 GRELYON CEDEX.

La *Fiche descriptive* précise les différentes solutions qui sont proposées aux étudiants. IMPORTANT : les demandes doivent être remplies correctement avec toutes les indications demandées. *Les fiches ne spécifiant pas le jour précis de l'arrivée sont automatiquement rejetées.*

Je vous prie d'agréer, Monsieur et Cher Collègue, avec l'assurance de mon dévouement, l'expression de mes salutations les meilleures.

Jean-Yves Briey

Jean-Yves Briey
Directeur du Service Relations Internationales.

P.J. Fiche « Demande de logement » (à photocopier pour chacun de vos étudiants);
    Fiche de renseignements avec notamment le calendrier universitaire 1999–2000.

UNIVERSITÉ DE GREYLON, B.P. 1244, GREYLON
TÉL: 04 77 56 32 00 FAX: 04 77 56 32 01

©

Université de Greylon
BUREAU SOCRATES

Aux responsables des Échanges d'étudiants
avec l'Université de Grelyon

Grelyon, le 30 mars 1999

Chers Collègues,

J'ai le plaisir de vous adresser sous ce pli une nouvelle version du calendrier de l'année 1999–2000 à l'Université de Grelyon.

D'autre part, je vous confirme que nous complétons cette année notre dispositif d'intégration des étudiants étrangers d'échange par un système de tutorat individuel qui s'ajoutera au programme collectif habituel de la quinzaine d'accueil.

Dans la mesure du possible, chaque étudiant étranger participant à un échange s'il en manifeste le désir, recevra les coordonnées d'un étudiant grelyonnais volontaire pour lui servir de tuteur, c'est-à-dire :
● correspondre avec lui au cours de l'été
● l'accueillir personnellement à son arrivée à Grelyon
● le guider jusqu'à son logement
● faciliter son installation
● l'aider dans ses démarches administratives
● lui faire découvrir la ville et l'université
● mettre au point avec lui un système d'entraide pour les cours.

Voudriez-vous avoir l'obligeance de communiquer cette information aux étudiants concernés. Ceux qui souhaitent bénéficier de ce tutorat doivent simplement envoyer à l'adresse ci-dessus une lettre personnelle de présentation, que nous transmettrons à un étudiant grelyonnais volontaire.

Dans l'espoir que ce dispositif aidera vos étudiants à mieux s'intégrer à l'Université de Grelyon, je vous prie de recevoir, Chers Collègues, l'assurance de mes sentiments les plus cordialement dévoués.

M. Stendhal

M. Stendhal
Directeur, Bureau Socrates

UNIVERSITÉ DE GREYLON, B.P. 1244, GREYLON
TÉL: 04 77 56 32 00 FAX: 04 77 56 32 01

INSTITUT   FRANÇAIS   D'ECOSSE
13 Randolph Crescent, Edinburgh EH3 7TT   Tel: + 44 (0) 131 225 5366 • Fax: + 44 (0) 131 220 0648

Ms Carol Woodard
4 Graham Street
DUNDEE DD4 9AD

Édimbourg, le 20 novembre 1998

Nos réf. CH/bg/279/1998

Mademoiselle,

Suite à votre lettre du 16 novembre, je vous prie de trouver ci-joint une documentation concernant les postes de lecteurs/lectrices dans l'enseignement supérieur français, ainsi qu'un dossier d'inscription.

Je vous serais reconnaissante de bien vouloir me retourner celui-ci dans les meilleurs délais.

Je tiens à vous informer qu'une réunion pour les lecteurs/lectrices partants aura lieu à l'Institut français le 25 mai 1999, et vous êtes bien entendu la bienvenue. Vous recevrez ultérieurement une notification.

Restant à votre disposition pour tout renseignement complémentaire, je vous prie d'agréer, Mademoiselle, l'expression de mes sentiments distingués.

Chrystel HUG
Attachée Linguistique

P.J.

2   Personal letter

E Fairly formal, but to someone with whom you are on friendly terms

Madame S. Debussy
13, rue Gounod
21765 MIAGE

A : Mademoiselle Ann Laurie
3 Airport Cuttings
East Wellingford
Dorset BH76 1ER

Miage, le 3 mai 1999

Mademoiselle,

Nous avons bien reçu votre lettre du 20 avril dans laquelle vous acceptez notre invitation à venir passer trois semaines chez nous au mois d'août en échange d'une visite semblable que notre fille Élise devra faire chez vous à Pâques l'an prochain. Nous serons par conséquent très heureux de vous accueillir ici à une date qui reste à préciser.

Dans votre lettre vous dites que vous êtes végétarienne. Cela risque de poser un problème dans la mesure où nous espérons vous faire visiter cette région où nous avons beaucoup de parents et amis chez qui, inévitablement, nous serons invités, ainsi que vous-même, à partager des repas. Aucune personne de notre connaissance n'est végétarienne. Nous ne souhaitons nullement aller à l'encontre de vos principes, mais nous n'aimerions pas non plus arriver à plusieurs reprises devant une belle table à laquelle vous vous sentiriez incapable de participer. Nous tenons donc à savoir à quel point vous refusez toute viande. Mangez-vous parfois du poisson – ou une petite cuisse de poulet ? Nous vous saurions gré de nous donner de plus amples explications à cet égard, car nous ne voudrions pas que votre séjour soit gâché pour des motifs purement pratiques.

A part cela, nous nous faisons un plaisir de vous connaître en personne. La chambre d'amis vous attend déjà et nous espérons que le soleil sera au rendez-vous. Écrivez-nous donc quand vous connaîtrez plus exactement la date et l'heure de votre arrivée. L'aéroport le plus proche est celui de Dijon et la gare de Miage est sur la ligne Paris-Dijon – il y a à peu près cinq trains directs par jour.

Dans l'attente de votre réponse, Élise se joint à moi pour vous exprimer toute l'impatience que nous ressentons à faire votre connaissance.

Nous vous prions de croire, Mademoiselle, à l'expression de nos sentiments amicaux.

Sylvie Debussy

Sylvie Debussy

Commentary

Note that conventional formulae are still present, though perhaps fewer of them than in a formal letter – and they are mixed with less formal expressions, as the writer is trying to be both polite **and** friendly.

BIBLIOGRAPHICAL NOTE

There are numerous books giving hints on letter-writing in French, for example:

H. Fontenay, *La bonne Correspondance*, Nathan, 1984. (General)

C. Geoghegan & J. Gonthier Geoghegan, *Handbook of Commercial French*, Routledge, 1988. (Commercial)

Note that many modern dictionaries, e.g. those published by HarperCollins–Robert, and Oxford–Hachette, contain useful sections on correspondence in the centre pages or at the end.

EXERCICES PRATIQUES

1 **Exercice écrit** Vous cherchez un emploi saisonnier dans un pays francophone et, après avoir consulté les petites annonces (a), (b) et (c) reproduites ci-dessous, vous décidez de poser votre candidature pour le poste qui vous intéresse le plus.

Rédigez la lettre de candidature, à laquelle vous joindrez votre c.v. (en français, bien évidemment). Faites valoir l'expérience que vous avez déjà d'emplois saisonniers, intérimaires, etc. (Au besoin, vous inventerez tous ces détails.)

Votre lettre devra :

● exprimer avec clarté et économie les raisons pour lesquelles vous voulez ce poste ;

● convaincre la compagnie qui offre l'emploi que vous êtes un/e candidat/e qu'il faudrait considérer sérieusement ;

● utiliser correctement et convenablement les conventions et les formules qui conviennent à ce genre de courrier en français ;

● s'exprimer dans un français grammaticalement correct, surtout dans les domaines des temps verbaux et de l'accord du participe passé.

Longueur totale de la lettre, tête et queue comprises (mais sans le c.v.) : environ 250 mots. L'adresse du destinataire est incluse dans l'annonce.

(a)

LA CHAMBRE DE COMMERCE DE BELLEVILLE-LE-COMPTE ville jumeleée avec Édingow (Écosse), recherche pour stages de deux mois minimum en entreprise

JEUNES DE LANGUE ANGLAISE

ayant bonnes connaissances en langue française et se destinant à une carrière internationale dans la vente/le marketing/l'informatique.

Envoyer c.v. + lettre de motivation + références, en spécifiant disponibilité et domaines d'expérience recherchés à :

M. le Directeur, Chambre de Commerce, 4, place Villon, 57543 BELLEVILLE-LE-COMPTE, FRANCE.

(b)

> On cherche **personnel intérimaire** pour bureau centre Paris mois d'août : expérience de traitement de texte en anglais et en français souhaitée. Horaire souple. Rémunération intéressante.
>
> **Envoyez lettre de candidature + c.v. à : Service recrutement, Maisons Couperin, 27 boulevard de la Forêt Noire, 75021 PARIS.**

(c)

> **TOUROJEUNES**
> *Grande entreprise de tourisme international,*
> *(voyages, excursions, campings, randonnées de toutes sortes),*
> cherche personnel anglophone maîtrisant parfaitement bien le français et de préférence une troisième langue, disponible pendant trois mois (juillet, août, septembre), pour travailler comme
>
> # Guides / Moniteurs
>
> avec groupes de jeunes venus de partout en Europe.
>
> On vous proposera un stage de formation et un salaire correspondant à votre expérience antérieure et à vos capacités. Vous avez entre 19 et 35 ans ; vous avez l'esprit d'initiative et vous aimez le contact humain.
>
> *Rejoignez notre équipe sympathique en envoyant lettre + c.v. à :*
>
> **Mme la Directrice, TOUROJEUNES, 72, promenade des Écossais, 06000 NICE, FRANCE.**

❷ **Exercice écrit** Vous allez passer plusieurs mois (peut-être même un an) en France. Vous avez rempli un formulaire et l'avez expédié au CROUS (Centre régional des œuvres universitaires et scolaires) de la ville en question pour demander une chambre dans une cité universitaire pas trop loin du campus où vous allez suivre la plupart des cours. On vous a bien alloué une chambre, mais dans un quartier très éloigné de celui où se trouve le campus.

Vous écrivez donc au directeur du CROUS, le priant de vous faire savoir s'il serait possible de vous permettre de changer de cité universitaire et, dans le cas contraire, de vous envoyer des détails sur les transports en commun.

Voici quelques-uns des détails que vous pourriez inclure :

● Introduction ; votre identité ; les motifs qui vous poussent à écrire.

● Détails sur votre cursus et donc sur le site où vous suivrez les cours.

● Demande de modification ou, le cas échéant, de renseignements, de documentation...

● Formule finale de politesse.

❸ Exercice écrit Rédigez la lettre de présentation dont il est question dans la lettre **C** ci-dessus. Votre lettre contiendra les éléments suivants :

● Oui, vous souhaitez profiter du système de tutorat.

● Détails personnels : cursus suivi ; intérêts personnels, loisirs...

● Souhaits concernant le tuteur : désirez-vous que ce soit un garçon ou une fille ? ; que ce soit quelqu'un qui connaisse bien la ville ? ; qu'il/elle fasse les mêmes études que vous ?

● Date et autres détails sur votre arrivée.

❹ Exercice écrit Répondez à la lettre que vous avez reçue de l'Institut français (lettre **D**, p. 234).

● Remerciez l'attachée linguistique de vous avoir envoyé l'information désirée.

● Dites-lui que vous lui renvoyez le dossier rempli.

● Demandez un complément d'information sur:

les vœux que vous allez formuler (telle ou telle université)

le calendrier de la procédure (quand connaîtra-t-on la décision du ministère ? ; existence d'une liste d'attente si la demande n'aboutit pas du premier coup ? ; etc.)

● Dites-lui (en la remerciant) que vous assisterez à la réunion d'information. (250 mots).

❺ Exercice écrit Répondez à Mme Dulait (lettre **E** ci-dessus, p. 235). Exprimez votre plaisir à l'idée d'aller les voir, elle et Élise. Expliquez-lui vos principes végétariens, en vous excusant de lui poser un problème. Dites ce que vous espérez retirer de votre visite.

6 **Thème**   Traduisez en français :

Department of French Studies
University of Glasburgh
GLASBURGH GE2 1NZ

March 7th, 1999

Dear Professeur Lalande,

Our head of department, Professor Earl, has suggested that we write to you to express interest in taking up places on the exchange scheme operated by our two universities.

Clearly, Professor Earl and yourself will have to approve our applications, but we would be grateful for some further details in order to allow us to choose between schemes and to prepare ourselves properly.

It would be useful if you could confirm that, in the event of our coming, we would have guaranteed places on the *Marketing industriel* course offered at 2nd year level. This course is essential for the curriculum we are all following but, although it appeared on the 1998–9 programme, it is absent from the 1999–2000 lists we have received. We would also like to be sure that we will be able to do essays and class tests and to have them assessed, so that the results can count towards our Glasburgh degrees.

We have already sent a letter and two faxes to the Director of the local CROUS but have received no answer. Given that the closing date for applications is 20th May, we would be most grateful if you could ensure that we receive the basic information pack and, most importantly, the application forms. We realise that this is not your responsibility but a phone call from you to the Director might produce some response.

Thank you in advance for your help.

Yours sincerely,

T. Tallis

T. Tallis (and 6 others).

Le français en faculté

7 **Thème** Traduisez en français, pour un ami britannique qui vient de passer trois semaines dans une famille français, la lettre suivante :

3 Airport Cuttings
East Wellingford
Dorset BH76 1ER

September 23rd, 1999

Dear Mrs Debussy,

I wanted to thank you most warmly for letting me spend such a wonderful time with you. The three weeks flew by and I have difficulty in believing that we did and saw so much in such a short time.

I was especially glad to have the chance to see the Gorges du Tarn and to go canoeing in the area. Even the tourists driving by did not remove the sense of being somewhere remote — or of living in another time.

I enclose copies of a few of the photos that I took while I was with you and hope that they bring back happy memories for you as they do for me.

I am very sorry that your son Serge was away while I was in France. My parents have said that they would be quite happy for him to come at the same time as Élise if he wanted, as my brother will be away in the Easter holidays and his room will therefore be free.

You said that you could send me details of summer courses at the University of Dijon and I would be most grateful if you could do this, or ask the University to send them. I am determined to improve my French as much as possible over the next few years.

Thank you again for the wonderful time. I enclose a separate letter for Élise.

Yours sincerely,

Ann Laurie

Grammar section 12

Comparison

§1 Comparatives and superlatives

§2 'Better/Best': adjective or adverb?

§3 Comparative sentences: *plus/moins. . . que*

§4 Comparing quantities and numbers: *plus de* or *plus que?*

§5 Double comparisons

§1 Comparatives and superlatives

1.1

Adjectives and adverbs in French have:

● a **comparative** form, usually formed by placing *plus* before the word,

e.g. *plus rapide(ment)*   quicker, more quickly

un pas plus rapide   a quicker pace

il avança plus rapidement

he moved forward more quickly

● a **superlative** form, usually formed by placing *le/la/les/plus* before the word,

e.g. *le plus rapide(ment)*

the quickest, the most quickly

le train le plus rapide (de tous)

the quickest train (of all)

il avança le plus rapidement

he moved forward the most quickly

In French there is **no** form like the English 'the elder/the taller (of two)', which allows you to compare two things or people.

In later sections (§1.6, §2), we will study the small number of comparative forms without *plus*, such as *meilleur, mieux, moindre*, etc.

1.2

Comparing expressions with indefinite (*un/e, des*) and definite (*le, la, les*) articles. When *un/e* or *des* is used with *plus*, a comparison is being made,

e.g.   *J'aimerais **une** plus petite voiture*

. . . a smaller car,

but if you use *le, la, les*, you make a superlative,

e.g.   *C'est **la** plus petite voiture d'Europe.*

. . . the smallest car in Europe

Using the possessive adjective (*mon, son*, etc.) also produces the superlative,

e.g.   *mes meilleurs amis*   my best friends

1.3

In superlatives of adjectives which normally follow the noun, *le, la, les* **must** be placed before the adjective, even though there is already an article or possessive adjective before the noun:

> *Jean est l'étudiant **le plus** intelligent*
> ... the most intelligent student
> *Voilà **ses** idées **les plus** connues et **les plus** répandues*
> ... her best and most widely known ideas

Note that, as in the second example above, the article is repeated before each additional adjective.

However, the definite article is omitted after *de* in some superlative constructions:

> *C'est ce que nous avons **de plus** élégant.*
> It's the smartest thing we have.
> *Tout ce qu'il y a **de meilleur** dans le ballet.*
> All that's best in ballet.

1.4

Where in English the superlative would be followed by 'in', as in: 'the most famous footballer **in** the world', in French you should use *de*:

> *Un des mots les plus difficiles **de** la langue française.*
> One of the most difficult words **in** the French language.
> *Le plus grand avion **du** monde.*
> The biggest plane **in** the world.

1.5

If you use a superlative, you may have to use a subjunctive,

> e.g. *C'est le plus beau livre qu'il **ait** écrit.*

(See GS 4, §3.4.)

EXERCISE A Fill in the gaps in the following sentences, by translating the expressions in brackets into French:

(a) Ce sont (*my oldest*) ___ ___ ___ amis.

(b) La robe (*the most elegant*) ___ ___ ___ du magasin.

(c) Elle était (*the most careful and accurate*) ___ ___ ___ et ___ ___ ___ des trois filles.

(d) Piaf était (*the most famous*) ___ ___ ___ de toutes.

(e) Ce qu'il y a de (*most heartening*) ___ ___ , c'est que mon (*latest*) livre ___ ___ ___ soit devenu l'une des mes œuvres (*best known*) ___ ___ ___ .

(f) C'est (*quicker*) ___ ___ en autobus.

(g) C'est la chose (*most wonderful*) ___ ___ ___ qui me soit jamais arrivée.

(h) C'est sa proposition qui aborde le problème de la manière (*most intelligent*) ___ ___ ___ .

1.6 Some irregular forms

1.6.1 *Mauvais, mal* Some commonly used adjectives and adverbs have irregular comparative and superlative forms. The official forms in some grammar books are as follows:

> Adjectives: bad = *mauvais*; worse = *pire*; the worst = *le pire*
> Adverbs: badly = *mal*; worse = *pis*; the worst = *le pis*

but, in modern usage,

(a) *plus mauvais* is more common than *pire* which generally means 'morally worse',

e.g. *Tes notes sont encore **plus mauvaises**.*
but:
> *Son frère est **pire** que lui.*

(b) *plus mal* is more usual than *pis*,

e.g. *J'ai été **plus mal** reçu que jamais.*

(c) *pis* is used now only in a restricted number of expressions, e.g. *Aller de mal en pis* To go from bad to worse

Tant pis ! Too bad!

En mettant tout au pis,... In the worst case scenario ...

Qui pis est,... What is worse ...

1.6.2 *Le moindre, le plus petit* The comparative and superlative forms of *petit* sometimes have different meanings:

(a) *(le) moindre* belongs to a careful style and generally has a figurative rather than a physical sense, meaning 'less (least) in importance',

e.g. *S'il s'était accusé lui-même, sa responsabilité serait moindre.* (less heavy)

Il obéit à mes moindres désirs.

(b) *(le) plus petit* means 'less (least) in size',

e.g. *Les pains vont être plus petits.*

De ces trois voitures la mienne est la plus petite.

EXERCISE B Translate into French:

(a) His behaviour gets worse and worse.

(b) Your memory is even worse.

(c) He hasn't the slightest chance of succeeding.

(d) This is the smallest of his paintings.

(e) This is the worst summer yet.

(f) The machine works worse than before.

(g) That is the least of our worries.

(h) You swine! You're even worse than I thought.

---

§2 'Better/Best': adjective or adverb?

2.1 Adjective: *(le) meilleur*

2.1.1 If *(le) meilleur* is used with a noun, it agrees with it and you can easily tell that it is an adjective,

e.g. *Nous avons l'espoir d'un monde meilleur.*

We have hopes of a better world.

Je vous présente mes meilleurs vœux.

I send you my best wishes.

2.1.2 *Meilleur* is sometimes separated from the noun it qualifies by *être*, or another verb like *devenir*, *paraître* or *sembler*,

e.g. *Le repas est meilleur qu'hier.*

The meal is better than (it was) yesterday.

Cette offre paraît la meilleure de toutes.

This offer seems the best of all.

In these examples, as in **2.1.1** above, *meilleur* is an adjective. It qualifies a noun (the subjects *repas* and *offre*) and so it agrees with it.

2.2 Adverb: *(le) mieux*

Where a verb other than the type mentioned in §2.1.2 is involved, 'better/best' acts as an adverb, modifying or adapting the meaning of the verb. In these cases, the adverbial form *(le) mieux* should be used,

e.g. *L'horloge fonctionne mieux qu'autrefois.*

The clock goes better than it used to. (*mieux* is related to the verb *fonctionne*)

C'est cette façon de vivre qui me convient le mieux.

This is the way of life which suits me best. (*mieux* is related to *convient*)

Several set phrases also include *mieux*,

Il va mieux, sa température a baissé.

Tant mieux ! Cp. *Tant pis !*

2.3 Nouns: *le meilleur/le mieux*

Both *meilleur* and *mieux* can be preceded by *le/la/les* and function as nouns. The nouns *le meilleur* and *le mieux* are particularly common in set expressions,

e.g. *Ils sont unis pour le meilleur et pour le pire.* . . . for better or worse.

Il lui a consacré le meilleur de sa vie. . . . the best moments of his life.

Tout va pour le mieux. . . . for the best.

Elle a toujours fait de son mieux. . . . done her best.

Faute de mieux, je me suis contenté d'un sandwich. For want of anything better . . .

2.4 Superlative

As we saw in §1.1, French does not make a distinction between 'the better' of two things and 'the best' of three or more. It uses *le/la/les* with an adjective or an adverb for both,

e.g. *De ces deux manuels, lequel est le meilleur à ton avis ?*

Of these two text books, which is the better, in your opinion?

De ces dix étudiantes, qui écrit le mieux ?

Of these ten students, who writes best?

EXERCISE C Insert the appropriate form, to express 'better/best':

(a) La voiture roule ___ qu'auparavant.

(b) Cette voiture est ___ que l'autre.

(c) Tu te sens ___ aujourd'hui ?

(d) Oui, ma santé est bien ___ maintenant.

(e) Je suis en ___ santé.

(f) Les choses prennent une ___ tournure.

(g) « Un petit clic vaut ___ qu'un grand choc. »

(h) Cette information est puisée aux ___ sources.

(i) C'est ce menu à 100 francs que j'aime le ___ .

(j) Il est le ___ payé d'eux tous.

(k) Je vous prie d'agréer, Monsieur, l'expression de mes sentiments les ___ .

§3 Comparative sentences: *plus/moins/aussi. . .*

3.1

Many comparisons are more explicit than those given in §2. They are frequently followed by *que* and go on to mention what the thing or person is being compared with: *plus/moins/aussi. . . + que. . .*,

e.g. *Georges est plus grand que François.*

Tu cours plus vite que moi.

Pierrette est moins courageuse que prudente.

Raymond parle moins souvent qu'il n'en avait l'habitude.

Marie est aussi brune que sa sœur.

Je pense le faire aussi bien qu'il y a dix ans.

3.2 The use of *ne*

3.2.1 When the expression which follows *que* (the complement) in a comparative sentence is a clause (i.e. has a verb), *ne* is often used, especially in formal style,

e.g. *Jacques est plus fort qu'il ne pensait.*

Il paraît plus âgé qu'il ne l'est.

The *ne* does not imply a negative. (Cp. Glossary and GS 4, §3.1.)

There is usually no *ne* in the clause which follows *que* if the main clause is negative or interrogative,

e.g. *Il ne paraît pas plus âgé qu'il l'est.*

nor in sentences containing *aussi. . . que. . .*

e.g. *Elle y participe aussi souvent qu'il le faut.*

3.2.2 Word order If the subject of the *que* clause is a noun (not a pronoun as in the examples in §3.2.1), the subject and verb are often inverted,

e.g. *Marcel est plus riche que ne pensent ses amis.*

EXERCISE D Translate into French:

(a) The plot is as intriguing as I had imagined.

(b) It's later than you think.

(c) Gisèle is much more interesting than her cousin.

(d) They came less quickly than they had promised.

(e) Valéry plays the accordeon better than he used to.

(f) Jacques owes much more money than he says.

(g) Simone smokes more cigarettes than she ought.

(h) The fares are higher than last year.

(i) The prices are lower than the agency said.

§4 Comparing quantities and numbers: *plus de* or *plus que*?

The choice between *plus de* and *plus que* is sometimes difficult for English speakers because *de* and *que* are used in a variety of ways in French in expressions of quantity and comparison.

4.1 Quantity and comparison with *de* and *que*

Plus de and *moins de* are used as expressions of quantity and, in these cases, *de* is used with all such adverbs – not only in comparisons. See also **GS 5**, §4.1.1.

> *Il est venu **peu de** touristes cette année.*
> Few tourists came this year.
> *Il est venu **moins de** touristes cette année.* Fewer tourists came this year.
> *J'ai vu passer **beaucoup** d'avions.*
> I saw a lot of planes fly past.
> *J'ai vu passer **plus** d'avions.*
> I saw more planes fly past.

When you want to say 'how much/many' of something **and go on** to speak about what you are comparing that with, you use the construction *plus/moins de... que...* :

> *Il est venu **moins de** touristes cette année **que** l'année dernière.*
> *J'ai vu passer **plus d'avions** hier **qu'**aujourd'hui.*

When *que* is followed by a noun (rather than an adverbial phrase as in the examples above), *de* is repeated,

e.g. *Il a **plus d'**argent **que de** bon sens.*

To make a comparison involving a number, amount or quantity, use *plus/moins. . . de*,

e.g. *Il a **moins de** dix francs.*
> ***Plus de** 200 000 touristes sont venus.*
> *Il a passé **plus de** la moitié de sa vie ici.*

To compare two things which differ in size or importance, use *plus/moins. . . que* :

> *Il paya **plus que** le prix d'une voiture.*
> (i.e. the price he paid was higher than the price of a car, *cela lui a coûté plus qu'une voiture ne coûte*)

> *Elle a vu **plus que** lui.*
> (i.e. the things she saw were more numerous than the things he saw, *les objets qu'elle a vus, elle, étaient plus nombreux que ceux que lui n'en a vus*)

> ***Plus que** la personne de Malherbe, c'était le génie du peuple français qui se donnait à lui-même les nouvelles règles.* (W. von Wartburg)
> (i.e. it was the genius of the French nation, and not simply Malherbe, which . . .)

EXERCISE E   Explain the difference in meaning between the sentences in the following pairs:

(a) Barbe-Bleu mange plus de deux enfants.
Barbe-Bleu mange plus que deux enfants.

(b) Sa ferme lui a coûté plus de 100 vaches.
Sa ferme lui a coûté plus que 100 vaches.

(c) Tartarin, en une journée, tua plus de dix chasseurs professionnels.
Tartarin, en une journée, tua plus que dix chasseurs professionnels.

(d) L'étudiante avait dû consulter plus de cinq professeurs.
L'étudiante avait dû consulter plus que cinq professeurs.

(e) L'aviation avait détruit plus de dix chars.
L'aviation avait détruit plus que dix chars.

(f) Le kidnappeur fut accusé d'avoir enlevé plus de 15 enfants.
Le kidnappeur fut accusé d'avoir enlevé plus que 15 enfants.

4.2 Measures of difference

In many expressions in French (not just in comparisons), *de* is used to speak of measurements,
e.g.   *Large **de** trois mètres*   Three metres wide
*Long **de** deux kilomètres*   Two kilometres long
In comparative expressions, too, reference to a standard, usually using a number, is often expressed by *de*. (Note that English sometimes uses 'by' in these cases.)

(a)   Examples with *être*:
*Il est mon aîné **de** trois ans.*
He is three years older than I/older than me by three years.
*Son frère est **de** trois centimètres plus grand **que** lui.*
His brother is 3 cm taller/is taller by 3 cm.
*Cet immeuble est plus élevé **de** quelques étages.*
This building is several storeys higher/is higher by several storeys.

(b)   Examples with *avoir*:
*Il a trois ans **de** plus que moi.*
*Son frère a trois centimètres **de** plus que lui.*
*Cet immeuble a quelques étages **de** plus (que celui-là).*

EXERCISE F   Fill in the gaps in the following sentences:

(a) Paris est ___ 100 kilomètres ___ éloigné d'ici ___ Lyon.

(b) Pierre est ___ deux kilos plus lourd ___ son frère, qui est son cadet ___ trois ans.

(c) Malheureusement, la voiture est ___ cinq centimètres ___ large ___ le garage.

(d) Le pont était ___ un mètre ___ bas ___ le bus.

(e) La température de la mer est ___ deux degrés ___ élevée ___ hier.

(f) Leur score était meilleur ___ le mien ___ plusieurs points.

4.3

The idea of a difference between things which is increasing ('more and more') or decreasing ('less and less') is expressed by *de plus en plus* (increasing) or *de moins en moins* (decreasing):

*La foule devenait **de** plus **en** plus nombreuse.*   (... bigger and bigger)
*Cette édition devient **de** moins **en** moins utile.*   (... less and less useful)

4.4 Comparison involving numerical proportions

To make a comparison such as 'twice as big as', 'three times as often as' you can use: NUMBER + *fois* followed by *plus/moins* + ADJECTIVE/ADVERB + *que . . .*:

> *Mon jardin est deux fois plus grand que le vôtre.*
> *Votre maison est deux fois moins grande que celle des voisins.*
> *J'ai gagné trois fois plus souvent que le champion.*

EXERCISE G Fill in the gaps in the following sentences. (This exercise covers some points already treated in previous exercises.)

(a) J'espère y passer plus ___ deux ans.

(b) Ne sortez pas avec moins ___ 100 francs en poche.

(c) Ne vous absentez pas pendant plus ___ une demi-journée.

(d) Il nous faut plus ___ beurre pour cette recette.

(e) Quant à l'argent, elle ___ a plus ___ moi.

(f) Elle achète plus ___ fleurs ___ ses voisines.

(g) Elle achète plus ___ bonbons ___ ___ fleurs.

(h) Il a moins ___ amis ___ je ___ pensais.

(i) Elle est plus âgée ___ sa cousine, mais ___ trois jours seulement.

(j) Cette lettre pèse trois grammes ___ trop.

(k) Un juge gagne trois fois plus ___ un colonel.

§5 Double comparisons

5.1 *Plus. . . plus* : 'The more . . . the more . . .'

In double comparisons, where you express a proportional relationship between two actions or things, you repeat the comparative word:

> *Plus je lis, plus je m'instruis.*
> The more I read, the more I learn.

or use a pair of other comparative adverbs from this list: *plus, moins, mieux, autant*:

> *Mieux il s'habille, plus il déplaît.*
> The better he dresses, the less people like him.

> *Autant Jean-Jacques est entreprenant, autant Jean-Louis est timide.*
> Jean-Louis is (just) as timid as Jean-Jacques is enterprising.

> *Plus il fait froid, moins j'ai d'argent, car la note d'électricité est si élevée.*
> The colder it gets, the less money I have . . .

Points to note in this type of sentence:

(a) The word order in French:
● the comparative adverb (*plus* etc.) comes at the start of each half of the comparison.
● you use the normal word order of a simple sentence: COMPARATIVE ADVERB + SUBJECT + VERB (+ COMPLEMENT).

(b) There is no definite article with the adverb, unlike the English 'the more . . . the more . . .'

(c) There is no *que* following *mieux, moins*, etc.

5.2 D'autant plus/moins que

You can express similar ideas to those seen in §5.1 by reversing the order of the two parts of the sentence. You use *d'autant mieux/moins/plus...* in the first part of the sentence and then *que + plus/davantage/mieux/moins* in the second part:

> *Il gagne **d'autant plus** d'argent **qu'**il travaille moins.*
>
> He earns more money the less he works.

The following sentences show the effect of using this kind of double comparison:

> *Vous vous faites **d'autant plus** mal aux yeux que la pièce est **moins** éclairée.*

Compare this with:

> *Moins la pièce est éclairée, **plus** vous vous faites mal aux yeux.*

Sometimes a comparative expression in the first part of the sentence can be followed by a *que* clause where *que* means 'because':

> *Il était **d'autant plus** triste **que** son fils n'était pas là.*
>
> He was all the sadder because his son was not there.

EXERCISE H   Translate into French:

(a) The more money I earn, the more I spend.

(b) The more I see her, the less I like her.

(c) The more I drink, the less well I drive.

(d) The less I eat, the healthier I am.

(e) The more I think, the more I understand my ignorance.

(f) Translate sentences (b) to (e) again, using *d'autant... que.*

Key to grammar section exercises

Grammar section 1

A (a) lui (b) elle (c) moi/toi (d) vous (e) Elle (f) moi/nous

B (a) C'est (b) Il est; il est (c) C'est (d) Il est (e) C'est (f) C'est (g) Il est (h) C'est; il est

C (a) indirect object; direct object; (b) direct object; direct object; indirect object (c) object of 'at'; direct object (d) indirect object; direct object (e) object of 'for'; indirect object.

(a) Pourquoi est-ce qu'elle lui a donné le prix ? Il ne le mérite pas.
(b) Où l'as tu trouvé ? Elle me l'a donné.
(c) Si vous le regardez soigneusement, vous le comprendrez mieux.
(d) Ils ne voulaient pas nous montrer la maison mais ils l'ont montrée à Tom.
(e) Nous les cherchions. Dites-le-leur !
Differences: (c) to look at ⇒ regarder; (e) to look for ⇒ chercher.

D (a) le lui (b) la; lui; la (c) le lui; lui en (d) l'y (e) le leur (f) le lui; en

Grammar section 2

A a remplacé, aboli: single event in the past.
datait: state of affairs which lasted from 1931 on.
ont empêchée: single event in the past.
était: state of affairs which lasted some time.
a uni: single event in the past.
ont prise: single event in the past.

B (a) était; était; a ouvert; l'a repoussée; était; marchait; a contourné; distinguait; protégeait; a joué.

(b) était; était; ouvrit; la repoussa; était; marchait; contourna; distinguait; protégeait; joua.

C (a) Il put rencontrer sa sœur lors de son séjour à Londres.
(b) Quand on vit son visage, on sut que la nouvelle était mauvaise.
(c) Il déclara qu'il était communiste et qu'il ne craignait pas de le dire.
(d) Marie-Louise voulut les convaincre mais personne ne l'écoutait.
(e) Jean reconnut/avoua qu'il avait tort.
(f) Il dit qu'il espérait qu'on ne la punirait pas.
(g) Nous savions déjà ce que Thérèse voulait nous dire.

D (a) dormait (b) conduis (c) avait obtenu (d) avait neigé (e) m'a expliqué

Grammar section 3

A était, étaient, a été, a été

B (a) Un cadeau avait été offert à M. Sauvat par ses employés
(b) Le criminel a été arrêté par un détective.
(c) La nouvelle lui sera annoncée par sa femme.
(d) Aucun luxe n'est permis au prisonnier.
(e) On a demandé sa carte à l'étudiant.

C (a) Ce livre est publié par (chez) Gallimard.
(b) Le français se parle beaucoup au Canada.
(c) Il s'est fait écraser par un bus.
(d) Le théâtre a été fermé par la police.
(e) J'attends que le magasin s'ouvre.
(f) Ils ont été blessés par ces remarques.
(g) Je me suis vu offrir deux billets gratuits.
(h) Des traductions nous ont été proposées par Stock.

Grammar section 4

A   Present subjunctive: qu'il soit; que nous soyons; qu'elle fasse; que nous fassions; qu'il vive; que nous vivions; qu'il voie; que nous voyions; qu'elle conduise; que nous conduisions; qu'il écrive; que nous écrivions; qu'elle jette; que nous jetions; qu'il gèle; que nous gelions; qu'elle crée; que nous créions.

Imperfect subjunctive: qu'il fût; que nous fussions; qu'elle fît; que nous fissions; qu'il vécût; que nous vécussions; qu'il vît; que nous vissions; qu'elle conduisît; que nous conduissions; qu'il écrivît; que nous écrivissions; qu'elle jetât, que nous jetassions; qu'il gelât; que nous gelassions; qu'elle créât; que nous créassions.

B   (a) vouloir que – *verb* (b) il faut que – *impersonal expression* (c) pour que – *conjunction* (d) bien que – *conjunction* (d) demander que – *verb*

C   (a) marchiez, *signal:* souhaiter que
(b)   ailles, *signal:* vouloir que
(c)   comprennes, *signal:* douter que
(d)   écoute, *signal:* être temps que
(e)   ayons, *signal:* croire que (*neg.*)
(f)   soit, *signal:* être sûr que (*interrog.*)

D   (a) Je vous écris à la hâte afin que vous connaissiez cette nouvelle.
(b)   Quoique nous n'ayons rien fait pour eux jusqu'ici, ils ont voté pour nous.
(c)   A moins que les ouvriers ne changent d'avis, il parlera demain au patron.
(d)   Pierre attendait toujours jusqu'à ce qu'elle vînt.
(e)   Pourvu qu'il n'y ait pas d'autres candidats, vous aurez certainement le poste.

Grammar section 5

A   (a) (3.1.2) Les jeunes gens ne s'intéressent plus à la conversation.
(b)   (3.1.4) Elle s'est cassé le bras et la cheville.
(c)   (3.1.5) Je pars pour la France demain. C'est le 14 juillet !
(d)   (3.1.4) Les chirurgiens ont dû l'amputer de la jambe à la suite d'un accident de voiture.
(e)   (3.1.4) Les yeux lui faisaient mal./Il avait mal aux yeux.
(f)   (3.1.3) La véritable satisfaction ne vient qu'aux étudiants diligents.
(g)   (3.1.4) Elle avait les doigts sérieusement meurtris.

B   (a) le, le (*definite*) (b) de (*indefinite*) (c) des (*de +* definite) (d) une (*indefinite*) (e) de la (*partitive*) (f) de la (*partitive*) *or* la (*definite*) (g) de la (*partitive*) *or* la (*definite*)

C   (a) une (b) *no article,* d' (c) un (d) *no article* (e) *no article* (f) l' (g) de (h) des

Grammar section 6

A   (a) *subject:* ce papier peint; *object:* une fortune
(b)   *subject:* je; *object:* son problème
(c)   *subject:* lequel; *object:* l'
(d)   *subject:* le fraudeur; *object:* que
(e)   *subject:* la collection de statues; *object:* none

B   (a) qui – *subject of* m'a conseillé
(b)   que – *object of* vous voyez
(c)   que – *object of* vient d'acheter
(d)   *qui* – *subject of* voulaient
(e)   que – *object of* appellent
(f)   que – *object of* avez préparé
(g)   qui – *subject of* contient
(h)   que – *object of* utilise; qui – *subject of* marche
(i)   qu' – *object of* avait cassés
(j)   qui – *subject of* a épousé *or* qu' *if* la sœur *is the subject.*

C   (a) ce qui – *subject of* tient lieu; *meaning 'what'*
(b)   qui – *subject of* coûtent; *replaces* trucs
(c)   qu' – *object of* croyait; *replaces* un ami
(d)   Ce que – *object of* pensez; *meaning 'what'*
(e)   ce que – *object of* avez vu; *meaning 'everything'*
(f)   ce qui – *subject of* est; *replaces the whole of the first clause* – il est entré, son chapeau sur la tête.
(g)   ce qu' – *object of* a trouvé; *replaces the whole of the first clause*
(h)   ce qui – *subject of* tient; *meaning 'what'*
(i)   ce que – *object of* s'est plaint; *replaces* son frère l'avait volé
(j)   ce qui – *subject of* plaît, *meaning 'what'*
(k)   ce qui – *subject of* a obligé; *replaces* l'incendie s'est répandu.

D   (a) Le directeur, dont je vous ai parlé, va. . .
(b)   L'article, dont le titre est. . .
(c)   Les clés, dont j'ai constamment besoin,. . .
(d)   Le général, pour le frère duquel ma femme travaille, a refusé. . .
(e)   Elle a vendu la voiture dont elle venait de. . .

(f) L'étudiant, avec la fiancée duquel ma sœur joue au tennis a raté... (§3.4.2)

(g) Nous allons acheter de nouveaux ordinateurs au perfectionnement desquels ma mère travaille. (§3.4.2)

E (a) C'était un jeune diplomate avec qui elle était allée...

(b) C'est une villa au bord de la mer où nous espérons...

(c) Ma voisine, dont la vie est plutôt sédentaire, est une femme...

(d) C'est un journal où paraissent les petites annonces au moyen desquelles j'ai trouvé mon studio.

(e) Ils habitent un appartement au 20ᵉ étage où on ne s'ennuie jamais/dans lequel on ne...

(f) Le marteau dont elle s'est emparée se trouvait sur la table.

(g) Elles sont parties un matin où il pleuvait.

F (a) Qui/Qui est-ce que (b) Qu'est-ce qui (c) Que (d) Que/Qu'est-ce que (e) Qui/Qui est-ce que (f) Qu'est-ce que (g) Qu'est-ce qu' (h) Qui est-ce que

G (a) Le jeune Devèze lui demanda ce qu'elle pensait de l'amour.

(b) Il se demanda qui pourrait l'aider.

(c) Elle demanda ce qui se passerait alors.

(d) Il voulait savoir ce qu'elle (*or* il, *etc.*) voulait dire par là.

(e) Elle me demanda qui je connaissais parmi ces gens.

(f) Il demanda qui lui semblait le mieux adapté à ce genre de travail.

(g) Elles me demandèrent ce que je faisais jeudi.

(h) Il leur demanda qui ils pourraient lui recommander.

(i) Ils me demandèrent chez qui j'habitais.

(j) Elle voulait savoir ce que je faisais dans la vie.

H (a) Qui était la femme avec qui je vous ai vu/e/s hier soir? (§3.3)

(b) L'homme dont vous parlez est mort, ce qui est dommage. (§§3.4, 3.2.3)

(c) Lequel des outils que vous utilisez souvent pouvez-vous me prêter ? (§§3.1; 4.3)

(d) Je sais ce que je veux – un sac dans lequel mettre mes outils. (§§3.2; 3.3)

(e) Qui est-ce (c'était qui) qui a demandé quel livre je lisais ? (§§4.51; 4.2)

(f) Qu'est-ce qu'elle a laissé tomber ? (§4.5.2)

(g) Ils veulent identifier la voiture à côté de laquelle tu t'es garé(e). (§3.4.2)

(h) Qu'est-ce que cela peut faire ? (§4.1)

(i) A quoi penses-tu ? (§3.3.3)

(j) Je voulais savoir à quoi il pensait. (§3.3.3)

Grammar section 7

A (a) J'ai ouvert le placard où se trouvaient les gâteaux et les bonbons.

(b) Aussi les étudiants sont-ils rentrés chez eux.

(c) Peut-être viendra-t-il demain.

(d) Sans doute les écologistes ont-ils raison.

(e) Quelle que soit la vérité en l'affaire, je dois dire non.

(f) En vain la population du village a-t-elle lutté contre la construction de la nouvelle autoroute.

B These are possible solutions, but by **no means** the **only** possible ones:

(a) En rade depuis deux mois, une centaine de bateaux attendent que leurs 500 000 tonnes de marchandises soient déchargées dans les principaux ports iraniens.

(b) De six heures du matin à neuf heures du soir, des hauts-parleurs installés dans toutes les rues hurlent des slogans et déversent les flots de la nouvelle musique populaire à longueur de journée.

(c) Les débats ont fait apparaître une divergence de vues si considérable qu'on a promis aux délégués de ne rien divulguer à la presse avant la fin du Congrès.

(d) Dans de nombreuses communes l'instituteur laïque, trop parcimonieusement retribué par l'État, était obligé de sonner la cloche et de chanter au lutrin pour ajouter quelques sous à son budget annuel.

(e) Sous la pression des pays arabes au cours des années 70, la France a misé à fond sur le nucléaire.

C (a) Quelle surprise on a eue !

(b) Comme nous avons été surpris !

(c) Qu'elle est belle, la forêt !/Quelle belle forêt !

(d) Qu'ils sont grands, ses arbres !/Comme elle a de grands arbres !

(e) Comme c'est vilain !

D (a) A qui le chargé d'affaires a-t-il porté... ?
   A qui est-ce que le chargé d'affaires a porté... ?

(b) Qui regarde-t-elle ?
   Qui est-ce qu'elle regarde ?

(c) Où cela s'apprend-il ?
   Où est-ce que cela s'apprend ?

(d) Quand Giraudoux a-t-il publié la plupart... ?
   Quand est-ce que Giraudoux a publié... ?

(e) De qui dépendent ces gens ?
   De qui est-ce que ces gens dépendent ?

(f) Par qui avez-vous appris la nouvelle ?
   Par qui est-ce que vous avez appris la nouvelle ?

F (a) On risquait de détruire l'un des équilibres naturels et fragiles.

(b) Un contrôle qui repose sur une coopération étroite et intelligente...

(c) Les institutions politiques libérales ne fonctionnent que dans les pays...

(d) Il se sentait mordu d'un vague désir de fuite.

(e) Elle le fixait de ses yeux étonnamment petits.

(f) La vaste maison jaune au portique grec lui revenait à l'esprit.

(g) ... au terme d'un long voyage.

(h) Les douze premiers hommes...

(i) L'an dernier nous avons eu trois jours de vacances de plus.

Grammar section 8

A C'était la veille du grand départ. Bientôt, Jean-Claude allait faire sa valise car il allait partir le lendemain à l'aube. Le lendemain soir, il serait à Naples. Il aurait passé douze heures dans le train et dès qu'il aurait mangé, il irait se coucher à l'hôtel. On lui avait dit que, de sa fenêtre, il pourrait voir la mer aussitôt qu'il ferait jour.

Translation: He would have spent twelve hours in the train and as soon as he had eaten, he would go to bed in the hotel. He had been told that, from his window, he would be able to see the sea as soon as it was light.

B Il nous a indiqué qu'il le ferait quand il en aurait l'occasion : il aurait peut-être terminé son travail avant jeudi mais en aucun cas il ne l'interromprait. Il avait l'intention de réussir brillamment ses études et Henri ne l'en empêcherait pas. Il lui faudrait de la patience.

C (a) Aurais-je la grippe ?

(b) En ce moment, elle sera en train de danser avec mon meilleur ami.

(c) Tu auras tourné à gauche là où il fallait/aurait fallu continuer tout droit.

(d) Serait-ce possible ? Auraient-ils eu l'audace d'aller confronter le chef ?

D Selon un porte-parole, les pourparlers n'auraient pas abouti. Les représentants syndicaux et le patronat auraient passé trois heures à huis clos mais n'auraient pas pu se mettre d'accord sur un seul point. Les négociations seraient au bord de la rupture et l'un des représentants serait sorti en claquant la porte.

E (a) Si on publie ce livre il en résultera un scandale.

Si on publiait... il en résulterait...

Si on avait publié... il en aurait résulté...

(b) Si nous nous trompons chemin, nous nous perdrons dans la brousse.

Si nous nous trompions... nous nous perdrions...

Si nous nous étions trompés... nous nous serions perdus...

(c) Si cet homme arrive au pouvoir, je prendrai le maquis.

Si cet homme arrivait... je prendrais...

Si cet homme était arrivé... j'aurais pris...

F (a) Vous ne devriez pas faire ça !

(b) Je n'aurais jamais dû quitter la maison.

(c) Jean-Pierre aurait dû faire publier son livre.

(d) Cela pourrait avoir beaucoup de succès.

(e) Dès la publication, le roman devait connaître beaucoup de succès.

(f) Elle a dû retourner chercher son parapluie.

(g) On dit à Julie qu'elle ne pouvait pas partir.

(h) De telles choses peuvent arriver.

(i) Tu aurais pu me le dire !

(j) En principe, elle doit être président du comité.

(h) Les femmes mariées ne sont pas obligées de rester à la maison.

Grammar section 9

A (a) avoir marché (b) être sortie (c) avoir lu (d) l'avoir regardée (e) avoir démoli (f) être tombés

B (a) Elle pourrait le faire pour toi.

(b) Il va bientôt pleuvoir.

(c) Elle s'est fait écraser par une voiture.

(d) Je les entends bouger.

(e) Ils ont nié y avoir été.

(f) Nous espérons avoir d'autres nouvelles demain.

(g) Il croit l'avoir vue hier.

C (a) Cette maison est à vendre.

(b) Il est impossible de les arrêter.

(c) Ils auront à se dépêcher.

(d) Il ne nous reste plus qu'à enclencher l'alarme.

(e) Je l'ai félicité d'avoir battu son adversaire.

(f) Je l'ai aidé à déménager.

(g) Elle leur a appris à parler français.

(h) Ils ont accepté de nous accompagner/de venir avec nous.

(i) Je rêve d'acheter une petite maison à la campagne.

(j)   Ils ont persisté à bavarder.

(k)   Elle nous a défendu d'en reparler.

(l)   Il se plaît à voyager.

(m)   J'ai fini par payer pour tout le monde.

D   (a) d' (b) *no preposition* (c) *no preposition* (d) de (e) à (f) à (g) à (h) de (i) de (j) à (k) de (l) *no preposition* (m) *no preposition*

Grammar section 10

A   (a) Sans doute le Président a-t-il compris...

(b)   Peut-être un tel dialogue commencera-t-il...

(c)   Ces arguments-là, il faut les abandonner...

(d)   Ces nouvelles aspirations, la politique doit les...

(e)   Démasqués, une cinquantaine d'espions ont été expulsés...

(f)   Le principe (de tout cela/de l'affaire), on le connaît...

(g)   Incarcéré depuis le 31 octobre, Jean Dol a été...

B   (a) Moi, je crois...

(b)   Lui pense très différemment, je crois.

(c)   Ses enfants, eux, n'ont pas perdu...

(d)   Votre politique, elle, reflète...

(e)   D'autres commentaires, eux, l'attribuent...

(f)   Lui, on ne peut pas lui en vouloir... On ne peut pas lui en vouloir, à lui...

(g)   Ses parents, eux, ne partagent...

C   (a) C'est à Lyon qu'il a tenu...

(b)   C'est dans un bistro des Halles qu'il emmène son fils Henri un soir.

(c)   C'est en Alsace qu'il est...

(d)   C'est lui-même qui établit...

(e)   C'est pour vous demander ce rendez-vous que je vous ai écrit.

(f)   C'est une escale de quatre heures que le secrétaire d'État fera...

(g)   C'est avec une certaine stupeur que les carabiniers ont... *or* Ce n'est pas sans une certaine stupeur que les carabiniers ont...

(h)   C'est moins de la construction de l'Europe qu'ils se préoccupent que de leurs rapports...

D   (a) Ce qui est plus complexe, ce sont les tendances...

(b)   Ce qui est très compétitif, ce sont les prix auxquels sont vendus les produits...

(c)   Ce qui coûte moins cher, et (qui) est beaucoup plus sûr

que l'avion en hiver, avec tous ces risques de brouillard, c'est le train.

(d)   Ce que personne ne prévoyait, c'était une issue...

(e)   Ce qui les préoccupe, c'est moins la construction... que leurs... *or* Ce dont ils se préoccupent moins que de leurs rapports... c'est la construction...

E   (a) Quant aux déjeuners de travail..., ils se sont...

(b)   En ce qui concerne le jeune José Luis..., on continue à ignorer où il se trouve.

(c)   Quant aux conversations entre le ministre... et ses interlocuteurs, on *en* ignore la teneur.

(d)   En ce qui concerne une telle information, il est bien trop tôt pour *en* faire état.

(e)   Quant aux parents, il leur a fallu beaucoup de courage pour...

Note the addition of the pronoun en *in some instances to recall an element.*

Grammar section 11

A   (a) en (b) au (c) en (d) en (e) en (f) au (g) aux (h) à.

B   (a) pendant (b) – (pendant *is also possible*) (c) depuis (d) pour (e) depuis (f) pendant (g) pour (= *am here, intention*) *or* depuis (= *have been here, fact*).

C   (a) Il a dit qu'il serait là dans une semaine.

(b)   Oui, elle arrive dans deux heures.

(c)   Est-ce que ça peut se faire en une demi-heure ?

(d)   En un instant, ils avaient tous disparu.

(e)   Ce sera fini en un mois (*in the space of a month*) *or* dans un mois (*in a month from now*).

(f)   D'accord, je m'en occupe dans un instant.

D   (a) Ils n'en font plus comme ça de nos jours.

(b)   Vous avez de la chance *or* Tu tombes bien, il est là en ce moment.

(c)   Par moments, elle semble comprendre ce que je dis.

(d)   Les hiboux ne sortent pas très souvent de jour.

(e)   Il s'attend à être envoyé à Londres d'un jour à l'autre.

(f)   De mon temps, nous étions polis envers nos parents.

(g)   Elle a travaillé à Paris dans le temps.

(h)   Enfin, cela a été de tout temps comme ça.

E   (a) à, d' (b) parmi (c) de, que (d) de (e) à (f) sur, d' (g) de (h) sur

F   (a) Je penserai toujours à toi.

(b)   Bien sûr qu'il a manqué son train !

(c)   Je n'en crois pas un (seul) mot.

(d)   Qu'est-ce que vous avez pensé de la pièce ?

(e)   Ah, comme ma Clémentine me manque !

(f)   Elle croit à l'efficacité du système judiciaire.

(g)   Ils ont manqué à leurs obligations.

(h)   Les renseignements lui manquent, tu sais.

G   (a) *bring in:* Rentre les chaises, il pleut.

(b)   *stroll across:* Ils ont traversé le jardin public à pied sans se presser.

(c)   *take off:* Ôte ces sales godasses et range-les dans la remise.

(d)   *march off:* On les a emmenés à la marche à la prison.

(e)   *run across:* Ne traverse pas la route en courant !

Grammar section 12

A   (a) Ce sont mes plus vieux amis.

(b)   La plus belle robe (La robe la plus élégante) du magasin.

(c)   Elle était la plus soigneuse et la plus précise des trois filles.

(d)   Piaf était la plus connue/célèbre de toutes.

(e)   Ce qu'il y a de plus encourageant, c'est que mon livre le plus récent soit devenu l'une de mes œuvres les plus connues.

(f)   C'est plus rapide en autobus.

(g)   C'est la chose la plus magnifique qui me soit jamais arrivée.

(h)   C'est sa proposition qui aborde le problème de la manière la plus intelligente.

B   (a) Sa conduite va de pire en pire/devient pire.

(b)   Ta mémoire est encore plus mauvaise.

(c)   Il n'a pas la moindre chance de réussir.

(d)   C'est le plus petit de ses tableaux.

(e)   C'est l'été le plus mauvais de tous.

(f)   Cette machine marche pire/moins bien qu'avant.

(g)   C'est la moindre de nos soucis.

(h)   Cochon ! Tu es encore pire que je n'avais pensé.

C   (a) mieux (b) meilleure (c) mieux (d) meilleure (e) meilleure (f) meilleure (g) mieux (h) meilleures (i) mieux (j) mieux (k) meilleurs.

D   (a) L'intrigue est tout aussi passionnante que je l'avais imaginée.

(b)   Il est plus tard que vous ne pensez.

(c)   Gisèle est bien plus intéressante que (ne l'est) sa cousine.

(d)   Ils sont venus moins vite/tôt qu'ils ne l'avaient promis.

(e)   Valéry joue mieux de l'accordéon qu'(il ne le faisait) autrefois.

(f)   Jacques doit bien plus d'argent qu'il ne (le) dit.

(g)   Simone fume plus de cigarettes qu'elle ne (le) devrait.

(h)   Les tarifs sont plus élevés que l'année dernière.

(i)   Les prix sont plus bas que ne l'a dit l'agence.

E   (a) He eats children./He has a bigger appetite than they do.

(b)   He bought his farm for a price of more than 100 cows./He spent more money on his farm than the amount required to buy 100 cows.

(c)   He killed ten (and more) hunters./He bagged more game on his own than ten other hunters did.

(d)   The student had to consult more than five lecturers./The student had to consult more than five lecturers would have had to.

(e)   The air attack destroyed more than ten tanks./The air attack destroyed more than ten tanks would have.

(f)   The kidnapper was accused of taking more than fifteen children./The kidnapper was accused of taking more (money? valuables?) than fifteen children would have.

F   (a) de, plus, que   (b) de, que, de   (c) de, plus, que (d) d', plus, que   (e) de, plus/moins, qu'   (f) que, de

G   (a) de (b) de (c) d' (d) de (e) en, que (f) de, que (g) de, que de (h) d', que, ne (i) que, de (j) de (k) qu'

H   (a) Plus je gagne, plus je dépense. *or* Plus je gagne d'argent, plus j'en dépense.

(b)   Plus je la vois, moins je l'aime./Je l'aime d'autant moins que je la vois plus souvent.

(c)   Plus je bois, moins je me porte bien./Je me porte d'autant moins bien que je bois plus.

(d)   Moins je mange, mieux je me poste./Je me poste d'autant mieux que je mange moins.

(e)   Plus je pense, plus je comprends mon ignorance./Je comprends d'autant mieux mon ignorance que je pense plus.

Glossary of grammatical terms

For examples in this book of the grammatical features explained in this Glossary, see the **Index**, p. 258.

Accord, accorder: agreement, to agree (of adjectives, verbs, etc.).

Adjective: adjectives usually qualify the sense of a noun, e.g. *le beau/jeune/grand homme.* They may be placed next to their noun, e.g. *le jeune homme,* or they may come after a verb like *être, devenir* etc., e.g. *Cet homme est jeune.*

Most adjectives have comparative, e.g. *un homme plus jeune,* and superlative forms, e.g. *le plus jeune homme.*

Other types of adjectives are:

Interrogatives: *Quel homme ?*
Possessives: *Notre homme.*
Demonstratives: *Cet homme.*

Adverb: most adverbs specify or modify the sense of a verb, e.g. *Il marche vite/lentement.* Some may modify the sense of an adjective, e.g. *Il est très/entièrement heureux.* Others modify a whole sentence, e.g. *Cependant, je ne suis pas d'accord.* There are also interrogative adverbs: *Comment ?, Pourquoi ?* etc.

Like adjectives, adverbs have comparative (*Il vient plus souvent*) and superlative forms (*Il vient le plus souvent*). A phrase which has the same function in a sentence as an adverb is an 'adverbial phrase', e.g. *Il travaille avec soin.*

Affirmative: an affirmative sentence asserts that something is the case, e.g. *Je viens.* Its opposite, a negative sentence, asserts that something is not the case, e.g. *Je ne viens pas.*

Antecedent: see **Relative**.

Apposition: two nouns are in apposition to one another when they are placed beside one another and when the second noun is an explanation of the first, e.g. *Son père, pilote de guerre, mourut très jeune.*

Auxiliary verbs: are used to form some tenses and verb phrases. The most common are *avoir* and *être* used to form the compound tenses (q.v.), e.g. *Je l'ai vu, Il était parti. Devoir, pouvoir* and *falloir* (and sometimes *vouloir, savoir, valoir*) are often described as 'modal auxiliaries', e.g. *Je dois partir.* Other verbs commonly described as auxiliaries are: *aller* in *Je vais partir, faire* in *Je l'ai fait venir.*

Clause (*proposition* (*f*)): a clause is a sentence or part of a sentence containing a 'finite' part of a verb, i.e. a verb with a subject, e.g. *Il va à Paris,* or an imperative, e.g. *Va-t'en !* The 'non-finite' parts of a verb, i.e. the infinitive, e.g. *aller,* and the participles, e.g. *allé, allant,* do not make a group of words into a clause.

The **main clause** (*la principale*) can stand alone without any word to introduce it, e.g. *Il va à l'école.* Two main clauses can be linked by a **co-ordinating** conjunction (e.g. *et, mais,* etc.) to make a co-ordinated sentence, e.g. *Il va à l'école et cela lui plaît.*

Subordinate clauses (*les subordonnées*) are introduced either by a subordinating conjunction,

e.g.   *Bien qu'il aille à l'école, il ne sait pas lire,*
       (subordinate)   (main)

or by a relative pronoun,

e.g.   *C'est notre fils qui va à l'école*
       (main)   (subordinate)

A sentence consisting only of a main clause is a **simple sentence.** If a subordinate clause is added it becomes a **complex sentence.**

Comparative: see **Adjective, Adverb**.

Complement: a word or phrase which completes the sense of a verb or noun,

e.g.   *J'ai vu un homme chauve.*
       Il a été tué par Pierre.
       C'est mon professeur de français.

See also **Object, Predicate**.

Complex: see **Clause, Inversion**.

Compound: see **Tense**.

Concessive: conjunctions like *bien que* and *quoique* are called 'concessive' because they allow the speaker to concede one point and then go on to make another different one. They introduce 'concessive clauses'.

Conjunctions: are used to join together phrases or clauses. There are coordinating and subordinating conjunctions (see **Clause**). They may also be classified according to meaning, e.g. *pour que*, *afin que* (conjunctions of purpose), *avant que*, *après que* (conjunctions of time).

Coordination: see **Clause**.

Declarative, Interrogative, Imperative: these terms refer to three different types of sentence,

e.g.   *Il vient* – declarative (statement)

Vient-il ? – interrogative (question)

Viens ! – imperative (order)

Each of these sentences may be affirmative or negative (q.v.).

Demonstrative: this term is connected with 'to demonstrate' = 'to show, point out'. In French there are demonstrative adjectives, e.g. *Ce garçon*, *Cet homme*, *Cette femme*, etc. and demonstrative pronouns, e.g. *cela*, *celui*, *celle*, *ce* (in *ce qui... c'est mon père*).

Derivation: this term indicates relationships between the forms of words, e.g. *renom* and *renommée* are derived from *nom* by the addition of prefixes or suffixes to a root (q.v.). *Chant* is derived from *chanter* by removing the verbal suffix *-er*.

Determiners: make the sense of a noun more precise. The main types are:

Articles (definite, indefinite, partitive).

Possessive adjectives, e.g. *mon, ton*.

Demonstrative adjectives, e.g. *ce, cette*.

Numerals, e.g. *deux, cent*.

Other quantity words, e.g. *certains, aucun*.

Direct object: see **Object**.

Discours indirect: see **Indirect speech**.

Elision: omission of a sound (or letter) when two words are run together,

e.g. *que + il = qu'il*.

Finite verb: see **Clause**.

Imperative: see **Declarative, Mood**.

Impersonal verbs: are used only with the third person singular *il* meaning 'it'. This *il* is impersonal because it refers not to a specific person or thing, e.g. *Il pleut*, *Il faut*, *Il s'agit de*.

Indefinite pronouns: are *on*, *chacun* and *tout* which refer to indefinite persons or things.

Indicative: see **Mood**.

Indirect object: see **Object**.

Indirect speech (*discours* (*m*) *indirect*): speech is described as indirect when it is reported in a clause introduced by *que* instead of being quoted word for word, e.g.

Direct: *Il dit*: « *Je suis le commissaire Maigret.* »

Indirect: *Il a dit qu'il était le commissaire Maigret.*

Free indirect style (*style indirect libre*) is indirect speech not introduced by items like *Il a dit que*, *Il répondit que*.

Interrogative: see **Declarative**.

Intransitive: see **Transitive**.

Invariable: an invariable form is one that does not change to show agreement by adding endings, e.g. in French, adverbs are invariable: *Elle était très inquiète*. Adjectives used as adverbs themselves become invariable: *Il y avait quelque deux cents spectateurs*.

Inversion: in French the normal place for the subject is before the verb. **Simple inversion** is whenever the subject comes after the verb, e.g. *Vient-il ?* **Complex inversion** is when a noun subject appears before the verb and the corresponding pronoun after, e.g. *Votre patron vient-il ?*

Locution (*f*): set expression, set phrase.

Main: see **Clause**.

Modal: see **Auxiliary verbs**.

Mood (*mode* (*m*)): French verbs have three moods: indicative (*Tu vas*), imperative (*Va !*) and subjunctive (*que tu ailles*).

Ne is 'redundant' in such expressions as:

Je crains qu'il ne vienne.

Il est plus grand que je ne pensais.

In such cases it does not have any negative force and *pas* is not used.

Negative: see **Affirmative**.

Number (*nombre* (*m*)): is the grammatical category involving the difference between singular/plural, e.g. *une femme/des femmes*. It is also used to refer to numerals. There are two types of numerals: cardinal numbers, e.g. *un, deux, trois*, etc. and ordinal numbers, e.g. *premier, deuxième, troisième* etc.

Object, direct or indirect: in the sentence *J'ai donné le livre à Pierre*, *le livre* is the direct object and *(à) Pierre* the indirect object. In French an indirect object noun is usually preceded by *à* (as here). Some of the personal pronouns have separate forms for direct and indirect objects: *le, la, l', les*, direct object; *lui, leur*, indirect object. *Me, te, se, nous, vous*, however, can be either direct or indirect objects.

Parts of speech (*parties* (*f*) *du discours*): the traditional categories into which words are classified – nouns, verbs, pronouns, adjectives, adverbs, articles, prepositions, conjunctions, interjections.

Participle (*participe* (*m*)): French has two sorts of participle, the past participle, e.g. *chanté, voulu, parti* and the present participle, e.g. *chantant, voulant, partant.*

Passé composé (*m*): perfect tense, e.g. *J'ai chanté.*

Passé simple (*m*): past historic, e.g. *Je chantai.*

Person: there are three persons (singular and plural) in French verb conjugations and in personal pronouns: first: *je, nous*; second: *tu, vous*; third: *il, ils* etc.

Phrase (*f*): sentence.

Possessive: the possessive adjectives are *mon, ton, son* etc. and the possessive pronouns are *le mien, le tien, le sien* etc.

Predicate: this term is often used to describe a particular type of 'complement' (q.v.), i.e. the complement of the verb *être*. In *Il est roi*, the word *roi* is a noun predicate.

Prepositions: come before nouns, pronouns or infinitives, e.g. *pour ma femme*, *vers lui*, *commencer à parler*. A prepositional phrase is one which consists of a PREPOSITION + NOUN, e.g. *Le monsieur à la barbe blanche.*

Pronominal: see **Reflexive.**

Pronouns: stand for or instead of nouns. In 'Peter went up to Mary and kissed her', 'her' is a pronoun standing for 'Mary'. There are five kinds of pronoun in French:

(i) Personal, e.g. *je, me, tu, te* etc.

(ii) Possessive, e.g. *le mien, le tien* etc.

(iii) Demonstrative, e.g. *ceci, cela, celui* etc.

(iv) Relative, e.g. *qui, que, dont* etc.

(v) Interrogative, e.g. *Qui ?, Que ?, Lequel ?* etc.

Proposition (*f*): clause (q.v.).

Radical (*m*): root (q.v.).

Reflexive: the personal pronouns *me, te, se*, etc. are said to be reflexive when they refer to the same person as the subject of their verb. Verbs which are normally constructed with reflexive pronouns, e.g. *s'asseoir, se taire*, are reflexive or pronominal verbs.

Relative: the relative pronouns *qui, que, dont*, etc. are used to link up or relate a noun or pronoun to a descriptive clause, e.g. *La femme que Jean a épousée. . .* The clause introduced by a relative pronoun (*que*) is a relative clause, and the

previous noun or pronoun (*la femme*) is called the antecedent.

Root or **stem** (*radical* (*m*)): both of these terms are used to describe the part of a word to which endings are attached, e.g. *port-* is a root to which endings can be added to form *porter, portons, portaient* etc.

Sequence of tenses (*concordance* (*f*) *des temps*): the occurrence of a verb in a particular tense in the earlier part of a sentence may restrict the choice of tenses for verbs occurring later, e.g. *Si j'étais intelligent je ne serais pas ici.*

Simple: see **Clause, Inversion, Tense.**

Style indirect (*m*): indirect speech (q.v.).

Style and register: in dictionaries words are labelled to show what level of language they belong to, e.g. *lit.* for *littéraire, fam.* for *familier*. These are distinctions of style and register.

Subjunctive: see **Mood.**

Subordinate: see **Clause.**

Substantif (*m*): noun.

Synonyms: are words which mean the same thing in particular contexts, e.g. *liberté* and *indépendance* in *Les jeunes ont soif de liberté/d'indépendance.*

Syntax: is the name given to the rules governing the putting together of words into phrases, clauses and sentences.

Temps (*m*): tense.

Tense: French has two sorts of tenses, simple (one word) tenses (present, imperfect, past historic (*passé simple*), future, conditional) and compound (more than one word) tenses (perfect (*passé composé*), pluperfect (*plus-que-parfait*), past anterior, future perfect, past conditional). See **GS 2** and **8.**

Terminaison (*f*): ending. See **Root.**

Transitive: some verbs can take an object. They are called transitive verbs, e.g. *voir* in *Je vois Pierre*; some verbs are intransitive and cannot take an object, e.g. *tomber* in *Il est tombé*. Many verbs can be both transitive and intransitive, e.g. *descendre*, in *J'ai descendu les meubles du premier étage* (transitive), *Elle est descendue* (intransitive).

Voice: is the term used to make a distinction between active and passive. In French the direct object of a sentence in the active voice, e.g. *Paul frappa Pierre*, may become the subject of a sentence in the passive voice: *Pierre fut frappé par Paul.*

Index

This index refers mainly to grammatical points but also includes reference to the subjects of texts and to *Dossiers* on various topics. For discussion of the main types of exercises available see the **Introduction** pp. viii–x. For further explanation of grammatical terms see the **Glossary** pp. 255–257.